الأسطورة معيارًا نقديًا

دراسة في النقد العربي الحديث

والشعر العربي الحديث

الدكتور

عماد علي الخطيب

بدعم من
أمانة عمان

جهينة للنشر والتوزيع

رقم الإيداع لدى دائرة المكتبة الوطنية
(2006/5/1309)

810.9
خطي الخطيب، عماد علي سليم
الأسطورة معيارا نقديا – دراسة في النقد العربي الحديث
والشعر العربي الحديث - / عماد علي سليم الخطيب.
عمان : دار الجهينة، 2006
ر.إ. 2006/5/1309
الواصفات: / النقد الأدبي// التحليل الأدبي//الأدب العربي/

* تم إعداد بيانات الفهرسة الأولية من قبل دائرة المكتبة الوطنية.

جهينة للنشر والتوزيع
العبدلي - عمارة جوهرة القدس - ص.ب ٨٦٧٠ عمان ١١١٢١ الأردن
تلفاكس ٤٦٢٠٠٧٨ - خلوي ٠٧٩٦٥٨٧٣٧١
Jawhart El-Quds Building - Al-Abdali - P.O.Box 8670 Amman 11121 Jordan
Telefax 4620078 - Mob. 0796587371
www.juhaina.net - info@juhaina.net

الإهداء

إلى التي تهب لي الشمس و تعرف السرّ
وهي صاعدة نحو سمائي أولاً...
زوجتي الغالية

عماد

مقدّمَة

كانت المتون الأولى للإنسان في حقول الآداب و الأساطير و السحر متونًا تؤرخ للحضارات القديمة. وقد امتلك كل حقل من هذه الحقول، مع ظهور الدين، جهازًا معرفيًا حافلا بنصوص غزيرة كانت أساس منطلقات هذه الحقول عند الأمم.

وكانت الحضارات القديمة تأخذ من بعض، و تشكل إرهاصات أولى من أجل تكوين ثقافة متماسكة و ذات نظام حضاري و روحي و ديني دقيق و مفصل... و جاءت الأسطورة واحدة من ذاك التنظيم الذي يمكن له أن يدرس. و لقد حاول الكتاب هنا دراسة المتون الأولى التي اعتُقد أنها أسست لما جاء في الأسطورة من طقوس و ملاحم و فنون...

ولقد نسج الشعراء في شعرهم ما من شأنه أن يصور أساطير كانت تعيش معهم،وعندهم،و ثبت الشعراء لهم طريقة في ذاك التصوير الفني، مما جعل تصويرهم ذا باعث واحد، و اتحدت بواعثهم الأدائية و الفكرية تبعًا لذلك. و لقد قدمت الأسطورة معادلة بديلة لما يكنه الشاعر في نفسه و عبرت عن أزمة الشاعر التي عمد الكتاب إلى كشفه و تحليله بالنظر إلى المعاني الأخرى التي يقدمها الشاعر، و الأثر الذي يبغيه نصه، و المغزى الناتج عن استخدامه لتلك الأسطورة أو تلك.

لقد استقر عنوان هذا الكتاب على " الأسطورة معيارًا نقديًا - دراسة في النقد العربي الحديث و الشعر العربي الحديث- "، وقد استقرّت فصوله على ثلاثة فصول هي: الأسطورة في الفكر الإنساني، والأسطورة في الفكر النقدي، والأسطورة في التحليل النصي لنماذج من الشعر العربي الحديث.

وقد درس الفصل الأول أربعة مباحث جاءت كما يلي:

جاء المبحث الأول ليدرس الأسطورة ويربطها مع الدين الذي حُكيت خلاله، تحت عنوان: "الأسطورة والدين"، واهتم المبحث بالدين كدائرة كبيرة تمحورت حول مفاهيم عقدية واضحة إلى أن دخلت الأسطورة حياة الناس واختلطت بالدين، كما اهتم المبحث بنشأة الدين، وكيف بدأ، وكيف كان، وكيف للأسطورة أن تصبح دينًا-0 ربما - إن كانت، وإلاّ فهي خارجة عنه بكل الأحوال.

وجاء الثاني ليدرس الأسطورة من زاوية رؤيا السحر لها، والسحر هو المكان الأخصب لتوليد الأسطورة، فيما روي من قصص وحكايات تضع السحر إلى جانب الدين في موازاة الحديث عن الأسطورة التي حاكتهما واستنطقت كلَّ ما يمكن أن يرد قصص الدين أو قصص السحر إلى قصص الأسطورة.

وجاء المبحث الثالث ليتمم الحديث عن الفكر الإنساني فارتدّ إلى البدائية كزمان أسطوري عاشه أصحاب الأسطورة، وإن كان للكلمة مفهومها المباشر إلى الذهن، لكنها تبقى عنوانًا على كل ما يلتصق بها كما نقول: الإنسان البدائي، والدين الخاص بالإنسان البدائي، والأسطورة البدائية، والسحر الذي استخدمه الإنسان البدائي.

و جاء المبحث الرابع ليربط الأسطورة بالأدب من خلال أهميتها بالنسبة للإنسان عندما تعبر عن الصراع ذي البنية الاجتماعية أو الفردية، معطية هذا الصراع الحل الأمثل من خلال الحكاية الخيالية التي لها أثر على الأحاسيس و العواطف.والأسطورة ذات نسيج يسبر الأغوار للأسباب اللاواعية للأحاسيس، و تشكل صورًا جماعية تملأ المخيلة الحالمة و تهدئ النفس من خلال الرمزية و الشحنة الشاعرية التي تحملها، وهي تدين باستمراريتها إلى الأدب.

وهكذا قدّم الباحث تصوّرًا عن الفكر الإنساني وعلاقته بالأسطورة التي ما زالت ترتبط بأسبقيتها أو تبعيتها للدين والسحر وما إلى ذلك من مفهوم البدائي الذي كان لا يرى إلاّ بعين واحدة! وقد انطلقت كلمة بدائيته من انعدام أسباب الحضارة عنده وإن عاش بعد حضارة قوم واندثرت فقد بدأ حياته فهو بدائي، وتكون، بالتالي، أفكاره أقرب للأسطورة.

أمّا الفصل الثاني ففيه مبحثان: الأول درس الدراسات النقدية العربية التي تناولت الأسطورة في الشعر العربي القديم، ولهذا فإن هذه الدراسة تقع في مستوى نقد النقد، فثمة نقد حديث تناول الأسطورة في الشعر العربي القديم، ونقد حديث تناول الأسطورة في الشعر العربي الحديث، وهذه دراسة لتلك الدراسات النقدية.

وقد حوى المبحث الأول اتجاهين، جاء الاتجاه الأول لدراسة نقد النقاد العرب للأسطورة في الشعر العربي القديم من زاوية الدِّين، الذي عدَّه أصحاب الدراسات مبعثا لتشكل الصورة الأسطورية

عند شعراء العرب القدماء. وجاء الاتجاه الثاني لدراسة نقد النقاد العرب للأسطورة في الشعر العربي القديم من زاوية الصورة، ومهما يكن فإن أصحاب تلك الدراسات قد دمجوا بين الصورة والدين كمبعث لتشكل الصورة الأسطورية عند شعراء العرب القدماء، لكنهم اهتموا بدراسة الصورة اهتمامًا ملحوظًا، كشفوا من خلاله عن نمطية يكررها الشعراء ويعشقونها.

أمّا المبحث الثاني فقد حوى أربعة مداخل لدراسة النقد الأسطوري للشعر العربي الحديث هي:

المدخل الرمزي: حيث تم ربط الرمز مع الأسطورة، برباط هو اللغة المشتركة بينهما، كما أن باعث التشكيل للرمز والأسطورة يبدو واحدًا وهو تشكيل الصورة الرمزية والصورة الأسطورية، فكلتا الصورتين تبعثان الرضى في القدرة والإيحاء.

والمدخل الفكري: الذي يصنف فيه النقاد الشعراء نسبة للرمز الذي استخدموه: سيزيفيًا، أو بروميثيًا، أو فينيقيًأ، وينظر النقد في الشعر وتصنيفه من أدوات فكرية وقوالب فكرية محددة.

والمدخل الفني: الذي ركز على مناحي الفعل الشعري وعلاقة الأسطورة بتوجيه الأفق الشعري المبدع.

والمدخل الاجتماعي أو الواقعي: الذي عالج الأسطورة في علاقتها بالواقع المعيش، أو حين يستعان بها لتكشف عن ذلك الواقع وتفضحه.

أمّا الفصل الثالث فقد درس ما تتم به دائرة الكتاب، إذ رأى الباحث ضرورة التطبيق وعدم الاكتفاء بالتنظير، فتوجه إلى تحليل نماذج شعرية. فاختار الباحث الشعر العربي الحديث. واختار منه ثلاث قصائد تُمثل ما تمَّ عرضه في الفصلين الأول والثاني لثلاثة من شعراء الحداثة هم: درويش، ودنقل، والبياتي، وقد استقر للباحث العرض المرجعي للنص بدراسة الفكر الأسطوري الإنساني، ثم استقرّ له العرض النقدي الذي درس به محاولات النقاد العرب نحو تأسيس منهج عربي للأسطورة يمكن أن نطلق عليه المنهج الأسطوري في تحليل الشعر العربي.

ولمَّا تعدّدت المداخل النقدية التي درس النقاد العرب الأسطورة خلالها في الشعر العربي، فقد عدَّد الباحث في اختيار قصائد كتابه وفق تعدّد طرق استخدامها لدى الشعراء العرب الحديثين. وكان النموذج الأول من القصائد نموذجًا لمحمود درويش استقى أسطورته فيه من القصص القرآني، وهو نص "عابرون في كلام عابر"، أما النموذج الثاني فقد كان نموذج أمل دنقل في نصّه "لا تصالح"، الذي استقى أسطورته فيه من القصص العربي

القديم، والنموذج الثالث هو نموذج عبد الوهاب البياتي في نصه "القصيدة الإغريقية" وقد استقى أسطورته فيه من القصص الأسطوري عند الإغريق. وهكذا حوت النماذج الثلاث ثلاثة منابع للأسطورة، ليست هي كل المنابع، لكنها الأكثر نفاذا في الشعر العربي الحديث، والتي يتسنّى للباحث أنْ يَجْلوَ خلالها ما بدا يَجلوه في الفكرين الإنساني والنقدي؛ لأن التحليل يضع النصوص على المحك في آلية الاستخدام الفني للأسطورة ورمزها الفني واستغلال ما تقدِّمه من فكر تعكسه على الواقع المعيش.

ولا أنسى في ختام مقدمة هذا الكتاب أن أرجع لذوي الفضل فضلهم؛ بشكري لهم، والذي أرجو أن يتقبلوه، وهو أقل القليل لهم، فعطاؤهم كبير وقلوبهم أكبر من كل ذلك. إنهم مَنْ أحِبّ، ولن أنسى كل ما قدموه في يومٍ من الأيام وستبقى سطوري هذه خالدة تُخلِّد ما خطّوه في عقولنا يومًا بيوم.

وأشكر أستاذي الدكتور بسام قطوس صاحب الفضل الأكبر، الذي ما ضنَّ بوقته أو بعلمه، بل منحني منهما حظًا وافرًا. وكل الشكر لأساتذتي الذين ساندوني لإخراج هذا الكتاب وهم:

الأستاذ الدكتور عبد الرحمن ياغي، والأستاذ الدكتور حسني محمود - رحمه الله - والأستاذ الدكتور عبدالقادر الرباعي، والأستاذ الدكتور نبيل حداد، و قد وضعت ملاحظاتهم في أولوية أولوياتي وأفدت منها - بإذن الله-.

والشكر الممتن لصاحب القلب الطيب ابن العمة الغالي الذي ساهم في إخراج هذا الكتاب للنور الشاعر الأستاذ أحمد نمر الخطيب، كما أختم المسك لأهله، وهم كذاك، ويساهمون في نشر الثقافة للجميع في الأردن الحبيب: الشكر لأمانة عمان الكبرى - خاصًا رجال الدائرة الثقافية الذواقين المبدعين -، و قد دعموا نشر الكتاب .

عماد علي الخطيب

عمان - الأردن 2004/10/5م

الفصل الأول

الأسطورة في الفكر الإنساني

- المبحث الأول: الأسطورة والـدّين.

المبحث الأول
الأسطورة والدّين

يصعبُ الفصلُ كليًّا بين الدّين والسحر والبدائية وارتباط كلّ منها بالأسطورة ذاك أنَّ التاريخ يرسم خطًّا تظهر الأسطورة فيه على أنها وريثة مرحلة السحر في علاقة ترسم هكذا:

السحر...الأسطورة...الفلسفة...العقل...العلم[1]، كما يظهر التاريخ حينًا علاقة بين الدّين والسحر والأسطورة هكذا:

الأسطورة...الدين والسحر...العقل...العلم[2]، على افتراض أن النص الدّيني له في جوهره بذرة خلفية أسطورية، وأنّ الدّين حاول محاربة الأسطورة التي سبقته.

وسنبدأ الحديث عن علاقة الدّين بالأسطورة محاولين فَصْلَ ما يمكن فصله من حديث عن السحر والبدائية، آخذين بعين الاعتبار أهمية انعكاس الفكر الإنساني من الدّين والسحر والبدائية والأسطورة على الفن والأدب بعامة وعلى الشعر بخاصة.

لقد أثار اهتمام باحثي الأساطير تلك العلاقة بين الدّين والأسطورة من خلال ما حدّده (لويس سبنس Lewis Spence) عن علم الأساطير بأنه: "دراسة الدّين أو شكل من أشكاله الأولى عندما كان حقيقة معيشة"[3]، وقد ارتبطت الأساطير مع الدّين منذ القدم، ونحن نرى اليونانيين أخذوا أساطيرهم بجدّية؛ لأنهم آمنوا بأن الآلهة مسيطرة على القوى الطبيعية، ولذلك أخذوا يتوسلون إليها ويدعونها لتبعث لهم الخير، وتبعد عنهم الشر، وأخذوا يقدّمون لها القرابين، ويبنون أجمل المعابد، ويغنون أجمل الأغاني مادحين فيها آلهتهم[4].

---

(1) انظر: تركي علي الربيعو: الإسلام وملحمة الخلق والأسطورة، المركز الثقافي العربي، بيروت، ط1، 1992م، ص202.

(2) انظر: منصور قيسومة: مقاربات مفهومية، دار سحر للنشر، تونس، 1994م، ص142.

(3) انظر: أحمد شمس الدين الحجاجي: الأسطورة والشعر العربي، المكونات الأولى، فصول، القاهرة، مج(4)، ع(215)، 1984م، ص42. نقلاً عن: Lewis Spence: An Introduction to Mythology. London.George G . Harrap and Campany LTD .1921.p.12.

(4) انظر: John W. Tigue: Teaching Methology as a Subtext of the Humanities, The Journal of General Education, The Pennsylvania State University, Vol.41, 1992, p.24.

ومن هنا تُعَرَّف الأسطورة بأنها قصة متداولة تقدِّم تفسيرًا للظاهرة الدّينية أو فوق الطبيعية كالآلهة والأبطال وقوى الطبيعة، وتتعلق بكائن خارق، أو حادثة غير عادية، سواء أكان لها أساس واقعي أم لم يكن[1]. ويمكن النظر إلى الأسطورة باستغراق معرفة وجود دينٍ أسطوري، له وجود يرتبط بما عُرِف عنه خاصّة بارتباط الأسطورة بالدّين؛ فالدّين بذاك صورة أسطورية لطقسٍ له تمثيل شعائري، وللتمثيل الشعائري قصة أسطورية فيها صور أسطورية، تحوي دينًا، له طقس، وفيه تمثيل شعائري يحمل تلك القصة الأسطورية ... وهكذا في دائرة لا تنتهي[2].

إنَّ الإنسان بدأ بالسؤال يفسِّر ظواهر الطبيعة[3]؛ فالطبيعة أثرت على الإنسان، فكانت الاستجابة الأولى هي الأسطورة، ثم ارتبطت الأساطير بالقصص حول آلهة، وأصبح الناس يعزون سبب ما لا يعرفون علته من حوادث طبيعية إلى إله من الآلهة، وينسجون حول ذلك القصص الأسطورية، والتي أصبحوا على مر الزّمن يعتقدون بها، ويؤمنون بصدقها[4]. وقد تحولت معتقدات الإنسان الأول عن الكائنات الغيبية غير المرئية التي تتحكم بمظاهر الوجود من حوله-تحوّلت إلى معتقدات دينية. وبهذا الشكل يمكن فهْم وجود المفاهيم والأفكار التي أدّت إلى نشوء الأساطير التي روت قصة الوجود بمختلف مظاهره بما فيه الكون والإنسان والحياة[5]. وهكذا تكون الأسطورة في نشأتها الأولى، محاولة بريئة لتعليل أي مبهم غامض، أو تفسير لظاهرة طبيعية لا يُعرف لها سبب[6]. ويُطلق على الأسطورة التي تتضمن مواضيع دينية، الأساطير الدينية. وقد تتخذ القصص الدينية ملامح أسطورية في الآداب التي تتضمنها، بعد أن تأخذ الآداب منها ما يفيد طريقتها. وقد تأخذ القصص الدينية طريقها إلى أمّة وأخرى، كما في قصة طوفان نوح، مثلاً، ومجمل قصص الخلق والكون والإنسان.

---

(1) انظر: خلدون الشمعة: المنهج والمصطلح "مداخل إلى أدب الحداثة"، اتحاد الكتاب العرب، دمشق، 1979م، ص146.

(2) انظر: علي البطل: الصورة في الشعر العربي حتى آخر القرن الثاني الهجري (دراسة في أصولها وتطورها)، دار الأندلس، بيروت، ط(3)، 1983م، ص47، 49، 131، 167، 266.

(3) انظر: أحمد كمال زكي: الأساطير (دراسة حضارية مقارنة)، دار العودة، بيروت، ط(2)، 1979م، ص45.

(4) انظر: John W. Tigue: Teaching Methology, p.27

(5) انظر: عمر عبد الحي: الفكر السياسي وأساطير الشرق الأدنى القديم في بلاد ما بين النهرين ومصر القديمة، المؤسسة الجامعية للدراسات، بيروت، 1998م، ص65.

(6) انظر: أنيس فريحة: ملاحم وأساطير من الأدب السامي، دار النهار للنشر، بيروت، ط(2)، 1980م، ص212.

ويبدو فعل الطبيعة واضحًا في الأساطير الدينية، وكأنها انعكاس لما تؤول إليه الطبيعة، وما يشاهده الإنسان فيها، من صور للشمس، أو القمر، أو النجوم مثلاً. وإن الظواهر الطبيعية شكلت أساطير عديدة، ثم رُبطت تلك الأساطير بالآلهة، فصارت أسطورة الإله القمر مثلاً من الأساطير الدينية المعروفة في منطقة الشرق الأدنى القديم[1].

ويمكن أن نستنتج أن الآلهة في نظر مَنْ يؤمن بها كائنات غامضة، ذات اختصاصات محدّدة معرفة، وأن الخيال الذي آمن بها ينسب لها أيّ عمل؛ محاولةً لتفسير بعض الظواهر الطبيعية.

إن تفسير الأسطورة لبعض الظواهر الطبيعية صَنَعَ نفسًا جماعيةً لا فردية؛ تفسِّر للإنسان الحائر ما يجري في لا وعيه وما يبقيه متماسكًا، وبهذا كانت الأسطورة ذات أثر علاجي في الذين آمنوا بها[2]. وكانت الأسطورة تضع الجماعة التي آمنت بها بحزمة طقسية مغلفة بإيقاع روحيٍّ واحد، من خلال تلك الشعائر الدّينية الدّورية التي كان الإنسان يستعيد معها زمان ومكان الخلق الأول، وقد عُدَّت تلك الشعائر ذاكرة دينية جماعية ترتبط بتلك الأزمان الأسطورية التي تقترب في جوّها من المثالية[3].

وإذا نجد ترابطًا آخر بين الدين والأسطورة من خلال ذاك الجانب الروحي الذي يختفي وراء الأسطورة وهو الجانب الذي يُمثّله الدّين. وربما حملت رموز الأسطورة بعض دلالات دينية أسطورية يعرفها كل مَنْ آمنَ بها. ويبدو أن الدّين هو الشكل الأكبر الذي تضمَّن الروح وأن الأسطورة-بوصفها منجزًا معرفيًا-شكّلت أوّل اكتشاف لتكوين الإنسان الرّوحي، ثم باكتشاف الإنسان لما يقدّسه، ظهرت فكرة الدين-بوصفها منجزًا روحيًا- لتعبّر عن الوعي باتجاه الإنسان إلى أساطير خاصة ومجموعة طقوس شكّلت شكلاً دينيًا يُدعى: عبادة[4].

---

(1)انظر: عبدالحكيم الذنون: كلكامش (الإنسان والخلود)، دار المنارة، بيروت، 1996م، ص204-205.

(2) انظر: ك.ك. راثفين: الأسطورة، ترجمة: جعفر صادق الخليلي، منشورات عويدات، بيروت، ط(1)، 1981م، بتصرف من أقوال بيكوك و ماركس التي أوردها راثفين ص83.

(3) انظر: خزعل الماجدي: الدين السومري، دار الشروق، عمان-الأردن، 1998م، ص163.

(4) انظر: خزعل الماجدي: أديان ومعتقدات ما قبل التاريخ، دار الشروق، عمان، 1997م، ص10-11، 26، 34، 37. وانظر: فراس السواح: دين الإنسان (بحث في ماهية الدين ومنشأ الدافع الديني)، منشورات دار علاء الدين، دمشق، 1994م، ص88-93.

إنَّ سَبْق الأسطورة للدين يضعنا أمام معادلة مكوّنة من أربع قوى، وكل قوّة تبعث إلى الأخرى، هكذا:

قوة العقل... قوة الأسطورة... قوة الروح في الدين... قوة الطبيعة. وقد عرفنا الطبيعة حيّة مدركة لشؤون الإنسان-كما اعتقدها-أوّل الأمر، كما أن الإنسان أطلق قوّة روحية على ما يسري في الكون والإنسان والأشياء من حوله، وهي إشارة إلى وجود إلهٍ عالٍ يحكم بتلك القوة[1]، وذاك الأمر هو ما جعل الباحث يلحظ ترتيب تلك القوى الأربعة. على أنَّ الباحث بترتيبه لتلك القوى لا يفترض سَبْق الأسطورة على الدين؛ فلا يعني اكتشاف الإنسان للنار، ثم تقديسه لها، ظهور أوّل فكرة للدّين، كما لا يعني تفسير الإنسان لظواهر الطبيعة بالأرواحية فيها، بدء الإشارة لفكرة الدّين ووجود آلهة غير النار والطبيعة تسيطر على أشياء الطبيعة؛ ذاك أنَّ فكرة إصباغ الروح على جزئيات المحيط الخارجي هي فكرة أولى ومرحلة أولية لصياغة الأسطورة التي تُرجِع كلّ جزئية إلى أمٍّ تلدها، فكانت الروح هي الأم الولود لكلّ جزئيات الطبيعة، وقد تلا المرحلة الروحية مرحلة بطولية سادت فيها فكرة إرجاع كلّ جزئية إلى أبٍ بطل يشكّل نصف إله أو إله في أفضل مراحل تأثيره على الجزئيات من حوله[2]. وهذا ما جعل الباحث لا يطمئن لسبق الأسطورة على الدين؛ فَتَذَبْذُب مراحل الوعي الإنساني من مرحلة الأمومة إلى مرحلة الأبوّة لا يوصله إلى إنشاء دين. كما أنَّ لفظ الأسطورة الدّينية لا يوحي بتقدم الأسطورة على الدّين؛ ولكن من المعروف أنّ الدّين تشوبه أساطير، وقد يُطلق عليه اسم الدّين المشوّش من الأساطير التي استقرّت فيه. ولا يشك الباحث بأن الإجابة الأولى عن الظواهر الطبيعية الغامضة كانت إجابة غامضة أدعى لأن نطلق عليها اسم أسطورة، لكنها لم تتطوّر إلى دين بأيِّ شكل من الأشكال، بل إنَّ الانحراف الفكري الأوّل نحو رغبة الإنسان في الخلود والتملّك أبعده عن التفكير بوجود مسيطرٍ عليه، فارتأى فكرة التقديس والابتعاد بوعيه عن المسيطر الكليّ، ولا يخفى أنّ الطبيعة من حولنا، ومهما يكنْ حجم تأثيرها، تبقى عاجزة عن أن تكون الأقوى من بين كل القوى الموجودة، وهذا ما دعا الإنسان إلى إيجاد قوة خامسة تقف إلى جانب قوة الروح الدّينية وهي قوة السّحر، والتي بها هرب إلى تعليل كلّ غامض، لا بوجود روح مسيطرة عليه

(1) انظر: خزعل الماجدي: الدين السومري، ص42.

(2) انظر: عماد حاتم: أساطير اليونان، الدار العربية للكتاب، طرابلس، 1988م، ص18، 21-23، 31، 40.

تتحكم به فحسب، بل بقوة سحرية غامضة، أيضًا، تتحكم به وبمحيطه.

إنّ سَبْق الأسطورة على الدّين ظهر من خلال افتراض تقديس الإنسان لبعض مظاهر الطبيعة رغبة في بحثه عن الإله، وكأننا نربط وجود الدين بشرح الآلهة المعبودة، وموقف الإنسان منها. ومهما تكن الأفكار المعاصرة قادرة على شرح شخصية الآلهة، فإنها ستقترب من الأساطير، وستكون تلك الشروحات هي الأساطير. وهذا الكلام يتناسب مع طبيعة الأساطير الإغريقية، التي تطالعنا بآلهة تعكس الطبيعة التي عاشها الإغريق، وما كان يمارسه الإغريق من طقوس يقدسون خلالها آلهتهم بشعائر غير ملزمين بتصديقها؛ فالشعيرة ثابتة ولكن الأسطورة متغيرة، مع أنَّ الشعيرة التي ترتبط بالتقديس ظهرت أولاً، ثم ظهرت أسطورتها، وقد تتغير من قوم إلى قوم[1]. وإنَّ إدراك حقيقة الدّين يسبق إدراك حقيقة الكون، ويمهد لها، في نظرة كلية تلم بها جملة، قبل أن تفحص أجزاءها وتفصيلاتها، ويبقى الجاهل في الدين أكثر انبهارًا فيما يستولي على مشاعره من مظاهر كونية[2].

وبالطقوس التي يمارسها الإنسان لأساطيره التي يؤمن بها، صار يُفرّق بين أساطيره وديانته. ويطمئن الباحث إلى القول إن الأسطورة ليست جزءاً من أجزاء الدِّيانة. وتعود ممارسة الإنسان لشعائره المقدّسة إلى طقوس ما قد تخالطها أسطورة كان ملزمًا بتصديقها في يوم ما، ومن هنا ارتبطت الأسطورة بالطقوس في جذر واحد رغم اختلاف التشكيلات الأسطورية فيها وسمّيت تلك الأساطير بالأساطير الطقوسية، وارتبطت بالحياة اليومية[3]. وبذا تداخلت مع الدّين، لكنها لم تكن جزءاً منه؛ إذ لم يكن لها قانون مقدّس ولا قوّة ملزمة للعُبّاد[4].

---

(1) انظر: عبد المعطي شعراوي: أساطير إغريقية (أساطير البشر)، الهيئة المصرية العامة للكتاب، ج(1)، 1982م، ص52-59، 183، 186-187.

(2) انظر: محمد دراز: الدين (بحوث ممهدة لدراسة تاريخ الأديان)، دار القلم، الكويت، ط(2)، 1970م، ص105-109.

(3) انظر: منصور قيسومة: مقاربات مفهومية، ص153.

(4) انظر: ك.ك. راثفين: الأسطورة، من أقوال سميث التي أسردها راثفين ص 62.

إن الطقس تابع للمقدّس من حيث كونه تعبيرًا يميز الإنسان عن باقي الكائنات بالقدرة على إبداع شكلٍ تعبيريٍّ تنمو في ظلّه وبتأثيره الحالة الإنسانية المعيشة[1]، ومغزى الطقس أعقد مِنْ أنْ يحيطه تعريف ذلك أنّ إقامة مذبح للنار على اسم الإله يُعدّ تكرارًا للخلق على مستوى العالم الأصغر[2]. وإنّ أيّ طقسٍ يعبّر عن عاطفة واحدة هي العاطفة الدّينية، وقد اكتسبت الصور الفنية الجزئية القداسة ذاتها عندما شبّه الشاعر العربي القديم عناصر مختلفة من طبيعته بصورٍ تتكرّر في أشعار الشعراء حوله، وتشكّل طابعًا نمطيًّا جعل منها "شعائر مقدّسة" يتلوها الشعراء على مرّ العصور[3]. ومن ذلك ما نجده في قصص الحيوان ولا سيّما في قصة ثور الوحش حيث تكثر في الشعر العربي القديم قصص تنبئ عن جذور في أساطير تسبق صورة القصة، مع أنّ للثور برجًا مستقلاً في السماء، وكل ما يُقال عنه إنّما يُراد به النموذج المعبود فوقهم، وتقديسهم له يعدّ تقديسًا للنموذج المعبود فوقهم[4].

ويتحدث الشعراء العرب القدامى بأكثر من ذلك عن ضروب أخرى من الحيوان، جعلت ما يتحدّثون عنه قداسة لحيوانات يحظر قتلها في ظروف معينة[5]. والطقس في الشعر نمط تعبيري سابق على تشكيل الشعر لصوره، وإنّ اكتشاف العلاقة بين الطقس والأسطورة والشعر يحوّل النقد الأدبي إلى علم حقيقي[6]، ويرى ويرى الباحث أنّ النقد الأسطوري يحاول أن يربط بين الأدب وما جرى في أعماق النفس البشرية الضاربة بجذورها في الرموز التي يوجدها صانع الأدب من خلال أساطيره وطقوسه.

إنّ الشعائر والطقوس هما الجانب العملي لأيّ دين، وقد ترتكز تلك الشعائر والطقوس على الأساطير؛ كونها المادة الحيّة التي يعرفها المتعبد. وقد تُنْسَى الجذور السببية للطقوس إلاّ أنّ ممارستها تبقى حيّة لأزمنة طويلة، رغم أنها تتحور حسب طبيعة ما يفد على

---

(1) انظر: مرسيا إلياد: المقدس والدنيوي (رمزية الطقس والأسطورة)، ترجمة: نهاد خياطة، العربي للطباعة والنشر، دمشق، ط(1)، 1987م، ص32.

(2) المرجع السابق ، ص32.

(3) انظر: إبراهيم عبدالرحمن: الشعر الجاهلي (قضاياه الفنية والموضوعية)، دار النهضة العربية، بيروت، 1980م، ص202.

(4) انظر: أبو عبيدة، محمد الأنصاري: كتاب أيام العرب قبل الإسلام: ملتقطات من الكتب و المخطوطات، تحقيق ودراسة: عادل جاسم البياتي، دار الجاحظ، بغداد، 1976م، ص237، وما قبلها .

(5) انظر: أحمد كمال زكي: الأساطير (دراسة حضارية مقارنة)، ص84.

(6) انظر: سمير سرحان: التفسير الأسطوري في النقد الأدبي، فصول، القاهرة، ع(3)، 1981م، ص70.

الدّين ويختلط به؛ إذ تُعرف الشعائر بطريقة ممارستها إمّا اليومية، أو الدّوريّة، أو ذات المناسبات[1]. ويمكن القول بأن الأساطير والطقوس تتبادل المواقع؛ حيث تقف الأسطورة على المستوى الفكري، وتقف الطقوس على المستوى العملي[2]، ولعلّ العلاقة بين الأسطورة والدّين بما يمثّله من شعائر وطقوس، تنبع من أنّ الأساطير تفسيرات للشعائر الدّينية، وأنّه في كل ما تفسّره الأسطورة من شعائر تكون الأساطير مشتقة من الطقوس، لا الطقوس مشتقة من الأساطير[3]؛ فالطقس ما يُعمَل، وما هو مناسب، وما يُقال، في حين الأسطورة هي المنطوق المتعلق بطقس يُمثل. وهي بذا جزء قولي مصاحب للطقوس[4].

إنّ ممارسة الإنسان لطقوس عبادته الدّينية محاولة لاستعادة أوليات انتمائه إلى المطلق في الوجود وهو طريقة إلغاء الزمان التاريخي واستعادة الزمان الأسطوري في فكرٍ أطلق على ما يفعل من طقوس دينية اسم: العَوْد الأبدي، الذي يربط العالم بحدثٍ أوليٍّ ظهر في أقدم الأزمان، وأنّ ما يُفعل في الطقوس الدينية هو محاولة تكرار نموذجٍ مثاليٍّ أسطوريّ[5]. ويرى الباحث أنه ربما نربط ما يُقال في الشعر من أساطير بصدى مفردات العود الأبديّ التي كانت راسخة في اللاوعي الجمعي البشري، كما يرى أنّ الشعر حرّرها في صور رمزية تعبّر عن باطن نموذج أوليّ يحتذيه الشاعر في شعره رغبة في العودة إلى نقطة البداية.

إنّ الشعر الذي وصل من مرحلة ما قبل الإسلام يحمل في طياته بعض الآثار الدّينية والأسطورية التي سقطت إليه من مرحلة متقدمة، وإن صور ذاك الشعر كانت مستوحاة لا من الدّين مباشرة ولكن من شعرٍ أسبق لم يصل إلينا منه شيء وهو الشعر الذي كان يؤدّي دوره في الطقوس التعبدية القديمة[6]. ولقد التقتْ الأسطورة مع الدّين في خيال شعراء ما قبل الإسلام، عند تكوين صورهم، وإنّ تلك الصور لها أصل دينيّ، تربط خلاله الصورة بعقائد دينية قديمة أكثر من ربطها للصورة بحياة الشاعر الشخصية[7]. ويرى الباحث أن

(1) انظر: خزعل الماجدي: الدين السومري، ص151.

(2) انظر: ك.ك. راثفين: الأسطورة، من قول هاريسون الذي أسرده راثفين في الأسطورة و الطقوس ص65.

(3) المرجع السابق ، بتصرف من أقوال سميث في الأسطورة و الطقوس التي أوردها راثفين ص62.

(4) انظر: شكري عياد: البطل في الأدب والأساطير، المعرفة، القاهرة، ط(2)، 1971م، ص85.

(5) انظر: خزعل الماجدي: الدين السومري، ص46، 51-52.

(6) انظر: علي البطل: الصورة الفنية في الشعر العربي، ص97.

(7) المرجع السابق، ص7-8، 10، 15، 29.

منطق الأسطورة القديمة يرتبط بالدّين الأسطوري الذي اختلط به من خلال دائرة تبدأ من الظواهر الطبيعية المعبودة وتنتهي إليها هكذا:

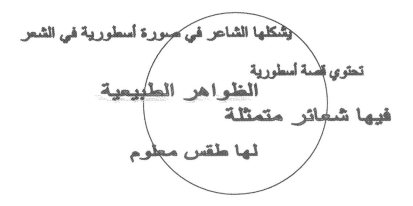

والأسطورة، إذ ذاك، تهيّء تأويلاً للواقع، له نفاذه العاطفي، ويستطيع أن يساهم في الخلق الشعري مساهمة مهمة[1]. والأسطورة والدّين شيء واحد عندما يحلاّن محل القدرة الإبداعية الابتكارية الفطرية في الشعر؛ ذاك أن من مميزات الدّين في مرحلته الأولى أنّه متحد مع الإبداع، والشعر من ذاك الإبداع، فقد تصوّر الشاعر العالم أرض غموض، فصَنَعَ قصيدته كوهم دمج فيها عوالم شعره مع عالمه الفعلي الغامض[2]. وقد نعدّ الأسطورة العامل المشترك بين الشعر والدّين؛ فالأسطورة الدّينية هي مصدر المجاز الشعري، وقد يؤلّف الشعر ما يشبه الشعائر الدّينية من خلال أساطيره، ويبقى المجاز الشعري مهمًّا في تصنيف الموضوعات الشعرية والأغراض التي دفعت الشاعر لاختيار موضوع ونبذ آخر[3]. وعلى

ذلك، فإنّ ظاهرة تقديس الشاعر لصُورٍ دون أخرى، جاءت مرتبطة مع بعض الأدب الدّيني الذي كان في أغلبه أسطوري الطابع[4].

---

(1) انظر: جبرا إبراهيم جبرا: الأسطورة والرمز (ترجمة)، دار الحرية للطباعة، بغداد، 1973م، ص70-71.

(2) انظر: كريستوفر كودويل: الوهم والواقع، دراسة في منابع الشعر، ترجمة: توفيق الأسدي، الفارابي، بيروت، ط(1)، 1982م، ص39.

(3) انظر: رينيه ويلك وأوستن وارين: نظرية الأدب، ترجمة: محيي الدين صبحي، مراجعة: حسام الخطيب، المؤسسة العربية للدراسات والنشر، بيروت، 1987م، ص200-201، 215-216.

(4) انظر: John W. Tigue: Teaching Mythology, p.25.

إنّ النقد الأسطوري للشعر العربي قبل الإسلام ينقل حكاية عن موضوع لصورة فنية يرسمها الشاعر، وقد اتفقت تلك الصورة في بعض مناحيها العامة عند الشعراء بالتركيز على الحدث أكثر من الصفة، وبتطوّرٍ فَرَضَ وَضْعَه في حركاتٍ كانت تكثر أو تقل حسب امتداد الحكاية في التشبيه، وكان لابُدّ لكل قصة أن تبدأ في مكانٍ معيّن وأن تنتهي نهايةً معينة، وإنَّ اشتراك الشعراء في الملامح القصصية لحكاياتهم عُدّ من أهم الظواهر المشتركة بين نماذج الشعر المتعددة في عصر ما قبل الإسلام. وهذا التوجه يقترب من اتجاه عام في الشعر العربي قبل الإسلام هو اتجاه الاهتمام بالحكايات الأسطورية التي جسّدتها مشاهد متعدّدة في القصيدة الواحدة، كصورة الثور ومطاردة الكلاب له على سبيل المثال. ولقد رُبط هذا التوجه بالعقلية الجاهلية التي كانت تتعلق بالأساطير، وتتخذ منها وسيلة تعبير عن الرؤية الدّاخلية للإنسان في مواجهة حوادث الطبيعة من حوله، ويحتاج هذا التشبيه الصّوريّ-بالرغم من روحه الأسطورية-إلى قدر من الضبط الواعي لتأليف عناصره؛ لأن الشاعر يفتتح قصته بحرف (ما)، ثم يتابع نسجه بأحداث وشخوص، قد تزيد على عشرين بيتًا، لختم قصته بقفل خاص هو (بأفعل من) ويُسمّى هذا النوع من التشبيه بالتشبيه الدّائري[1].

إنّ اشتراك الشعراء في تصويرهم يكرّر نمطًا يبدو مرسومًا سَلَفًا في ذهن كلِّ واحد منهم مثلما كانوا يكرّرون طقوسًا جماعية في عباداتهم الوثنية مثلاً. وإنّ التكرار الجمعي في رسم الصورة بالعقلية الأسطورية وَحّد بين الدّين والشعر والأسطورة بشكلٍ عام. وإنّ اختصاص الشاعر في تصويره لصورة دون أخرى قد رفع من منزلتها فوق صورة ما هو عاديّ، وقرّب منها من صور الآلهة، وتلتقي بهذا صور الآلهة مع صور النماذج العليا الجاهلية؛ فهي تجسّد مجموعة قيم كان الناس جميعهم يؤمنون بها في ذلك الوقت[2]. ولعلّ رمز المطر والديمة التي تحمله ذا دلالة رمزية تفتح الأفق نحو رمز الانبعاث والحياة، كما تفتح الأفق نحو قِيَم الخير والعطاء، وقد كان المطر و الديم يشعر العربي القديم بالزمن، ولأنه لا يستطيع أن يتقي هذا

---

(1) انظر: عبد القادر الرباعي: الطير في الشعر الجاهلي، المؤسسة العربية للدراسات و النشر بيروت، ط(1)، 1998م، بحث التشبيه الدائري، ص 139-199.

(2) المرجع السابق، الصفحات نفسها.

المطر الذي ينزل، فهو لا يستطيع أن يدفع شعوره بالزمن الذي يشعره بالهزيمة والموت[1]، ولقد كان المطر من بين معبودات الإنسان الأول[2].

إنّ الشاعر الجاهلي يركّب ويُحلّل ما يصنع فكرًا في صورٍ جزئية منفردة، أو صور مركبة لكنها متحدة في تصوّر واحد، ولعل الأسطورة تصنع له بداية توافق لبناء صورته، ليتشكل له ختامًا ما يُعرف بالصورة الأسطورية[3]. وتقترب الصورة الأسطورية بالدّين الوثني الجاهلي من خلال تكرار تشبيه المرأة والفرس والغزالة والمهاة والنخلة بالشمس، وهي بذا تشكّل آلهة أمّ معبودة، وقد عُبِدت المرأة في الدّين القديم، وقد صوّر الجاهلي امرأته بمثال لا نقص فيه[4]، كما أدّى رحيل امرأة الشاعر إلى إقفار الدّيار؛ وكأنّ سيّدة الطلل هي المرأة/الشمس التي تجسّد ربّة الجاهليين[5] ويمكن القول بأن المرأة لأنها شمس فهي معبودة، وهي تجلب الخير، ورحيلها يجلب الشر، وفي تصوير رحيلها رمز دينيّ أسطوريّ مشترك. وإنّ عبادة الشمس مفتاح كلّ الأساطير الوثنية[6] وقد عُرِفت عبادة الشمس عند العرب القدامى وقد شخّصوها بصنم، وخصّصوا لها هيكلاً[7].

ويرى الباحث أن الشاعر الجاهلي لم يقصد ذوات الأشياء التي كان يصوّرها، وإنما كان يريد ما يخفي وراءها من معانٍ ورؤى وأفكار، كما يرى بأن الرمز في الصورة ليس محصورًا في الأداء التفصيلي لقصة الصورة، كما يصوّرها الشاعر، بل يمتد الرمز إلى المقاطع المكتملة في القصيدة، حتى أننا نستطيع القول برمزية الطلل والمرأة والشمس على سبيل المثال من

---

(1) انظر: مصطفى ناصف: دراسة الصورة الأدبية، دار الأندلس، بيروت، ط(2)، 1981م، ص239، 261-267.

(2) انظر: محمد عبد المعيد خان: الأساطير والخرافات عند العرب، الحداثة، بيروت، ط(2)، 1980م، ص99.

(3) انظر: نصرت عبدالرحمن: الصورة الفنية في الشعر الجاهلي (في ضوء النقد الحديث)، مكتبة الأقصى-عمان-الأردن، ط(2)، 1982م، ص211-212، 218.

(4) انظر: عماد الخطيب:الصورة الفنية في المنهج الأسطوري لدراسة الشعر الجاهلي(دراسة تحليلية نقدية) رسالة ماجستير، جامعة اليرموك، إربد - الأردن، 1996م، ص51، و ما بعدها.

(5) انظر: إبراهيم عبدالرحمن: الشعر الجاهلي (قضاياه الفنية والموضوعية)، ص131-135، 256-262، 270. وانظر: علي البطل: الصورة في الشعر العربي حتى آخر القرن الثاني الهجري، ص64-70، 91-92. وانظر: نصرت عبدالرحمن: الصورة الفنية في الشعر الجاهلي، ص127-131، 135، 144.

(6) انظر: ك.ك. راثفين: الأسطورة، ص25.

(7) انظر: محمود سليم الحوت: في طريق الميثولوجيا عند العرب، دار النهار، بيروت، ط(3)، 1983م، ص66.

خلال معرفتنا لضرورة توظيف الشاعر لها وقد اتخذها للتعبير عمّا يجول في خاطره من قضايا كانت تواجهه ويعجز عن حلّها. وإنّ أسلوب الأداء التفصيلي عند الشاعر الجاهلي غنيّ بالمجازات غناه بالتشبيهات، وهذا ما أعطى الشاعر الجاهلي قدرته على نقل هواجسه وأحاسيسه وما يعانيه عبر كيانات موضوعية التقطها من واقعه، واستشرف بها استيعاب معاناته، فأسقط عليها ما في نفسه، ومنحها بُعدًا أسطوريًا بتأثيرٍ دينيٍّ أكثر تأثيرًا وإيحاءً وجمالية وفنًّا.

ويرى الباحث أنْ لا علاقة بين انتماء الشاعر الدّيني والحاجة إلى الأسطورة في بناء الشعر محتوى وصورة؛ لأن الشعر يصبّ في الحركة الاجتماعية الفاعلة في السلوك، كذلك لا يدلّ ملء مخيلة الشاعر بالتصوّرات الأسطورية، إلى فقر في المعتقد الدّيني، فالأمر عند الفن يبدو مختلفًا في تداعيات أولية التفسيرات للظهور إلى سطح المخيلة وقد خُزّنت في الباطن، وتلك الأوليات هي نظير لكل مسار انتماء للدّين. ويمكن إضافة أن الإغريق القدماء رأوا في الأساطير شيئًا أبعد بكثير من أن تكون مسرحًا للهو الآلهة وصراعاتها، فضمنوها معانٍ لحركة الحياة نفسها وتفسيرات لم تفتقد قيمتها وأصالتها حتى أيامنا هذه. كما كان لتدخل الأدب في صياغة أسطورة الإغريق أثره في تضمينها الكثير من المعاني الإنسانية، وقد أفقد الأدب الأساطير تلك القشرة الطقسية القديمة التي ربطت الدّين بالأسطورة، وحوّلها إلى موضوعات حافلة بالعِبَر، وأضاف لها لمساتٍ فنية لا يمكن تفسيرها بغير الشعر[1].

---

(1) انظر:عماد حاتم: أساطير اليونان، ص19، 41، 44.

المبحث الثاني

الأسطورة والسحر

إنّ هناك علاقة تاريخية جمعت بين السحر والأسطورة وقد جاء خط معادلة السحر والأسطورة تاريخيًا هكذا:

السحر... الأسطورة... الفلسفة... العقل... العلم[1]. وقد مرّ بنا أنّ الأسطورة تتقدم مراحل الفكر جميعها باعتبارها أول جواب عن سؤال الإنسان لما يهمّه من أمره وأمر الحياة والكون. لكن الخط التاريخي السابق له ما يبرّره باعتبار السحر لم يكن له أصل حيث أنه لم يُكتشف أو يُخترع، بل كان موجودًا حسب اعتقاد الجماعات البدائية مع وجود كلّ الأشياء والظواهر التي رافقت البشرية منذ بدء الخليقة[2].

و يظن الباحث أن الأسطورة ترتبط مع السحر في أنّ كليهما يقوم على الإيمان بنظام دقيق في الظواهر الطبيعية[3]، وقد تعدّ كثير من الأساطير صورًا مقابلة للسحر، ترتبط بتصوّر البدائي للحياة التي يظهر فيها السحر ذا وظيفة اجتماعية، وتظهر فيها الأسطورة كضرورة حياتية تنصبّ منها طاقات الكون وتنفد إلى مظاهر الحضارة المختلفة[4]. وتبدو الأسطورة معاصرة للسحر في نشأتها.

إنّ الإنسان وقد وجد نفسه وجهًا لوجه أمام هذا العالم، لم يكن يستطيع إلاّ أن يتفاعل بوسيلة أو بأخرى مع البيئة المحيطة به، فقد وجد أعمالاً قصد منها أصلاً أن تكون مفيدة من الناحية العملية، مثل وسائل السحر المتعدّدة، التي لم تنبع من ملاحظة الطبيعة، أو المعرفة الخاصة بقوانينها، بل نبعت من حياة الإنسان التي لا تُعرف إلاّ من خلال التقليد السّائد في المجتمع، ومن تأكيد هذا التقليد على نجاح الإنسان في تحقيق غاياته المرغوبة. وارتبط السحر

(1) انظر: تركي علي الربيعو: الإسلام وملحمة الخلق والأسطورة، ص202، نقلاً عن: الطيب تيزيني: الفكر العربي في بواكيره الأولى (مشروع رؤية جديدة للفكر العربي)، دار دمشق، دمشق، 1982م، ص199.

(2) انظر: قيس النوري: الأساطير وعلم الأجناس، جامعة بغداد، بغداد، ص54.

(3) انظر: شكري عياد: البطل في الأدب والأساطير، ص76.

(4) المرجع السابق، بتصرف من أقوال شكري عياد عن علاقة السحر مع الأسطورة و العلم ص 82، 85.

بالأسطورة باشتراكهما في قوى خارقة أضفاها البدائيون على سحرتهم وآلهتهم معًا، وهو ما أعطى البدائي قناعةً بأنّ السحر يجدّد له ثقته بنفسه، ويعطيه الأسلوب الذهني والتقني الأنجع حيثما تُخفق وسائله الاعتيادية[1].

إنّ ظواهر الطبيعة هي القاسم المشترك بين اعتقاد البدائي بالسحر واعتقاده بالأسطورة، لكنه اعتقد بالأسطورة جوابه لما غمُض فهمه عليه، واعتقد بالسحر قوةً تساعده في السيطرة على محيطه الخارجي باستحضاره الانفعال المناسب للفعل المنجز، وعندما يتلاشى المضمون الانفعالي، ويفتح الساحر عينيه، ويصبح راغبًا لأن يلجأ للأسطورة التي ربما تعيده لأولية تفسيراته لما يحيط به؛ فلا يستطيع الساحر أن يسيطر على الطبيعة، فيحتاج إلى تعويذات أقوى من طقوسه السحرية للتغلب على الطبيعة، ومن هنا استحضر الساحر الأسطورة، وبعد أن تقدّم حاله وَلّد العلم بازدياد التجارب والخبرات[2].

يقوم السحر بالتصدّي لمهمات معقّدة، ويتعرّض الساحر للتصحيح من قبل التجربة، وحينما يتيقن الساحر من حتمية هزيمته فإنه يتحوّل بسحره إلى واقع علميٍّ يفعل العلم فيه ما عجز السحر عن فعله. ويربط عصر العلم بعصر السحر بأنّ كليهما يقوم على الإيمان بنظام دقيق في الظواهر الطبيعية، وإنه بين العلم من ناحية، وبين السحر والأسطورة من ناحية أخرى، بونًا بعيدًا من حيث النظر إلى علاقة الإنسان بالظواهر الطبيعية، ويمكن النظر إلى السحر والأسطورة معًا نظرة سلبية ترى فيهما تحريفًا للواقع، كما يظهر هذا التحريف أكثر ما يظهر في احتراف أبطال الأساطير للسحر[3].

إنّ ترابط الأسطورة والسحر معًا يُظْهر ما يتفسّر من حولنا وقد نبع من الدّائرة السحرية الأساسية للأسطورة؛ فكلا الأسطورة والسحر تفسّران ما يقصى عن محيط العقل، فلا مجال لامتداد نظام سحريّ أسطوري تتمثل به الأفكار في عقولنا، إذا قارنا بين نظام الأسطورة السحريّ أو نظام السحر الأسطوري ونظام العلم[4].

---

(1) انظر: قيس النوري: الأساطير وعلم الأجناس، ص84، 105، 112.

(2) انظر: كريستوفر كودويل: الوهم والواقع، ص37-38.

(3) انظر: شكري عياد: البطل في الأدب والأساطير، بتصرف من ص76.

(4) المرجع السابق، بتصرف من ص79.

ويظن الباحث أنّ مخالفة الأسطورة للواقع العقلي أمر لا يهمّ ناقد الأدب، لكن القصص الأسطورية التي تتصل بالسحر تعدّ ذات موقع حيويّ للنقد الأسطوري، إلى حدّ يلفت انتباه الناقد إلى مواقف معينة تَغْمُضُ عن الظروف العملية. كما يبدو للناقد أنَّ علاقة السحر بالأسطورة تحتاج إلى تغلغل في المضمون السحري للأسطورة المستعملة خلاله؛ فالسحر يختفي وراء أسطورة يكون هدفها مضمّنًا، وقد يُسيطر الشاعر على عمله بتقنية استخدامه للأسطورة الساحرة في قوّة انتقاء ما يُظهر عنصر الخطر الذي احتاجت فيه الأسطورة للسحر، إلى جانب وظيفة السحر في تنظيم أحداث الأسطورة وأفعال أبطالها.

ويستند السحر إلى مبادئ فكرية يمكن أن تنقسم إلى نمطين أساسين هما: نمط السحر التشبيهي، ويُسمّى قانون التشبيه: وهو أن الشيء ينتج مثيله، أو أن النتيجة تشابه السبب الذي خلقها، والنمط الثاني من نمط السحر التشبيهي: هو أن الأشياء التي كانت على اتصال يستمر تأثيرها في بعضها، حتى بعد انفصالها وابتعادها ماديًّا. والنمط الأساسي الثاني هو السحر العدوائي: ويعتمد على الاعتقاد بأن الأشياء التي كانت مرتبطة في وقت ما من الأوقات لا يمكن أن تنفصل عن بعضها فعلاً على الرغم من هذا الفصل إذا حصل، فهي في الحقيقة تظل تنجذب إلى بعضها[1].

كان السحر يمثل أول الأديان، إذا افترضنا علاقة السحر بالأسطورة قبل نشأة الدِّين، وقد مثل السحر الدِّين الأسبق الذي به يعتقد البدائي بوجود قوة في الأشياء والعالم يمكن التحكم بها، وبعد أن أدرك البدائي أن أصحاب القوى الخارقة فقط هم القادرون على التحكم بهذه القوى أبقى معتقده في وجود هذه القوى، ولكنه خضع لها هذه المرّة وتوسّلها فنشأ الدّين بالمعنى المعروف. وقد نفذ السحر إلى الدّين من خلال الأسطورة، رغم أنّه يمارس خارج الأسطورة؛ فما زالت الأساطير السومرية تحتفظ بالمشاهد السحرية مثل ما تحتفظ به أسطورة إنليل عندما تعتمد مبدأي الشبيه والاتصال السحريين فيرقد ثلاثة آلهة علويون في الأعلى وينزل مكانهم للعالم الأسفل ثلاثة آلهة سفليون[2]. ويكون الاعتقاد

(1) انظر: قيس النوري: الأساطير وعلم الأجناس، ص157-158. وانظر: خزعل الماجدي: أديان ومعتقدات ما قبل التاريخ، ص51. وانظر: خزعل الماجدي: متون سومر (الكتاب الأول: التاريخ، الميثولوجيا، اللاهوت، الطقوس)، الأهلية، عمان-الأردن، ط(1)، 1998م، ص341.

(2) انظر: خزعل الماجدي: متون سومر، ص346-347.

بالسحر التشابهي حاصلاً في أنّ هناك دائمًا كائنات حيّة جبّارة يمكن أن تشبه الإنسان في بعض الوجوه وتشرف على الكون وتسيّره[1].

وقد مهّدت مرحلة السحر لظهور الأسطورة بالعلاقة المشتركة بينهما في تصوّر البدائي للحياة، واشتراك الأسطورة والسحر بوجود روح توحّد الأشياء والطبيعة، لكنّ السحر ذاكرة جماعية آمن بها مَنْ آمن انطلاقًا من وعيّ جماعي لوجود روح توحّد الأشياء ويمكن السيطرة عليها[2].

وترتبط الأسطورة بالسحر من خلال الطقوس المقدّسة التي في كليهما. ومرّ بنا أنّ الطقس سبيل أوضح للدّين القديم وأنّه يعبّر عن نظام دينيّ تأسست ملامحه من طقوسه الدّينية، وإن اقتربت من الأسطورة حينًا. ولعلنا نتلمس طريق ارتباط السحر بالأسطورة من خلال اتّضاح أنّ السحر دين بدائي أكثر من كونه مرحلة متعارضة مع الدّين، وقد جمع الخط التاريخي الذي مرّ بنا بين الدّين والسحر في مرحلة واحدة؛ لأنّ للسحر-كما يظن الباحث-كلمة نافذة ومسيطرة، وفي أحيان قادرة على فعل أمر، كفعل الطبّ العلاجي مثلاً، وهذا ما انتقل إلى الدِّين، وقد أصبحت كلمات الإله لها القدرة على الطب العلاجي أيضًا.

والسحر مثال نموذجي لسيادة الطقس في النظام الديني على حساب الأسطورة، وكمثالٍ على ذلك: طريقة استسقاء المطر في سامراء القديمة عند أجداد السومريين عندما كان يقف أربعة نساءٍ يتقابلن في مواقع كأنها الجهات الأربعة للكون ويقمن بنثر شعورهن إلى هذه الجهات فيتحرّك الهواء في منطقة رقصهن، وتقوم فكرة هذا الطقس السحري على أن الهواء إذا تحرك في هذه المنطقة من العالم فإنه سيتحرك في العالم كلّه ويجلب الغيوم التي تجلب معها المطر اعتمادًا على مبدأ التشابه السحري. ويعتمد هذا الطقس السحري على الأسطورة لا على الدّين؛ لاعتقاد السومريّ أن الإلهة الأم هي التي تستطيع، دون الرجل، أن تقوم بهذا الطقس، وهذا جزء من إيمانهم بالإلهة الأم التي كانت سائدة آنذاك[3].

---

(1) انظر: حاتم الكعبي: التغير الاجتماعي وحركات المودة، الحداثة للطباعة والنشر والتوزيع، بيروت، ط(1)، 1982م، ص82.

(2) انظر: ك.ك. راثفين: الأسطورة، ص41-42.

(3) انظر: خزعل الماجدي: متون سومر، ص309-310.و ص256.

السحر، إذن، طقس أولاً مع وشاحٍ أسطوري بسيط؛ لأن النظر إلى طقوس الخصب في الدّيانات ذات المعتقدات بالأساطير الغنية المركبة يظهر مدى بساطة الفكرة الكامنة وراء تقرّب الساحر بالذبائح إلى الآلهة العليا، وهو لا يُصلّي لها، ولا يقود دراما طقسية معقّدة لإحلال الخصب، وإنّما يقوم بالتأثير-على مبدأ التشابه السحري-على مظاهر الطبيعة من خلال تلك القوة التي تسري في كلّ شيء، والتي من شأنها تحويل هذا الإجراء الطقسي السحري إلى فعلٍ حقيقي يتم في جانب آخر[1]. هذا يعني أنّ الطقوس السحرية المعقّدة تخفي وراءها أساطير مركّبة معقدة وغنية، والطقوس السحرية البسيطة تخفي وراءها أساطير أكثر بساطة وقريبة لذهن البدائي، وفي كلّ نظام أسطوري سحري تقف خلفه الطقوس التي هي أساس نسيج الدّين بشكل خاص، وطالما تعبّد المتعبد بالطقوس الدّينية اليومية أو الدّورية فهو يمارس ما خَفِيَ من سحر أسطوريٍّ فيها. ويرى الباحث أنّ الدّين بمفهومه الأول الأسبق على الأسطورة قد أعطى مفهومًا متقاربًا للسحر والأسطورة بأن رفضهما وطقوسهما، مرجّحًا كلمته بدلاً من القصة المقدّسة بما تحمله من أسطورة سحرية أو سحر أسطوريّ معتقد به.

إنّ الطقوس الدّينية تختلف عن الطقوس السّحريّة بغلبة عاطفة الخوف والرجاء فيها على عاطفة الشعور بالثقة وقوة السيطرة التي تتسم بها الطقوس السحرية، ثم تتجاوز الطقوس الدّينية الواقع المعيشي إلى حياة ما بعد الموت، بينما تتعلق الطقوس السحرية بالواقع المعيشيّ فقط. ومن أوجه الاختلاف بين الطقسين ظهور روح التأمل، مع الاتسام بالشمول، والارتباط بالقوى الخارقة للطبيعة في الطقوس الدّينية، بينما يغلب على الطقوس السحرية الطابع النفعي، وتبدو القوى الخارقة فيها أقل قوة من تلك التي تظهر في الطقوس الدّينية[2].

ومن أوجه الشبه بين الطقوس السحرية والطقوس الدّينية، أنهما معنيان بالظواهر غير العملية: أي بالمجال الذي يتعدّى دور التصوّر الواقعي إلى المجال المجهول غير الخاضع للحِسّ والقياس. كما أنّ معاني الطقوس السحرية أو الدّينية تكتسب الجِدّة؛ بسبب ارتباطها بالنشاطات الرّوحية، وتكون معانيها ذات مضامين رمزية، وقد تعمل تلك

---

(1) انظر: فراس السواح: دين الإنسان، ص63.

(2) انظر: قيس النوري: الأساطير وعلم الأجناس، ص174-180.

النشاطات مع قوى غير بشرية تتسم بالتقديس، مع وجود القوى الغيبية الخارقة للعالم الطبيعي في طقسيهما[1].

والطقس هو العنصر الثالث من عناصر السحر التي هي الكلمة المحدّدة، والسّاحر، بالإضافة إلى الطقس[2]، ويدخل الطقس في العنصرَيْن الآخرين ذاك أن الكلمة المحدّدة في السحر هي الكلمة التي يمكن أن تعبّر وتسيطر على الغاية المقصودة من الطقس السحري، والسَّاحر هو ذاك المتمتع بروحٍ تنهض بالطقس السحري وتؤثر به صوتيًا قبل أن تؤثر به بالفعل[3].

وقد نشط فعل السحر بسبب بدء استقرار الإنسان، وحاجته للسيطرة على عوامل الطبيعة عن طريق السحر؛ الذي هو طريق العلم الأول[4]، وهكذا كانت تلك مرحلة من تاريخ الوعي الإنساني بثّ خلالها الإنسان الأول الحياة في مختلف المخلوقات وأضاف إلى هذه الحياة القوة السحرية[5]، وقد أُضيفت القوة السحرية إلى كلِّ ما يحيط بالإنسان؛ رغبةً في تحويل كلّ قوة يراها إلى قوة سحرية، حتى أضاف الإنسان القوة السحرية إلى المرأة لاكتشاف قواها الأنثوية والتكاثرية، وأضاف القوة السحرية إلى عالَم الحيوان وإلى عدد من الطيور وإلى كلِّ قوة محتملة[6].

وقد أضاف الشاعر الجاهلي القوة السحرية إلى ما صوّره من صور، بدت في تكرّرها نمطًا أسطوريًّا معيشيا ومعلومًا، وقد جمعت صور الجاهلي في شعره بين أصولها الشعائرية المقدَّسة، عندما كشفت عن ذلك بتكرارها وأهميتها عند الشاعر، ثم لقد كشفت تلك الصور عن وجود طقس سحري يخلطه الشاعر الجاهلي بشعائر قديمة مقدَّسة، من ذلك ممارسة الجاهلي لإيقاد نار الغدر، التي أخذت طقسًا سحريًّا اختلط بشعائر قديمة تكون

---

(1) انظر: قيس النوري: الأساطير وعلم الأجناس، ص177-180.

(2) المرجع السابق، ص113.

(3) المرجع السابق، ص153-154.

(4) انظر: خزعل الماجدي: أديان ومعتقدات ما قبل التاريخ، ص63-64.

(5) انظر: عماد حاتم: أساطير اليونان، ص23.

(6) المرجع السابق، ص22-23، وانظر: خزعل الماجدي: أديان ومعتقدات ما قبل التاريخ، ص65.

أقوى إذا أُدِّيت في مواسم دينية[1]. وقد ربط الجاهلي بين الجن ووادي (عبقر) [2]، بالطقس السحري الذي معه تظهر شجاعة العربي في قطع الصحراء[3]، التي يحن لقطعها و التظلل بظلالها كما يتصور، و كذا في صراعه مع الغول الذي قد يفسد عليه سحره[4]، إلاّ أنّ حياة الجاهلي مع الجن والغول تشكّل أسطورة لها مكان وزمان، يرى خلالهما الجاهلي نفسه في أفق خيالي سحريّ مؤسطر[5].

أمّا الشاعر الحديث فإنّه يتبنّى استعمال الصورة الأسطورية، لسحرها المبثوث خلالها، والأمر الأساس عنده هو ولادة النص، كما السحر يلد العالم، في نظر الإبداع، والشاعر يصوّر القوة التي منحها السحر للأشياء والطبيعة؛ لأنه بالصورة يستخرج تلك القوة السحرية التي منحها الشاعر بكلماته المقدّسة[6]. ويرى الباحث الباحث أنّ دراسة الصور الأسطورية الساحرة تضع الشاعر محورًا تدور حوله تلك الصور؛ مثلما يكون الساحر هو محور أشكال الطقوس السحرية في صور الدّيانات الأسطورية السحرية. وتبقى القصيدة ملأى بالمعاني الضمنية التي تتجاوز التنظيم والترتيب العقلاني، رغم تشكّل النص خلال العقل الواعي للشاعر.

إنَّ المجاز السحري الأسطوري ينفي سيطرة الحياة، وقد يبلغ الشاعر الذروة في شعره عندما يؤمن بسحر ما يقول من كلمة[7]، وإنَّ النقد الأسطوري يبحث في رموز سحرية كانت قد شوّهت-برأي الباحث- عالم الواقع العقلي من حوله، كما أنَّ رؤيا الشاعر هي

(1) انظر: علي البطل: الصورة في الشعر العربي حتى آخر القرن الثاني الهجري، ص193، 198-199.

(2) إليه يُنسب كل شيء عجيب خارق.

(3) انظر: أحمد كمال زكي: التشكيل الخرافي في شعرنا القديم، مجلة كلية الآداب، جامعة الرياض، الرياض، م(2)، 1977م، ص201-202، 215، 218، 219. وانظر للمؤلف نفسه: الأساطير دراسة حضارية مقارنة، ص62، 78، 103.

(4) انظر: محمد عجينة: موسوعة أساطير العرب (عن الجاهلية ودلالاتها)، دار الفارابي، بيروت، ط(1)، 1994م، ص8، 10، 13، 20، 35، 37. وانظر: أحمد كمال زكي: الأساطير (دراسة حضارية مقارنة)، ص103.

(5) انظر: إبراهيم عبدالرحمن: الشعر الجاهلي (قضاياه الفنية والموضوعية)، ص62، وانظر: ريتا عوض: بنية القصيدة الجاهلية (الصورة الشعرية لدى امرئ القيس)، دار الآداب، بيروت، ط(1)، 1992م، ص308.

(6) انظر: رينيه ويلك وأوستن وارين: نظرية الأدب، ص214.

(7) المرجع السابق، ص214-215.

حقيقة، بالنسبة إليه، كالواقع تمامًا؛ وهذا ما يدعو النقد الأسطوري للاقتراب من علم النفس لتبيان معالم العقل المظلمة وكيف تصوّرت في لغة الشاعر، خاصّة إذا تضمنت صور الشاعر حكايات سحرية لا أساس جغرافي لها حقيقة، ولا تحتوي على أسماء حقيقية، وإنّما تلعب دورها في عالمٍ أسطوري صنعه خيال الشاعر وإبداعه.

ويرى الباحث أنّ صور الشاعر الجزئية تميل لأن تكون حوادث جزئية، لها ما يبرّرها، وقد انتظمت في وحدة مثيرة، يمكن أن نسمّيها: صورة كلية. وتبقى حكايات السحر الأسطورية-كما يظن الباحث-أقرب إلى ذهن الشاعر عند اختلاط حاضره، بمعتقداتٍ قديمة عن أشيائه وما يشغله من شأن الحياة، والموت، إلى غير ذلك من مختلف ما آمن به من قوى غريبةٍ تتحكم به. ثم إنّ على الناقد-برأي الباحث-أن يعرف الاسم الحقيقي للأسماء غير الحقيقية المسمّاة، وعلى الناقد أن يهتم برواية الشاعر لصُوَرِهِ اهتمامه بقوة الكلمة السحرية المنطوقة وتأثيرها. ولكلٍّ بنيته التي يجب فكّ رموزها.

إذن، اهتمّ النقد الأسطوري بعلم النفس باحثًا عن الجزء الآخر الذي لم يُقل بعد، وقد ينجح الشاعر وقد لا ينجح في استعمال الأسطورة واستغلال السحر الأسطوري المتمثل بموقف الإنسان من قوى الطبيعة، ونجاحه وعدم نجاحه راجع إلى طريقته في تجسيم الرمز الذي ينقل إليه قوة الأسطورة في الحسّ والفكر. ويتلهف الشاعر في استعماله لطبيعة الأسطوري الشعري، ويبقى السؤال الذي يثير الجدل: أيُعبّر الأسطوري الشعري عن حرية المبدع في ابتداع حقائق بديلة، كما يجب أن يرى الأمر، أم أن الأسطوري الشعري وسيلة بيد تلك القوى الجبارة (روحيًا وجسمانيًا، أو عنصريًا وبدائيًا) التي تهيمن على حياتنا ؟[1].

ويميل النقاد الأسطوريون إلى التحليل النفسي؛ لأنه يقدّم مفتاحًا جديدًا للنقد الأدبي وهو يرى-أي النقد-الأسطورة والطقوس والسحر والشعر أشكالاً من التعبير الإنساني موجودة في بداية أية حضارة. وإنَّ ما يميز الإنسان عن باقي الكائنات المخلوقة القدرة على إبداع هذه الأشكال من التعبير التي تنمو الحالة الإنسانية في ظلّها وبتأثيرها[2] وهكذا يمكن ربط علم النفس بالسحر والأسطورة والدّين من خلال فكرة التطوّر التي بدأنا

(1) انظر: ك.ك. راثفين: الأسطورة، ص45.

(2) انظر: سمير سرحان: التفسير الأسطوري في النقد الأدبي، ص 102.

الحديث عنها وقد أخذنا جانب تطوّر الأسطورة إلى الدّين والسحر، وجاء الآن العلم بالشأن النفسي ليعيـد
الأسطوري والسحري والدّيني إلى أصول نفسية نبعت منه. كما يصوّره الشكل التالي:

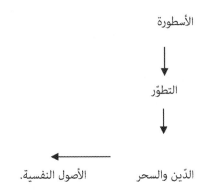

الأسطورة

التطوّر

الدّين والسحر   الأصول النفسية.

المبحث الثالث

الأسطورة والبدائية

تلتقي البدائية مع الأسطورة بكون الأسطورة نشأت أصلاً من نظرة البدائي إلى العالَم من حوله[1]، وتكون هذه النظرة-ربما-لا منطقية، وقد ترتبط الأسطورة بالبدائي بأنَّ كليهما انخرط بضرب من المشاركة الغيبية مع العالم المحيط به، وقد عجز البدائي عن التفكير الصحيح بعقليته ما قبل المنطقية التي عَرَفَ خلالها معنى الأساطير ووظيفتها، وهذا يحاكي ويوازي التصوّر الخماسي المعهود في المادية التاريخية:

السحر... الأسطورة... الفلسفة... العقل... العلم[2].

وترتبط البدائية بالأسطورة بكونها التعبير الأول الذي جسّد الأسطورة في تصوّر فجّ في الصياغة، وكون الأسطورة البدائية الأولى شاهدة على ذهنية أسطورية بدائية بدأت معها الحكايات الأسطورية، وقد ترتبط الأسطورة بالبدائي من خلال توحيدها للإنسان البدائي مع عالمه في طقوس دينية، أو سحرية، يقوم بها في مواسم معينة، وتلك الطقوس الأسطورية تُمثِّل وحدة البدائي مع جماعته ونظرته غير المتمايزة لأجزاء الأشياء من حوله؛ فأسطورة البدائي تسمح له أن يتصوّر إلهه مرّة في صورة إنسان، ومرّة في صورة حيوان، ومرّة في صورة نبات على سبيل المثال[3].

إنَّ تلاقي الأسطورة مع البدائية يظهر عند إطلاق الأساطير على تلك القصص التي تتعلّق ببداية الإنسانية، حيث كان الإنسان قد بدأ بممارسة الطقوس الدّينية أو السحرية، وكذلك بالذي يرويه البدائي عن تاريخ الأسطورة المقدّس عنده، ويعدّه " حدثًا بدائيًا جرى في بداية الزمان" [4]، لكن رواية تاريخ الأسطورة المقدس من البدائي تعني الكشف عن سرّ؛

---

(1) انظر:ك.ك. راثفين: الأسطورة،وهذا إصرار تايلر على نظرة مولر لتعدد جوانب التعقيد الأسطوري ص61.

(2) انظر: إ.إ. إيفنز برتشارد: الإناسة المجتمعية وديانة البدائيين في نظريات الإنسانيين، ترجمة: حسن القبيسي، الحداثة، بيروت، 1986م، ص246.

(3) انظر: شكري عياد: البطل في الأدب والأساطير، ص80.

(4) انظر: مرسيا إلياد: المقدّس والدنيوي، ص90.

لأن شخصيات الأسطورة ليست كائنات بشرية: هـم آلهـة، أو أبطـال، ولـذلك كانـت بـوادرهم أسرارًا؛ لا يَسَع الإنسان معرفتها إذا هي لم توحَ إليه[1].

لقد شغلت الظواهر الطبيعية البدائي أول أمره، ولقد سعى عـلى تفسيرها، متّخـذًا فهمـه البسـيط أداةً لبسط فهمه لتلك الظواهر، ويومًا بعد يوم تنامى فكر البـدائي البسـيط وتحـوّل إلى فكـر معقّـد عنـد معرفتـه للأسطورة، وهنا تلتقي الأسطورة بالبدائي لتفسّر له ما يحيط به؛ رغبة مـن البـدائي في تـأمين حياتـه، والحصـول على حاجاته المتزايدة[2]. ويقترح الباحث خطًّا يبدأ بالبدائي وينتهي بالأسطورة في محاولة للربط بينهما هكذا:

البدائي... الحاجة للتفاعل... تقليد للصور حوله... إيماءات... همهمات... اللغة الواضحة للأسطورة[3].

وتقترب الأسطورة من البدائي لأنها تحتاج إلى عالم تعيش فيه، وقد وجـدت هـذا العـالم في البـدائي الـذي حمّل الآلهة الأسطورية طابعًا رمزيًّا؛ وجعلها شواهد على عالَم أسـطوري واقعـي يمكـن أن يعـيش فيـه. وقـد سيطرت على عالم البدائي المفاهيم الأسطورية بمعتقداتها الغيبية التي على أساسها فَهِمَ البدائي وجوده بأبعـاده المختلفة: الكونية، والطبيعية، والاجتماعية والإنسانية[4].

ويرى الباحث أنّ الأساطير، رغم غزارتها، لا تعطي فكرة واضحة لحياة البـدائي التـي عاشـها، والتـي ربمـا شارك في صياغة حكاياتها؛ ذلك أنّ الأساطير لغة أعلى ما وَصَلَ البـدائي إليـه مـن فَهْـم، وذاك مـا خلّـد ملحمـةً أسطوريةً ما إلى يومنا هذا، إضافة إلى مسّ قصص الأسطورة الخالدة لروح الإنسان وفكره الرّاغـب في الانطـلاق والتحرّر.

إنّ البدائي حين يقعقع ليسقط المطر، لا يفعل ذلك بناءً على ربطٍ خـاطئ بـين القعقعـة وسـقوط المطـر على أنّهما علّة، ومعلول، بل بناء على اعتقاد بأن رغبته في سقوط المطر التي

(1) انظر: مرسي إلياد: المقدس والمدنس والدنيوي، ص91.
(2) انظر: عمر عبد الحي: الفكر السياسي وأساطير الشرق الأدنى القديم، ص92-93.
(3) استفاد الباحث من تفسير الأسطورة عند: كريستوفر كودويل: الـوهم والواقـع، ص30، وعنـد: سـمية الجنـدي: الأسـطورة في الفكـر العربي المعاصر، (المدخل إلى علم ميثولوجيا مستقل)، المعرفة، سوريا، ع(11)، 1997م، ص70-73، 84.
(4) انظر: عمر عبد الحي: الفكر السياسي، ص95.

يُعبِّر عنها بالقعقعة توافق رغبة المطر نفسه في السقوط؛ فالبدائي لا يحسّ نفسه منفصلاً عن العالم، بل يحسّ نفسه منتظمًا مع انتظام العالم بكلّ ما فيه من أشياء، وأنه هو من بين هذه الأشياء[1]. ولعل وجهة نظر البدائي الخاصة بمرونة قوانين الطبيعة وإمكانية التأثير فيها، تطرح مفهومًا مفاده أن البدائي لا ييأس من بلوغ أهدافه مهما كانت العقبات، مادام يحفظ في ذهنه ذلك الجانب العقدي المتفائل المتصل بوجود عناصر السيطرة البشرية على قوانين الطبيعة[2]. وترتبط صورة البدائي بصورة الأسطورة في الفكر الغيبي لهما؛ ذاك الفكر الذي رافق حيرة البشر لتعليل ما غَمُض فهمه من ظواهر الطبيعة، ولم يقتصر ذاك الفكر على ظواهر الطبيعة، بل تجاوزها إلى مجالات أشد ارتباطًا بالواقع الحيوي المحيط بالبدائي والكائنات الحية التي تؤثر في حياته[3].

إنَّ الفكر الغيبي يُترجم على البدائي في سلوكه الأسطوريّ، وينقسم السلوك الأسطوري عند البدائي إلى قسمين: قسم يمثل الفكر، وقسم يمثل الرّوح؛ والفكر موجود في ماضي البدائي، وتتصّل به حياة البدائي الرّوحية، وكلا الفكر والروح موجودان في الأسطورة التي تحمل طقوسًا يقدّسها البدائي ويحيا معها، ويؤدي السلوك الغيبي، بجوانبه الأسطورية وظائف نفسية واجتماعية في سياق الواقع الحياتي للبدائي[4].

وتلتقي البدائية بالأسطورة بالنظرة إلى الرّوح التي اعتقد البدائي في أساطيره أنَّها موجودة داخل الجسم وخارجه: فروح الإنسان هي حياته التي تكون أكثر عرضة للأذى والخطر قياسًا إلى وجودها خارج جسم الإنسان في مكان سرّيّ؛ ولهذا فإن البدائي يحكي في أسطورته إمكانية أن تنفصل روحه وقتيًا عن جسده دون أن يؤدي ذلك إلى موته. ويحكي البدائي في أسطورته، أيضًا إمكانية إخفاء روحه حتى يجتاز خطرًا يهدّده فترة من الزمن، وبعد ذلك يذهب إلى المخبأ الذي أمّن روحه فيه لاسترجاعها، وإنّ مثل هذا الاعتقاد الأسطوري يدل على قوة سيطرة فكرة وجود الروح خارج الجسم على الذهن البدائي

---

(1) انظر: شكري عياد:البطل في الأدب والأساطير، بتصرف ص80.

(2) انظر: قيس النوري:الأساطير وعلم الأجناس، ص63.

(3) المرجع السابق، ص36.

(4) المرجع السابق، بتصرف ص183-185، 205-207.

خلال المراحل الأولى لصياغة الأسطورة القديمة للفكر البشري[1]، مع سعي البدائي إلى تفسير ما حوله وصياغة قصص تعبّر عن ذلك التفسير[2].

ترجع أوليات القصص الأسطورية التي يعبر بها البدائيون عن اتجاهاتهم الأساسية في الحياة، وطبيعة عواطفهم المرتبطة بتلك الاتجاهات-إلى طريقته في تفسير ما يحيط به من ظواهر الكون، وإنَّ معرفة البدائي بظاهرة ما وتفسيره لها، تُنتج سعيه إلى معرفة حقيقة وجوده. أمّا سعي البدائي للحقيقة فمدفوع بقانون روحيّ لنسق بنائه الدّاخليّ؛ وهو الذي يتصرّف لحلّ قضاياه الوجودية بدوافعه الروحية أكثر من تصرّفه بوعيه العقلي المجرّد: فباقتراب الدوافع الروحية عند البدائي، يبتعد الوعي العقلي[3]. ويرى الباحث أن البدائي الذي لا يعرف من العلم ما يفسّر به ظواهر الكون من حوله لجأ إلى صياغة قصص أولية شكلت أولية القصص الأسطورية التي جعلها تُنظّم شيئًا فشيئًا نظام وجوده.

لقد كانت الأسطورة نظام لغة متطوّر عمّا بدأه البدائي من إيماءات وهمهمات يُقلّد بها ما حوله، وأطلق البدائي أسماء جديدة على آلهته، وبدأ الإدراك العقلي يأخذ طريقه إلى ذهن البدائي؛ فصاغ أسطورة فسّرت حاجته إلى قوة تساعده على تحمّل أعباء حياته، الأمر الذي جعل البدائي يختار لأسطورته حدثها ومكانها وزمانها وآلهتها، في إدراك عقليّ أوليّ لأهمية ما يختار، ولقدرته للإفصاح عمّا أحسّه بدوافعه الروحية بادئ ذي بدء[4].

إنَّ مرحلة صياغة البدائي لأسطورته مرحلة سجّلت علاقات أَلِفَها البدائي: بينه وبين ما حفظته ذاكرته من صور؛ فنقل البدائي تصوراته وأفكاره في مرحلة اللغة المدوّنة الصّالحة للتعبير عن الأفكار المعقدة، وقد مثلت الأساطير استجابة البدائي نحو التعبير عن الأفكار التي يريد تدوينها، وقد بدأت استجاباته إزاء ظواهر الكون، ثم امتدت إلى كل ما يحيط به، وكوّنت أسطورة البدائي بنية معرفية لها عقلها الخاص[5]. وهكذا تكون الأسطورة في حياة البدائي شكلاً معروفًا لديه، ويمكن أن تقاس به أفكاره ومظاهر حياته.

---

(1) انظر: قيس النوري: الأساطير وعلم الأجناس، ص63-64.

(2) انظر: فاروق مصطفى إسماعيل: الوثنية (مفاهيم وممارسات)، دار المعرفة الجامعة، القاهرة، 1985م، ص35.

(3) المرجع السابق، ص36.

(4) انظر: مصطفى مندور: اللغة والحضارة، مكتبة الشباب، القاهرة، 1990م، ص180-181.

(5) انظر: سمية الجندي: الأسطورة في الفكر العربي المعاصر، ص 84-85.

وتصف أسطورة البدائي مختلف تفجّرات القدسي في العالم، وهي ذات طابع درامي أحيانًا، يراعي زمانًا مقدّسًا ومكانًا مقدّسًا[1]، ولا يكتفي البدائي بنظرته الحسّيّة للأشياء، بل يرجع إلى مشاعره الداخلية ذات التصوّرات الغيبية في تفسير ما يراه في عالمه. ويمكن القول بوحدة الحياة الشعورية عند البدائي[2]؛ ممَّا أوجد لأسطورة البدائي خيالاً امتدّ إلى كل البدائيين، وصَنَعَ، بالمعنى النفسي، جهازًا نفسيًا واحدًا لكل البدائيين، وربما غذت الأسطورة التحليل النفسي بالذي تقدِّمه الخيالات الأولية البدائية؛ لكننا لا يمكننا تفسير كل السلوك الإنساني بدرجة الخيالات نفسها التي تبطنه، فنلجأ إلى الرموز التي هي محتوى السلوك الإنساني، فنتتبع آثار الخيالات التي تكشفها حاجات البدائي الأساسية. حينئذ، يتضح أنَّ السلوك في منطقة معينة يُعبّر عنه بالأسطورة أو بنتاج فنيّ معيّن، كالشعر مثلاً، فتُشْبَع خيالات البدائي وتقل درجة توتره وقلقه[3].

إنَّ مادة الأساطير التي شكّلها البدائي هي إطار ثقافي ومرجع يسمح للنقد الأسطوري بتحليل الأساطير من الخارج والأسطوري من الداخل: الخارج هو سائر الأنظمة الدَّالة على الأسطورة، من معتقدات وأدب وفن وشعر، والداخل هو تلك الثقافة التي هذّبت لغة البدائي، وصاغت الأسطورة في خطاب جاء بعد تأويل البدائي لواقعه[4]. ويرى الباحث تساوي الأدب مع الأساطير التي أُبدعت باعتبارها إبداعًا من مبدعات الخيال الجماعي الذي يمتح من المصدر نفسه.

إنَّ أسطورة البدائي تتحرّك من الخارج الأسطوري إلى الدّاخل الأسطوري بالتحوّل الرّمزي: فبعد أن كان (الجن) مثلاً لها وجود واقعي خارج ذهن العربي القديم أصبح صنوًا لعالم الشّر والسوء؛ كما يصوّره شعره، على سبيل المثال، وإنَّ أساطير العرب عن (الجن)، ككائن خرافي لا مرئي، توحي بمرجع ثقافي ذي دلالة على صلة العرب القدامى بالثقافات

---

(1) انظر: مرسيا إلياد: المقدس والدنيوي، ص92.

(2) انظر: شكري عياد: البطل في الأدب والأساطير، ص84.

(3) انظر: عبد الهادي عبدالرحمن: سحر الرمز (مختارات في الرمزية والأسطورة)، دار الحوار للنشر والتوزيع، ط(1)، 1994م، ص189.

(4) انظر: محمد عجينة: موسوعة أساطير العرب (عن الجاهلية ودلالاتها)، ج(1)، ص96.

المجاورة لهم، كما توحي بشبع حاجيات العرب عن (الجن)، ومن ثم تطويع معرفتهم بما يتلاءم مع ظروف معيشتهم[1].

ويرى الباحث أنَّ الذاكرة بما لها من خاصية (الجماعية) تحتفظ بمادةٍ أولية، بدأت المعرفة بها، ويمكن أن نطلق عليها مادة أسطورية؛ فقد شكّلت وعيًا أوليًا أو فكرًا أوليًا له بنيته الخاصة، ويمكن أن نطلق عليه اسم (الوعي الأسطوري) أو (الفكر الأسطوري)، كما يمكن أن يولّد ذاك الوعي أو ذاك الفكر مختلف التراكيب اللغوية في الأدب أو الشعر طبقًا لتوليده الحكاية الأسطورية الواعية قديمًا، وتكون الفكرة المبدعَة الآن متولدة من رحم ما وُلِّد في الأساطير فيما مضى، وللبدائي الفضل فهو صاحب تلك الرحم المولّدة، الذي يحاكيه المبدِع الآن بالنماذج والصور.

إنَّ حياة البدائي تتطوّر وتزداد تعقيدًا كلما ازداد احتكاكه بالبيئة، وإنَّ التعقيد المتزايد للمجتمع يفرز في صراعه مع البيئة الشعر، وكما تتكيف اليد لوظيفة جديدة، دون أن تغير الشكل الموروث للأيدي البشرية، فالقصيدة تكيف القلب لهدف جديد دون أن تغيّر الرغبات الأبدية لقلوب البشر، بواسطة إسقاط الإنسان على عالم متفوق على واقعه، وقد يكون هذا العالم متوفرًا في الأسطورة التي صاغها البدائي في فضاءٍ مهيكل له بنيته المتماسكة المتجانسة من جهة، والمبنية حسب أنموذج أو منوال خيالي يرتبط البدائي فيه برموزه المختلفة[2].

إنّ القصيدة الأسطورية تقترح شيئًا يكون سببًا لمعالجة الشعر لتجربةٍ ما، والشاعر يوهم بالأسطورة شيئًا لا نستطيع أن نلمسه، أو نشمه، أو نذوقه، على سبيل المثال، إلاّ بالتصوير الأسطوري المرموز، بحكم تعدّد دلالات الرمز، ورغم الوهم لكننا نجد الأسطورة تصهر كل الصور في صورة كليّة تشكّل مستوىً مرجعيًا للعالم الأسطوري يتجانس فيه عالم طبيعة القصيدة، وعالم ثقافة الشاعر؛ فالأسطورة نشأت عندما حوّل البدائي حدسه بالكون بمختلف قواه وعناصره إلى صور محدّدة إلهية أو غير إلهية، ويعمد الشاعر إلى إسناد تلك الصور إلى حياة جديدة، وصور تتوّلد من مجرى الزمان الأسطوري المقدّس عند البدائي إلى مجرى لغة الشاعر التي تتخذ قدسيتها لاتصالها بزمن البدايات والأصول. ومن شأن كل ارتباط بذاك

(1) المرجع السابق، ج(2)، ص80-84.

(2) انظر: كريستوفر كودويل: الوهم والواقع، ص34، ومحمد عجينة: موسوعة أساطير العرب، ص191.

الزمان أن يضفي طابع القداسة على عالم الثقافة بجميع ما تنطوي عليه الكلمة من أعراف وأخلاق ومعايير[1].

إنَّ وظيفة الشاعر كوظيفة البدائي عند العودة إلى الأساطير؛ فكلاهما يتجلّى بتكوين الرمز الذي أيقظ لحظة البداية قبل أن يرتاح من قلقه، وقد اشتركت الأسطورة بشعائرها وطقوسها لتنفث القلق عن البدائي، والشاعر للوصول إلى الاجتماعيات المرغوبة[2].

لقد أسفرت الحركة الرمزية في الأدب عن اهتمام متزايد بالاتجاهات الرمزية للإنسان البدائي، وخاصة بالأساطير التي كان يعبّر الإنسان من خلالها عن نفسه. وإنَّ هذه الأساطير ليست مجرد حكايات، وإنما هي: تجسيد للحقيقة كما انطبعت في ذهن الإنسان البدائي؛ فهي وسيلته لتفسير الكون وفهم مختلف القوى التي يعتقد أنها تحكمه. وليس عقل البدائي مجرد مرآة تعكس ما ينطبع عليها من صور، وإنما عقله طاقة نشطة تؤثر في الواقع وتشكله بالقدر الذي تتأثر به، ومن هذا المنطلق تصبح الصور الرمزية التي أوجدها الإنسان البدائي إسهامًا منه في تفسير وتشكيل الواقع من حوله[3].

إنَّ ربط الأدب بعامة، والشعر بخاصة، بالأعماق البعيدة للنفس البشرية الضاربة بجذورها في الرموز التي خلقها الإنسان البدائي من خلال الأساطير والطقوس-إنَّ ذاك الربط يعني-برأي الباحث-ضرورة دراسة كلّ ما يدخل في صنع القصيدة من رموز، وخلفية فكرية، وبنى فنية، وصور اجتماعية، تصنع القصيدة باستجابتها لفترة الشاعر كاستجابة البدائي لرموزه ودخولها في أساطيره.

الشعر عالم كامل، ويرى الباحث أنَّ وعي الشاعر بكمال عالمه يصنع الانفعال المنتظر عند متلقيه؛ فالشعر فيه عالم خارجي يختلط بكل ما يشكّل ويكوّن القصيدة، وفيه عالم داخلي يشارك فيه انفعاله مع انفعال كلّ متلقٍّ، وهذا الانفعال المشترك وليد وحدة شعورية كان البدائي يضمّنها أساطيره. وربما تكون لغة الأسطورة هي المرحلة الأولى من مراحل

---

(1) المرجع السابق الأول، ص34، و المرجع السابق الثاني، ص191.
(2) انظر: عبد الهادي عبدالرحمن: سحر الرمز، ص189-190.
(3) انظر: سمير سرحان: التفسير الأسطوري في النقد الأدبي، ص101.

اللغة الشعرية المتطوّرة التي عبّر بها البدائي، وبذا يلتقي مفهوم الشعر بمفهوم الأسطورة كنوع من الحقيقة، أو معادل لها، وليس منافسًا للحقيقة، بل هو جزء منها[1].

لقد ربط النقد الأسطوري بين أسطورة البدائي وبين صوت الشاعر القديم، ومنه تصوُّر الشاعر العربي القديم لاقتتال كلاب الصيد والثور، وتصوُّر المطر، وتصوُّر الفرس، وغير ذلك من (رمز) يرمز به الشاعر إلى أعماق نفسه، ويُخْرِج ما في أعماقه إلى السطح بتلك الصور، وبتلك الصور يعود فيقذف نفسه في الأعماق. ويتعابث السطح والأعماق عبثًا شديدًا مقلقاً، حتى يحتاج الشاعر إلى أن ينفث عن نفسه بعض الاتجاهات شديدة الارتباط بحاجة النفس إلى أن تبرأ، وتنفي عنها بعض أثقالها، فما يستطيع الشاعر التأمل وهو يأخذ كل شيء لا يطرد شيئًا، وما يستطيع التأمل وهو هائج لا تقرّ أفكاره، فيعطي لحركة نفسه وعقله معنى أصليًا، ويُبقي المعنى الثانوي لفكرة العبث بالمدح والجود المزعوم.. فكلّ ذاك الجود المزعوم من مادحه يتصوّره في أعماقه تصوّر الفرس والأمواج المتلاطمة.. ويكون الجود معضلة تخفي وراءها المعاني المحكيّ عنها، كما تكون مشكلة الأيام عنده هي الأهم، وأصبحت جميع صور الشاعر، في مقطعه، الجزئية تتشابك في أسلوب خاص من أساليب الشعر العربي القديم[2].

ومن صوت الشاعر العربي القديم تصويره لفزعه الغامض من النجوم والجبال والصخور وغيرها؛ إذ لم يستطع أن يثبت أمام هذه العناصر، وهو بذلك صوّر نفسه متحركًا لا يسكن، يؤثر عالم الاضطراب على عالم السكون؛ عالم الحركة على عالم الراحة،

---

(1) انظر: رينيه ويلك وأوستن وارين: نظرية الأدب، ص198، وسمير سرحان: التفسير الأسطوري في النقد الأدبي، ص101-102.

(2) انظر: مصطفى ناصف: صوت الشاعر القديم، الهيئة المصرية العامة للكتاب، 1992م، ص45-49. والإشارة إلى أسلوب الشاعر في التشبيه الذي يبدأ بفاتحة (ما) ويختم بخاتمة (بأفعل من). والأبيات التي يحكي عنها للنابغة في مدح النعمان، ويقول فيها:

فما الفراتُ إذا هبَّ الرِّياح لهُ ... تُرمى أواذيه العبرَيْن بالزبدِ

يمدّه كلّ وادٍ مترع لجب ... فيه ركام من الينبوتِ والخضدِ

يظلّ من خوفه الملّاح معتصمًا ... بالخيزرانةِ بعدَ الأينِ والنجدِ

يومًا بأجود منه سيب نافلةٍ ... ولا يحولُ عطاءُ اليومِ دونَ غدِ

-أوذايه: أمواجه، العبرين: الشاطئين، مترع: مملوء، لجب: له صوت شديد، الينبوت: شجر، الخضد: المحطم من الأشجار، الخيزرانة: سكان السفينة، الأين: التعب، النجد: الكرب، السيب: العطاء، نافلة: زيادة.

كان بمثابة طائعًا لأفكاره القاسية وتوهمه الخشن، وقد ألف حركته، وتعلّم أن لا خير في تجاهلها أو الشكوى من وجودها، ويتلذذ موهمًا نفسه أنه يركب الرّيح ويركب ظهور المهالك، ولقد صَنَعَ من المشكلة دواء، وصادق المشكلة التي يشكو منها، ولم يذهب عن باله اهتياج الزمان، وثورة عقله الهائلة وكأن سرعة حركته محاولة وهمية للتغلب على مشكلة الزمان كما تصوّرها[1].

(1) انظر: مصطفى ناصف: صوت الشاعر القديم، ص100.

المبحث الرابع
الأسطورة والأدب

ترتبط الأسطورة بالأدب من خلال استخدام البدائي للكلمة كأداة أدبية كانت هي البداية التي صنع منها الشعر. وكان للأدب صوره التي ينبغي أن تلتمس في مكوّنات هذه المرحلة البدائية، التي ضاعت أساطيرها الأم، حتى إذا أردنا أن نراها فإننا نراها وقد ذابت في نتاج الأدباء الذين عاشوا عليها، وربما كان نتاجهم أغنى مادة لنا عن الأساطير[1].

وبدت صلة الأدب بالأسطورة وثيقة منذ أقدم العصور، وعند مختلف الأمم. وفي العصور الحديثة أصبحت الأسطورة عند الأدباء معيناً لا ينضب يوظفون منها عناصر في إبداعاتهم الأدبية وفق قناعاتهم ومتطلبات مجتمعاتهم وبذا ترجع صلة الأدب بالأسطورة لاشتراكهما بالكلمة ثم صدورهما عن مصدر واحد هو المتخيل.

وترتبط الأسطورة بالأدب في أنَّ كليهما له علاقات نشوئية وجدلية؛ ذلك أنك قد ترى أسطورة في كتاب تنتمي إلى دائرة المقدَّس، وتراها ذاتها في كتاب آخر تنتمي إلى دائرة اللامقدَّس، وتتجاذب الدّائرتان وتتفاعل بين نصوصها المختلفة التي تجعلها تارة تنتمي إلى القصة الدينية-أي إلى المقدَّس-وتارة إلى القصة الدنيوية-أي: إلى اللامقدَّس-، وربما يكون للقصة ذاتها أكثر من رواية[2].

إنَّ ولادة الأسطورة تقترب، كما الأدب، من عالم مجهول، وقد تربّت الأسطورة في أحضان المسرح عند الأغريق، وأصبح تاريخ الأسطورة مرتبطًا مع تاريخ المسرح الأغريقي، ولا يمكن إنكار تأثر الأسطورة بروح كل عصر وانطباعها به، وقد انقسم الطبع المسرحي عند اليونان إلى قسمين: قسم يتأمل أمور الدنيا وقسم يتأمل أمور الدّين. فإذا غلب التأمل في أمور الدنيا جاءت الأسطورة لتعبر عن هذا التأمل بالطقوس المسرحية الدنيوية المعروفة.

---

(1) انظر: أحمد كمال زكي: الأساطير (دراسة حضارية مقارنة)، ص196-197.

(2) انظر: محمد عجينة: موسوعة أساطير العرب، ص167. ومحمد الجندي: الأسطورة، المعرفة، سوريا، السنة (34)، ع(380)، 1995م، ص98، وأحمد شمس الدين الحجاجي: الأسطورة والشعر العربي..المكونات الأولى، فصول، القاهرة مج(4)، ع(2)، 1984م، ص43.

وإذا غلب التأمل في أمور الدين جاءت الأسطورة لتعبر عن هذا التأمل بالطقوس الدينية المعروفة[1].

للأسطورة جانب أدبي يتجه فيه إلى الاهتمام في جانبها الفني البنائي دون اهتمام بما كانت تؤديه من وظائف دينية. وقد تقترب الأسطورة بمعناها الأدبي من كونها حكاية خيالية اقتنع العقل بتصديقها في حينها؛ لأنها محاولته لفكر أسس له فهم الكون بظواهره المختلفة.إنها وليدة خيال وقد شغل بها الإنسان شغله بما واجهه من ظواهر طبيعية ولم يستطع تفسيرها فأنشأ حولها الأساطير[2].

لقد ملأت الأسطورة جوّ الأديب بالدّهشة، وهو يبحث عنها، ومن هنا فقد ارتبطت الأسطورة بالأدب في مراحلها الأولى التي كانت أقرب للسرد القصصي الذي يقوم على إثارة الدّهشة فينا، وفي المرحلة المتقدمة للأسطورة والأدب أصبحت النظرة على أنهما نموذج يخفي في طياته معنى، وهنا اقتربت الأسطورة من الشكل وابتعدت-نوعًا ما-عن المضمون الأسطوري المسلّم به سلفًا[3]. ويرى الباحث أنَّ البحث عن العلاقة بين الأسطورة والأدب هي علاقة بين جذور كلٍّ منهما، وأنَّ البحث يجب أن ينصبَّ-ربما-على الجذور الأسطورية لأدبٍ ما، حتى تتكامل مادَّة البحث وتستوي فكرة تفسير علاقة الإنسان بالكائنات حوله، تفسيرًا أسطوريًّا، وفكرة إلهام الأسطورة لأفكار الأولين وارتقائها أدبًا وشعرًا.

إنَّ الشعر هو أقدم ما وصلنا من نصوص[4]، والشعر القصصي منه خاصة، إلاّ أن البدايات تنقصنا دائمًا، وإن كنا نتصور أنها كلام غامض يناسب طقوس العبادة والسحر. وقد تصبح الأسطورة بعد زمن كلامًا موزونًا ذا إيقاع خاص، ويظل لها هذا الطابع بعد أن تتحوّل إلى حكاية عن الآلهة والكون. وعلى هذا النحو تلعب الآداب دورًا في نقل الأساطير عبر التاريخ، ويكون-ربما-للشعر الغنائي فضل السبق، وقد يقرّر التاريخ أن أقدم الأساطير كان غناءً دينيًا، ثم ملاحم شعرية، كما قد يقرّر التاريخ بأن التراث الأسطوري

(1) انظر: محمد شاهين: الأدب والأسطورة، ص13-14.

(2) انظر: السيد الغزالي: الأدب المقارن منهجاً وتطبيقاً، دار الفكر العربي، القاهرة، 1985م، ص 80-81.

(3) انظر: محمد شاهين: الأدب والأسطورة، ص14.

(4) انظر: أحمد كمال زكي: الأساطير (دراسة حضارية مقارنة)، ص197.

يحمل صفة أدبية-وإن أحاط به الغموض وأصابه التحوير-لفهم الحضارات التي تحكي عنه[1].

وقد ترتبط الأسطورة بالأدب من مدخلها التاريخي؛ إذ إن علاقة ما تربط الأسطورة بتاريخها ولا سيَّما أنَّ التاريخ يبدأ مع الكتابة والتدوين، وهكذا فإنَّه لا يمكن-ربما-أن نخلِّص التاريخي من الأسطوري؛ لملابسة الأسطوري للتاريخي بانتقال الواقع إلى أسطورة، وقد تتسرب الأسطورة إلى التاريخ من خلال الأسطرة التي يتقنها الأدب للواقع من أجل جعل التاريخ أكثر فعالية في وعي الناس وسلوكهم[2]. ولقد كانت فكرة تدوين التاريخ بعيدًا عن الأدب فكرة خطيرة؛ أنها تجاوزت إعادة بناء الأحداث التي وقعت في الماضي إلى إعادة بناء فكرٍ للماضي انطلاقًا من حاضرٍ معيّن ومن خلال منظور يمتد إلى المستقبل. ولقد سجّل التاريخ، كما سجّل الأدب أساطير مشتركة، وأطلق النقد على هذه المنقولات اسم الأساطير بناءً على فكرة: هجرة الأساطير وسيرورتها بين الشعوب. وافتُرض تسمية ما سُجّل بالأساطير ورأى أهمية لدراسة الفروق بين القصّ لكل أسطورة كما يرويها شعبها، مفترضًا وجود أصل قديم للأسطورة، ووجود عهدٍ آلت إليه الأسطورة بقصص آخر يتناسب مع تاريخ روايتها الجديد، كما افتُرض وجود أساس وأنموذج ومثالٍ لكل أسطورة مروية هاجرت من موطنها إلى موطن آخر، وبذاك الافتراض يُدرس ما طرأ على عناصر ووظائف كل أسطورة من تحويرات لملاءمة ضرورة التعبير عن حالات متغيِّرة متنوعة لفكرة أساسية واحدة تدور حولها الأسطورة[3].

ويرى الباحث عدم صواب مَنْ أطلق على كلِّ حدثٍ جرى في أول الزمان اسم "أسطورة"؛ فحدوث الطوفان-مثلاً-في أول الزمان لا يعني أنّه أسطورة، وأن ما يجري من قصص حولها، في زمنٍ بعد الطوفان، هي معطيات ثقافية تحاكي الحدث الأول. إن الطوفان حدث مهم غيّر من تاريخ الكون، وقد سجَّل هذا الحدث كل قوم تبعوه، ولم يُسجّل في ذاكرة الأقوام إلاّ الأحداث العظام في تاريخ الكون، ولم يقف الدين مسجّلاً للأسطورة، كما لم يقف الأدب كذلك، إنّما سجّل الدين ما سجّله الأدب من تحوّلاتٍ لرموز كان لها الأثر في

(1) المرجع السابق: ص199-201.

(2) انظر: محمد عجينة: موسوعة أساطير العرب، ص88، وص161.

(3) انظر: محمد عجينة: موسوعة أساطير العرب، ص138-140.

تحوّل الواقع المعيشي إلى أسطورة، ولكن في إيجاد مكان لذلك الحدث المهم في الواقع المعيشي.

إنَّ لكل قصة حدًّا فاصلاً يفصلها عن غيرها، بتعدّد رواياتها نسبة لتاريخ كتابتها. وقد ترتبط القصة الأسطورية بالأدب إذا ما عُدَّت القصة الأسطورية من النصوص الأدبية التي تقل أو تكثر من رواية إلى أخرى، وتتغيّر بتغيّر تاريخها ونسق مادتها وترتيبها، فتشكل الأسطورة في كل مرَّة نصًّا أدبيًا قديمًا جديدًا. ويرى الباحث أنَّ تلك المادة القصصية التي تتحوّل من الأسطورة إلى الأدب من زاوية طريقة الرواية وعملية السرد، لا تعني سَبْق أحدٍ على أحد، كما لا تعني أن تتشكّل فرصة لدراسة مقارنة لجميع الجزئيات والتفاصيل بين كلِّ قصتَيْن متشابهتين؛ ذلك أنَّ إطلاق اسم "أسطورة" على كل حدث جرى في أول الزمان يُعدّ مجازفة بحق الأحداث التي سجّلت بداية الكون وتغيّراته، فالحدث المهم يُسجّله مَنْ يعلم به بالطريقة الأصوب تبعًا لأدبياته، وسيبقى السرد القصصي في الأسطورة أدبيًا، ولا مجال لدخول مفهومات الدين خلاله؛ فإن ما يُروى في الخطاب الديني يُروى لهدف مقصود، لا يحمله ربما الخطاب الأدبي في أغلب أحواله.

أي أن الأسطورة تدين باستمراريتها إلى الأدب، وتلك علاقة جديدة تربط الأسطورة بالأدب، وسنراها الآن من منظار السرد، ويبدو أن سرد الأسطورة يحدد موقعها بالشكل المتعارف عليه والمقبول من الجميع لمادتها وهي تصوّر معاني، إنها هي بحد ذاتها معانٍ مصوّرة. وبما أن كل شيء جائز في الحكاية الأسطورية، فالحكاية الأسطورية لا تحمل معنى ما عدا بنيتها وتركيبها الوظيفي ضمن مجموعة أخرى من الحكايا إذ لا وجود للمعنى خارج البنية[1]. وهنا تفشل كل المقارنات التي تأخذ حكاية الطوفان وتقاربها بعيداً عن السرد الحكائي لها، والسرد الجماعي لباقي القصص التي تنتمي لوظيفتها العقدية.

ويرى الباحث ضرورة الفصل بين الخطاب الأدبي للأسطورة وما يراه النقد الأدبي في الخطاب الأسطوري الديني؛ ذلك أنَّ الشاعر يربط بين الشعر والأساطير بما سمّاه النقد "اللاشعور الجمعي"، وقد نربط بين الشعر والأساطير باشتمالها للآشعور الذي يُمثّل الحلم المنجَز، بَدْءًا بالفكرة، ومرورًا بالأداة، وانتهاءً بالتأثير والفعل الممتد من إنجاز الشاعر

---

(1) انظر: محمد الجندي: الأسطورة، ص85-89، رانية سمارة: الأسطورة والأدب، المدى، ع (12)، 1996م، ص17.

لشعره[1]. وربما على النقد-برأي الباحث-أن يهتم بالكلمة وفهمها، وألاّ تبقى الفكرة بمعزل عن الكلمة، فلا نعتقد أن فلانًا قد فهم الكلمة بفهم يختلف عن آخر ولثالث فهم آخر غير الفهميْن السابقين، ويبقى للثلاثة ذات الفكرة نفسها التي يُحكى عنها.

لقد لقيت الأسطورة انعكاسًا في الأدب تجسَّد في ألوان مختلفة من غنى الأساطير بأبعادها الإنسانية[2]، وكانت الأسطورة الرحم التي يخرج منها الأدب تاريخيًا[3]، وقد نربط بين الأسطورة والأدب بالصورة الأدبية ذات المنبع الأسطوري، وقد نشك لحظة أنَّ الأديب أسير للأساطير، وأنه لا أثر له في تغيير وظيفة صورة الأدب، لكننا لا نشك أنّ مهمة النقد تكمن في البحث عن الصورة الأدبية وربطها بمنبعها الأسطوري، ومعرفة الدرجة التي انزاح فيها الأدب عن الصورة المركزية. هذا إذا كان هذا الانزياح يغيّر وظيفة الصورة الأدبية بحيث تخالف وظيفة الصورة المركزية[4]. وبذا يبحث النقد كيف يغلف الأديب فنّه بالأسطورة، بعد أن لجأ الأديب إلى الأسطورة كي يعطي تجربته التعبير الأنسب، وتحتم التجربة الأسطورية الأصلية على الأديب أن يعطي شكلاً جديدًا للتصوير الأسطوري في تلك التجربة. وتلتقي الأسطورة بالأدب في تجربة الأديب التي تشبه الأسطورة بكونها لا تحتوي على صور مبعثرة أو كلمات متفرّقة، لكنها رؤية لتصوير عميق يجاهد من أجل البحث عن تعبير. وليست الأسطورة نفسها هي مصدر قوة الأديب؛ فقد يحوّل الأديب الأساطير التي يستخدمها إلى رؤى وتكون الأسطورة هنا مثل التاريخ الذي يستعمل-أحيانًا-مظلة يستظل بها الفن[5].

---

(1) انظر: حلمي علي مرزوق: دراسات في الأدب والنقد، مؤسسة الثقافية الجامعية، مصر، د.ت. ص123. وانظر: ريكان إبراهيم: نقد الشعر من المنظور النفسي، ص61.

(2) انظر: عماد حاتم: أساطير اليونان، ص44، وص47.

(3) انظر: ك.ك. راثفين: الأسطورة، هذا القول لمالينوفسكي نقلا عن فيكيري ص97-98.

(4) انظر: شكري عزيز ماضي: من إشكاليات النقد العربي الجديد..... (البنيوية، النقد الأسطوري، مورفولوجيا السرد، ما بعد البنيوية)، المؤسسة العربية للدراسات والنشر، بيروت، ط(1)، 1997م، ص91. وإشارة شكري عزيز ماضي للنقد الذي لم يبذل جهدًا في ربط الصورة بمنبعها الأسطوري،إشارة إلى ما فعله الناقدان العربيان نصرت عبدالرحمن وعلي البطل. ويفترض " شكري عزيز ماضي" أنَّ ما قدّمه النقد الأسطوري العربي تجارب نقدية فقط.

(5) انظر: محمد شاهين: الأدب والأسطورة، ص17-18.

لعلّ ربط الأسطورة بالأدب يوحي إلى الاستخدامات الأدبية للأسطورة، وتكون الأسطورة ذات الاستخدام الأدبي خادمة لأغراض متعددة، رغم التداخل في الاستخدامات والطريقة التي تتغير بها السياقات بدقة لا متناهية، بل ملائمة لعدة معان في السياق نفسه، وصعوبة التحكم بدلالات الأسطورة، وإذا أخذ النقد الأسطورة القابلة للتمييز، فإنه يرى درجات مختلفة من الخصوصية، وجوانب ملبسة، بتوسعها المجازي الحديث[1]. وربما تكون الأسطورة نوعا من الخلاصة الفكرية التي تحظى بالقبول باعتبارها مزيجاً من المعتقدات والمواقف والمشاعر ذات المعالم الخاصة. ثم إن لكل شاعر أساطيره الشخصية التي يأتي دور الناقد مهماً في تحليلها على أساس من العرف الأدبي الذي تتضمنه[2]. إن دخول الأسطورة للأدب جاء على شكل رمز نمطيّ عالٍ رأته الأسطورة في أدب عن أدب، كما كان في جنس الأدب الذي ارتبط بالديانة الإغريقية، وعدّ أصلاً تاريخياً للجنس الأدبي بعده. ولما شكلت الأسطورة شكلاً رمزيا نمطياً عالياً، فقد شكل الأدب النابع منها نموذجاً عالياً للأجناس من حوله، وقد علا نموذج الأدب مع الأسطورة بما حواه من صور ورموز، وقد ترجع الصور المعقّدة والمركبة الحديثة التي يستعملها الأدباء إلى صورٍ بسيطة ومفردة يمكن أن يدرسها النقد في الثقافات البدائية[3].

وهكذا يظن الباحث أن علاقة ما تربط الدِّين بالأسطورة ثم بالتاريخ الأسطوري وقدرة الشاعر على إيجاد عالم شبه أسطوري، ويمكن رسم مخطط العلاقة بين الدّين والأسطورة والتاريخ والشاعر هكذا:

التاريخ الديني...التاريخ الأسطوري...التاريخ الأدبي(الشعري مثلاً).

وقد تمتزج في التاريخ الأسطوري حقائق لافتة في تاريخ الإنسانية ذات الأعاجيب والخوارق[4].ويواكب تسجيل المؤرخ قدرة الشاعر على إيجاد عالمه شبه الأسطوري الذي آمن به وصوّره في حالة تؤدي فيها المخيلة الشعرية دوراً مهماً، مع ما يهتم به الشاعر دائماً

---

(1) انظر: وليم رايتر: الأسطورة والأدب، ترجمة: صبار السعدون، مراجعة: سلمان الواسطي، وزارة الثقافة والإعلام، دار الشؤون الثقافية العامة، بغداد، 1992م، ص27-31.

(2) انظر: نور ثروب فراي: في النقد و الأدب (الأدب والأسطورة) تقديم وترجمة وتعليق: عبد الحميد شيحة،ص27. وسيشار إليه باسم المقال (الأدب والأسطورة)، وهو مقال فراي، لاحقاً.

(3) انظر: فراي: الأدب والأسطورة، ص 28-29.

(4) أحمد كمال زكي: الأساطير (دراسة حضارية مقارنة)، ص25-53 .

من بعث الماضي قبل بدء الحديث، وهو -الشاعر- لا يخاطب المجتمع الذي ينتمي إليه،إلا عن طريق بعث الماضي[1]، وعلى هذا والأسطورة من الماضي، فإن دراسة الرموز والإشارات تعيد الدّارس إلى مصادر تاريخية قديمة يرى الشاعر ارتباطها بالحاضر، وبالتجربة الحياتية الحالية، كما يرى قوتها التعبيرية تنبع منها بالقدر نفسه الذي يكتسبه من قوة ارتباطها بالتاريخ ذي النبع الأصيل الأول[2]. ويرى الباحث أن الدلالات التاريخية في الأحداث التي يضمنها الشاعر قصيدته، هي توجه نحو ملامح نقلها الشاعر من كونها مجرد حدث تاريخي قُصد لذاته في قصة أخبر عنها، إلى صورة ذات ملامح أسطورية أو شبه أسطورية بالذي ازداد فيها من سطور عما كانت عليه من قبل، وقد تكشف دراسة الصورة الأسطورية ذات الرمز الكامن وراء رمز الشاعر عن دلالات أرادها الشاعر أداة لمعانيه من زاوية رصدٍ فنيّ لتاريخ فكرٍ ما، تختلط فيه الدلالات الدينية، والدلالات التاريخية، والدلالات الفنية، إلى جانب ما استقرّ للشاعر من رموزٍ أسطورية يعيها ويعي ما تناقل التاريخ حولها، وهكذا يؤسس الشاعر في أسطورته والتي يبدعها أو يختارها ويؤرخ لها، استقراراً في نظرةٍ فكريةٍ لبُعْدٍ معرفي ما شكل في يومٍ ما للشاعر هاجساً مؤلماً نحو معرفة ما هو، وهو الآن بالذي عرفه قد استراح، وجاء تصويره الأسطوري المَرموز أداة لتشكيله اللغوي الذي يرتاح له.

وبهذا تبدو العلاقة بين الأدب والأسطورة من خلال اشتراكهما في اللغة، وفي تلك العلاقة يتجه الأدب إلى الأسطورة لكي يقلل من حجم التداول بالمدلول اللغوي، وليزيد من رصيده التعبيري عن طريق الصورة[3].إذن الصورة هي الأرضية التي يلتقي عليها كل من الأدب والأسطورة. ويظل الفاصل بين الأدب والأسطورة بأن الأدب يستخدم اللغة في نقله، بينما لا يمكن أن تسبر كل أغوار الصورة الصامتة في الأسطورة[4]، والذي يجعل الأدب يتطلع إلى الاقتران بالأسطورة، هو وقوف اللغة عند حدّ معين في نقل أسرار الكون الذي نعيش فيه، والتي تتمثل لنا، في أحسن الأحوال، على شكل صورة أقرب إلى إحساسنا الداخلي من أي تعبير لغوي، وتقف الحيرة بين اللغة التي نألفها والتي نسيطر عليها كأداة

---

(1) انظر: مصطفى ناصف: قراءة ثانية في شعرنا القديم، ص55

(2) انظر: كلود ليفي شتروس: الأسطورة والمعنى، ترجمة: شاكر عبد الحميد، مطابع دار الشؤون الثقافية العامة، بغداد، 1986م، ص64-68.

(3) انظر: محمد شاهين: الأدب والأسطورة، ص 19-20.

(4) المرجع السابق، ص20

تعبير في حياتنا اليومية والشخصية، وبين الصورة التي نحس بها ونتوق إلى التعبير عنها أو السيطرة عليها أو التقرب منها وهنا يظهر دور الشاعر المبدع – كمثال على الأديب الفنان- الذي يستطيع التوفيق بين عالمين متقابلين: عالم نعيش فيه ونألفه لكثرة الاستعمال، وعالم يولّد نوعاً من الاضطراب لأنه ليس في متناول اليد، رغم الشوق إليه والى كل ما فيه[1].

وقد لاحظ النقد العربي الحديث وجود قداسة دينية غريبة في تصوير العربي القديم في شعره. وربط النقاد تفسير الصورة الشعرية، و الكشف عن أصولها الأسطورية القديمة، بدراسة الصورة الشعرية التي صنعها الشاعر العربي القديم[2].وقد اعتمد في تحليل الأسطورة المدونة على أنها ذات فرضيات خاصة[3]، وإن غرض الأسطورة التفسير لا الوصف: تفسير لكيفية وجود الشيء، وبذاك تكون ذات ظهور تعليلي، بينما يمكن أن يكون غرض الأسطورة معارضاً للتفسير، وبذاك تكون ذات ظهور وظيفي يظهر حين يحتاج الطقس إلى تبرير[4]، وتكون وظيفة الأسطورة هي الكشف عما هو نموذجي لكل الطقوس، والكشف يعطي صورة طبيعية للذي ارتبط بحديث اللغة الرمزية المصوّرة للأسطورة، وتبقى اللغة الرمزية للأسطورة غير قابلة للانتقال بين اللغات إلا بالصورة التي تترجم اللغة الرمزية باجتياز مكان وزمان الأسطورة في الأدب الذي يشاركها مفهوماً ومغزى، وقد تنفصل الأسطورة بالمضمون المهتم بالمشاكل الرئيسة المتعلقة بالمعتقد، وقد يشكّك بدور الأسطورة الذي أخذت تؤديه لحلّ المشاكل الرئيسة في الكون والحياة كما يعتقد الباحث.

يمكن ربط مضمون لغة الأسطورة بالشكل الرمزي لها، و للتمكن من تحليل رموز الأسطورة يفصلها النقد عن الأشكال الأخرى من اللغة، وقد عدّت الأسطورة جزءاً قائماً بذاته، ولا يحتاج إلى قيمة تعبيرية خارج ذاته، ومع ذلك يحتاج الناقد إلى إدراك حقيقة ما تنطوي عليه الأسطورة وفق سياقها الخاص باستخدام الأدب لها، وقد توثقت صلة الأدب بالأسطورة من خلال البنية التي نشأت منها الأسطورة، وهذا من شانه أن يدلنا على خلفية بنية الأدب المعقدة، ذلك أن الأسطورة في الأدب تتحول من بنية بسيطة للأسطورة إلى إبداع

---

(1) انظر: محمد شاهين: الأدب والأسطورة، ص20. ومحمد الجندي: الأسطورة، ص101.

(2) من النقاد الذين اهتموا بدراسة الصورة الشعرية بالكشف عن أصولها الأسطورية إبراهيم عبد الرحمن: التفسير الأسطوري للشعر الجاهلي، فصول، ص127- 141.

(3) انظر: ك.ك.راثفين: الأسطورة، مستفاد من قول شارل فرانسو دوبوي ص25.

(4) انظر: وليم رايتر: الأسطورة والأدب، ص 33، والمرجع السابق، ص32.

كلامي شامل، أي أن النسيج اللغوي الذي يتخذ الأدب من بنيته فوق البنية البسيطة للأسطورة، هو الذي يجعل الأمر، في بنية الأدب، يبدو معقداً(1).

ويرى الباحث التغيير الذي طرأ على طبيعة الأدب العربي وجمالياته سمح لمختلف المناهج النقدية بالكشف عن الكثير من جوانبه وخباياه، وإن بقيت-ربما- جوانب لم تحظ بالكشف التام أو المناسب، منها ما يتعلق بخصوصية الذوق العربي، ومنها ما يتعلق بوسائل إبداعية وتقنيات عرفها الأدب العربي الحديث اقتداء بغيره من الآداب أو مسايرة لروح العصر وللتطور العقلي المعرفي، والنقد الأسطوري يعد توجها في دراسة الأدب وتحليله تحليلاً جديداً، يقوم على الغوص وراء العناصر الأسطورية التي تقوم عليها، أو تتضمنها النصوص الأدبية الإبداعية والتعمق في تحليلها والكشف عن دورها في النصوص الأدبية الإبداعية والتعمق في تحليلها والكشف عن دورها في بناء النص بغية تسليط نظرة أخرى على النصوص المدروسة، الأمر الذي يجعل من الانحراف قريناً بالتشكيل اللغوي والوحدات الصغرى المكونة للخطاب اللغوي في الأساس(2).

وربما باتت الأسطورة محتوى مهماً يدخل في تكوين النص، إضافة إلى كونها محتوى ثقافياً يوظف في بناء النص الأدبي شعراً أو نثراً، وقد تعد الأسطورة- بذاك - عنصراً تكوينياً تشكل معياراً نقدياً، كما يظن الباحث، و لها دور تلعبه في تكوين الأدب رغم عدّها مؤثرا أدبياً دخيلاً كانت قد أسهمت في نشأته وبلورته وتدواله وتطوره أمم متعددة عبر محوري التزامن والتعاقب. كما أثارت الأسطورة باعتبارها ظاهرة اجتماعية، والأسطورة الأدبية باعتبارها ظاهرة فنية إبداعية اهتمام المفكرين والعلماء، وكانت نتيجة كل ذلك مقارنة في التعامل مع الأدب تعرف الآن بالنقد الأسطوري(3).

إن دراسة الأدب الذي يتخذ الأسطورة منشأه تنأى عن الحياة العادية، إلى عالم أدبي مستقل له كيانه الذاتي، وتوسع الأسطورة مدى الصورة الأدبية وتعنى بأشياء كثيرة إضافة

(1) انظر: وليم رايتر: الأسطورة والأدب،ص41-43، وانظر: محمد شاهين: الأدب والأسطورة ، ص28-29، وانظر: فراي: الأدب والأسطورة، ص31-32.

(2) انظر: سعيد الغانمي: منطق الكشف الشعري، المؤسسة العربية للدراسات والنشر، بيروت، ط(1)، 1999م، ص173.

(3) انظر: إبراهيم حمادة: مقالات في النقد الأدبي، دار المعارف ، القاهرة، 1989م، ص69-74 بتصرف عن فصله المدخل الأسطوري.

إلى البنية الأدبية(1)، ويرى الباحث أن الشاعر قد يبدع أساطيره الخاصة بالقوة التي يبدع فيها نصه وقد تضمن أسطورة أتته من التاريخ، وفي كلا الحالين تتحكم موهبته وقدرته في الإلهام، وقوة مخيلته في رسم الصورة الأسطورية في أدبه(2). أما إذا فقدت اللغة شحنتها العاطفية واقتربت من لغة العلم، فإن الأدب لا يعبر عن الصورة الأسطورية للعالم بما فيه من آلهة، وأنصاف آلهة- مثلاً-. فعالم الشعر يقف قريباً من الوهم والخيال، وإن مشاعر الشاعر الخاصة تجد متنفسا في عالم الصورة الأسطورية وتستطيع أن تجد التجسيد الكامل لأي معنى(3).

إن ربط الصورة بالأسطورة يبني خيطاً آخر يربط الأسطورة بالأدب، من خلال محاولة تطوير مفهوم الأدب الأول وقد ارتبط بالغناء الديني والمسرح الإغريقي وتلك الملاحم وما تبعها من دراما، إلى معنى ومضمون تنقله الأسطورة عن طريق ما اشتهر في بنيتها من سرد قصصي. وقد يشار إلى الأسطورة بأنها شئ سردي قصصي(4)، وقد احتفظت الذاكرة الجماعية بالمادة الأسطورية الأولى، وتلك المادة هي التي تشكل الوعي الأسطوري، أو الفكر الأسطوري الذي لا بد له بنيته الخاصة. فتعمل المادة الأسطورية المختزنة في الذاكرة على شكل صور مشاهدة أو متخيلة غير مشاهدة، و يمكن أن نشبه عملها بعمل اللغة المودعة في ذهن كل فرد من أفراد أي مجموعة ، بحيث تكون لصاحبها ملكة مولدة لعدد لا متناه من التراكيب اللغوية في الخطاب الأدبي، أو بعمل النماذج التي تحتذى في الأدب طبقاً لما كان سائداً في المجتمعات التي لها طريقة ما في إنتاج الأدب(5).

لكن " الأسطوري " في الأدب لا يتشابه مع (الديني) فبينهما تمييز بشكل دقيق؛لأن توظيف الأديب للأسطوري يختلف عن تلك العلاقة مع المعتقد الديني الذي قد يوظفه، كما

---

(1) انظر: محمد شاهين: الأدب والأسطورة، ص29.
(2) الصورة الأسطورية: مصطلح يستخدم للدلالة على كل مالا يمكن أن يوصف نثراً لغوياً، كما يظن الباحث. ولم يفسر هذا المصطلح في كتب النقد، و حلل به الباحث ثلاث قصائد من الشعر العربي القديم في: الصورة الفنية في المنهج الأسطوري لدراسة الشعر الجاهلي، انظر: ص17، وص199-233.
(3) انظر: سمير سرحان: التفسير الأسطوري في النقد الأدبي، ص101.
(4) انظر: رينيه ويلك وأستن وارين: نظرية الأدب، ص198-199، وانظر: محمد شاهين: الأدب والأسطورة، ص30-33
(5) انظر: محمد عجينة: موسوعة أساطير العرب، ص90-92.

أن توظيف الأسطورة يعد إضافة جمالية لمعنى الكلمة وحداثتها. وعلى النقد، برأي الباحث، أن يفرق بين الأسطورة والمعتقد؛ ذلك أن أشكال الأدب التي تكون قائمة في ظل المعتقد الديني لا تشبه تلك التي تكون قائمة في ظل الأسطوري، بصرف النظر عن ماهية الآراء الدينية التي كانت تعيش في الأسطورة والتي هي الآن، و إن ارتباط الديني بالأسطوري، في الأدب الذي يستخدم البعد الأسطوري، والآخر الذي يستخدم البعد الديني، يستخدم مفردات معينة ذات بعد إدراكي لها مصدر ديني أو مصدر أسطوري. والنقد الذي يفصل الديني عن الأسطوري في الأدب يفهم الأصول الدينية ويفهم الأصول الأسطورية، التي ترتبط بمفردات الأديب، وكأن المفردات هي التي تمنح نفسها للتفسير الأسطوري أو سواه[1].

إن احتراف الشاعر العربي القديم والشاعر العربي الحديث توظيف ميدان الأساطير الحقيقي إيمان بجدوى الأساطير في مجال التعبير الصادق؛ فبحث الشعراء العرب القدماء كما بحث الشعراء العرب الحديثون عن أصل يريد أن يموت فتبعثه إرادة الحياة الملتصقة بالأرض الأم المخصبة، فربطه الشاعر العربي القديم بناقته ومطر السماء، وربطه الشاعر العربي الحديث بتموز[2]؛ وبذا يكون الأديب ابن الماضي والحاضر، وترتبط فكرة المستقبل عنده بهذين البعدين، والأديب العربي الحديث لا يشذ، وينتمي إلى محيط الذات الجماعية المبنية بكل إنجازاتها على القديم، حتى ليمكن أن تجتمع كل رموزه وكناياته على صعيد ما يمثل أجزاء معرفتنا وهي ترتبط بأشياء مجهولة دائمة التفاعل[3].

هنا، يرى النقد بأن الشاعر يصل إلى مرحلة يخلق فيها أساطيره،مستعيدًا مصطلحات العالم القديم بكل أساطيره، ويتميز شاعر عن آخر بالدقة التي يستعيد فيها مصطلحات العالم القديم بين سطور شعره، التي تمثل الأسطورة الإبداعية الخيالية للأدب، وليست الأسطورة ببساطة القول القائل إنها الواقع البديل عن كل تقليدي ضيق؛ لأنها مبدأ متضمن معنى الخيال، والشاعر الذي يخلق أساطيره يشير إلى أن الأسطورة هي الوسيلة المثلى للخيال الإبداعي وأنها تقف على طرف نقيض مع كل ما هو تقليدي وضيق[4].

---

(1) انظر: وليم رايتر: الأسطورة والأدب، ص 46-47.

(2) انظر: أحمد كمال زكي: الأساطير (دراسة حضارية مقارنة)، ص227.

(3) المرجع السابق، ص 266. وانظر: محمد عجينة: موسوعة أساطير العرب، ص 91.

(4) انظر: وليم رايتر: الأسطورة والأدب، ص 67-68.

إن تأثير الأسطورة يقوم، من بين أمور أخرى، على المعايير الأدبية، والمهم هو الطريقة التي تعمل بها الأسطورة داخل العمل الأدبي ككل، وإن النقد قد يحاول الكشف عن الدور الذي يبدو أن أساطير معينة تمارس بواسطته سحراً أكبر من الأساطير الأخرى. وقد يصل النقد إلى الاعتراف بأن أسطورة ما تحمل أهمية بالغة بالنسبة لخيالنا، نسبة إلى صراع ما داخل حضارتنا هو الذي جعل لها تلك الأهمية. ويشترك النقد الأدبي مع علم النفس بغية وصف العلاقة بين الحاجة الداخلية لأسطورة ما و الشكل الأدبي المنتقى،بيد أن اتساع الحس الأسطوري في الأدب العربي الحديث لا يكاد يشير إلى هيمنة نموذج معين[1]. وإن رؤية الأسطورة تحت سطح الأدب معناه الغوص بعمق أكثر في الوضع البشري، وبالتالي رؤية الطريقة ذاتها التي يكتشف الأدب بواسطتها الأعماق البشرية ويركز عليها ويسلط عليها الضوء[2].

إن الفكري والاجتماعي من الأسطورة يتخذ لنفسه شكلاً ادبياً، ثم يأتي دور الأسطوري في تشكيل أو بناء العمل الأدبي من خلال تلاشي اللغة في النص وكأنها جزء من البناء الأسطوري القديم، وقد اقترب من لغة الشعري الجديد. ونكون أمام عمل أدبي يكاد يتفكك في داخله، لكنها ليست الحقيقة، فنهاية تحليل الصور الأسطورية داخل العمل الأدبي تنتهي إلى بناء داخلي سميك ويرسم فضاءه الخاص بتلك الإحالات الفكرية وتلك الرموز الأسطورية والشخصيات التي تنوعت وامتزجت بكل ما يقدمه العمل من معرفة[3].

ولعلّ الخروج بنتيجة من ربط الأسطورة بالأدب يفضي إلى تشكل قصة الأسطورة، وتشكل صورة الشاعر الأسطورية؛ فهل للقصة الأسطورية التي تشكل الأساس لقصة معينة معنى في حين أن القصة نفسها لا تحمل مثل هذا المعنى؟ ثم ماذا يضيف الأدب لتلك القصة، من بعد جديد أو طريقة في النظر؟ ولن يكون الجواب سهلاً دون التطبيق النقدي الذي يعترف الباحث فيه بصعوبة فكرة الأسطورة باعتبارها بعداً مضافاً على أبعاد النص المبدع، ولن تقف الأسطورة عند معنى حرفي سطحي، بل إن لها أواصر عميقة في سياقها

(1) يرى الباحث أن الشعر الأسطوري في الأدب العربي الحديث يكرر من انتقائه لأساطير معينة، ولعل هذا يرجع إلى الصراع الداخلي الذي فرض أهمية لأسطورة عن أخرى في زمن كانت الحاجة فيه لتلك الأسطورة أو تلك تتغلب تبعًا للحس الغالب العام .

(2) انظر: وليم رايتر: الأسطورة والأدب، ص 67،83.

(3) انظر: إلياس خوري: الذاكرة المفقودة، مؤسسة الأبحاث العربية، بيروت، ط(1)، 1982م، ص180-184.

وهي تعبر عن صراع أو تناقض معين أمسى صيغة ذات نفع بوصفها وسيلة للتشابه العرضي بين الماضي والحاضر[1].

إن الأسطورة ذات دور محوري ومشع وحاضر بالقوة ضمن بنية النص الأدبي، وقد تؤدي دور المحور في عملية تحليل النص، وهو ما تبناه تحليلنا، لأن العنصر الأسطوري الموظف مشع دلالياً، و يتوقف ذلك الإشعاع على مدى قدرة المبدع التوظيفية. و يقترح الباحث أن يتوقف النقد الأسطوري عند القيم الإنسانية، والقيم الجمالية، والقيم النفسية، والقيم الاجتماعية، والقيم التاريخية الموجودة للوصول إلى الحاجة للإبداع، و العمق في المعنى.

ويُعد موضوع العلاقة بين الأسطورة والأدب مفتاحاً جديداً للنقد الأدبي، وكان أشد اكتشاف أثر في حركة النقد الأدبي الأسطوري هو أن الأسطورة والشعر هما شكلان من أشكال التعبير الإنساني في بدايات أية حضارة، وأن ما يميز الإنسان عن باقي الكائنات هو القدرة على إبداع الشكلين اللذين تنمو في ظلهما وبتأثيرهما الحالة الإنسانية[2].

ونشأ النقد الأسطوري الذي يعد توجهاً جديداً في دراسة الأدب، مع دراسة الحكاية تحت الحكاية؛ ذلك أن القارئ يملك عالمه الأسطوري و يملك العمل الأدبي كذلك[3]، ويمكن إعادة ربط البنية الموظفة بالتاريخ، كما يمكن الاهتمام بالرسالة التي يفصح عنها العمل الأدبي[4]، ومهما يكن من أمر، فلم يثبت إلى الآن إن كان الأدب أسطورة أم لا ! ولم يُحَل الخلاف في كون الأسطورة أساسًا لا غنى للشعر عنه. وقد وُجد حل تصالحي فقيل: إن الأسطورة جنين الملحمة والقصة والتراجيديا بما فيها من مستقبلية؛ فالأسطورة جنين الملحمة والقصة والتراجيديا المستقبلية، و هي التي تستخدم في الأدب بوصفها مادة في حد ذاتها، و بوصفها معنى مقصودًا. كما قد يرى الأديب أهمية للتعديل على مادة أسطورة ما لتتفق والتعبير عن تجربة معاصرة له[5].

---

(1) انظر: وليم رايتر: الأسطورة والأدب، ص 112-126.

(2) انظر: سمير سرحان: التفسير الأسطوري في النقد الأدبي، ص 102.

(3) انظر: رانية سمارة: الأسطورة و الأدب، ص 18.

(4) انظر: سمير سرحان: التفسير الأسطوري في النقد الأدبي، ص 103.

(5) انظر: محمد العبد حمود: الحداثة في الشعر العربي المعاصر، بيانها و مظاهرها، الشركة العالمية للكتاب، دار الكتاب اللبناني، بيروت، ط(1)،1986م، ص 142-143.

وتتيح تحويرات الأديب على قصة الأسطورة الكشف عن أصالته باستخدام مهارته في استكشاف طرق جديدة للكتابة عن أساطير قديمة، لأن الأديب عندما يشتغل ضمن شبكة من الصور الوهمية التي يشاركه فيها القراء المثقفون يستطيع أن يتجاوز الوضوح السطحي ليصل إلى الضمني[1]. وهكذا فان الاهتمام بالأسطورة لا يعني بأية حال العودة إلى المرحلة البدائية في حياة الإنسان. بمعنى أن الشعراء المعاصرين لا يرددون الأساطير الأولى نفسها، وإنما هم قد تفهموا روح هذه الأساطير فأبدعوا أدبهم عن روح أسطورية. ومن ثم ظهر في أعمالهم الأدبية منهج الأسطورة القديمة، وإن ظل نتاجهم يتميز بطابع الجدة. وبعبارة أخرى فإنهم- الشعراء- قد استخدموا منهج الأسطورة القديمة في صنع أساطير عصرهم وقد ساعدهم على هذا ذاك الاستعداد الإنساني الدائم للاستجابة للأشياء الجديدة كما كانت في صورتها القديمة[2].

(1) انظر: محمد العبد حمود: الحداثة في الشعر العربي المعاصر، ص 143.
(2) المرجع السابق، ص 147-148.

الفصل الثاني

الأسطورة في الفكر النقدي العربي

- المبحث الثاني: الأسطورة في الدراسات النقدية العربية للشعر العربي الحديث.

المبحث الأول

الأسطورة في الدراسات النقدية العربية للشعر العربي القديم

- أولاً: الاتجاه الأسطوري ذو الخلفية الدينية.

- ثانياً: الاتجاه الصوري الفني في تشكيل الأسطورة.

سيدرس المبحث هنا النقاد العرب الذين درسوا الشعر العربي القديم من الوجهة الأسطورية، ونتصوّرهم انقسموا إلى فريقين: فريق أيّد النقد الأسطوري بوصفه قراءة ثانية للشعر العربي القديم[1] وفريق رأى أن ذاك النقد لا يرقى إلى صورة النقد الحق، ورآه شتاتاً يحتاج لمن يلمّه[2]. ويرى الباحث أن الفريق الثاني قد ظلم النقد الأسطوري للشعر العربي القديم؛ ولا أقل من اعتراف النقد بأن الأسطورة ساعدت القارئ العربي على فهم لغة الشعر التي كانت مستعصية عليه، بل جمّلت له الكثير منه. ويرى الباحث ضرورة أن يمسك النقد بيديه لينهض بلغة مشتركة تؤسس لنقد جديد يقود درب الفهم لشعرنا كما بدأ بذلك نقادنا العرب القدماء.و رأى الباحث أن النقاد يقعون في اتجاهين : اتجاه يدرس النقاد الذين انطلقوا من الدين لتوضيح الصورة الأسطورية في الشعر العربي القديم، واتجاه يدرس النقاد الذين دمجوا الدراسة الصورية مع انطلاقهم من الدين الذي هو أساس التقديس عند عرب الجاهلية للتحليل نماذجهم الشعرية. كما لا يمكن فهم الشعر لدى هؤلاء النقاد إلا بفهم الصورة المركزة واللوحات المركبة، التي تكشف بعض مضامينها تلك الأصول الأسطورية التي نبعت منها أولا.

---

(1) منهم طائفة النقاد الذين يدرسهم هذا المبحث.

(2) منهم: وهب رومية: شعرنا القديم والنقد الجديد، سلسلة عالم المعرفة، المجلس الوطني للثقافة والفنون والآداب، الكويت، الكتاب رقم (207)، 1996م.

أولا: الاتجاه الأسطوري ذو الخلفية الدينية

ينطلق نقاد هذا الاتجاه من دراسة الخلفية الدينية والمعتقدات التي آمن بها الجاهليون، وربط الصور بالأساطير والشعائر الدينية ، والكشف عن الصور النمطية في الشعر، مع التركيز على العلاقة بين الدين والشعر.

-1-

يعد نصرت عبد الرحمن من مؤسسي المنهج الأسطوري في دراسة الشعر العربي القديم، وقد انطلقت دراسته للشعر العربي القديم من دراسة طريقة تصوير الشعراء معتمدًا على ارتباط تصويرهم ذاك بالدين الذي قدس خلاله عرب الجاهلية معبوداتهم. فتصورت لديهم فكرة القداسة بالقدرة على التصوير، وتصور لديهم كل ما قدسوه شعرًا، ويمكن للناقد أن يفسر تلك الصور بالنظر في الأسطورة التي شكّلت تلك الصورة ورمزت لها[1].

ويذكر نصرت عبد الرحمن أن وراء الصور الدينية في وصف الجاهلي حياة ميثولوجية كاملة، تختفي في ثناياها رموز ترتد إلى نظرة العرب في الجاهلية إلى الكون والحق والحياة والموت. فأتت في شعرهم آلهتهم: اللات والعزى وود.. وإن فكرة التأويل من الصورة باعتماد مركز لها تدور حوله الصورة، سيكون لها أثرها الذي يظهر ما كان معروفًا من أسطورة. وقد وجدت صداها فيما يقوله الشاعر الجاهلي: في دينه وفي وصف أدوات كتابته، وفي وصف فنونه وفي صورة الصيد عنده وصورة الزارع والصانع والتاجر.. وصورة الشاعر ذاته وما يريد أن تكون عليه امرأته، إلى غير ذلك من صور العالم الطبيعي من رياح ومطر وحيوان وكل ما عاش حول الجاهلي من نبات أيضا[2].

ويدرس نصرت عبد الرحمن الشعر الجاهلي من خلال المعتقدات الدينية الجاهلية: ومنها عبادة الشمس والقمر والنجوم، و يرى أن دراسة الصورة

(1) انظر: نصرت عبد الرحمن: الصورة الفنية في الشعر الجاهلي في ضوء النقد الحديث، ص: 25، وما بعدها.

(2) انظر: المرجع السابق، جاءت هذه الصور كما تسلسلت في الفقرة من ص 35-90.

في الشعر الجاهلي تكون في ضوء الدين، وهي إن كانت كذلك فهي دراسة من أشق الدراسات، لأن الحياة الدينية في الجاهلية غامضة[1].

ودرس نصرت صورة الدين في الشعر الجاهلي منطلقا من العلاقات الرمزية التي تربطها معا، وضرب لذلك مثلا بتشبيه المرأة بالشمس والغزالة والمهاة. وقال بأن وثنية الحياة الجاهلية تعرفنا بأن الدمى والتماثيل تصاوير لربات قد عبدها الجاهليون، كما أن من حياتهم الدينية تقديسهم للشمس والقمر وعثتر (الزهرة)، وفي دينهم أنهم لا يصيدون الغزال فقتله يعقبه عقاب سماوي ماحق[2].

أما رمز المرأة فهو صورة ترمز إلى شيء ديني يؤدي رحيلها إلى جدب الأرض، وقد جعل الشاعر صفاتها أقرب للمثالية: فهي كاملة الصفات الإنسية التي تجمع الشاعر إلى جانب حبيبته. والمرأة هي رمز الطلل : فلا طلل بدونها. وإذا ما ارتبطت صورتها بالشمس ذات الرحلة الدائمة فإنها تشكل صورة لربة تقفر الديار إذا رحلت، وهكذا تكون رحلة المرأة ذات رمز ديني من جانبين: لأنها معبود ، فهي الغزال والشمس، ولأنها تجلب الخير ورحيلها يجلب الشر[3].

ويرى نصرت أن بناء القصيدة الجاهلية من الصورة يشكل فلسفة مسألة الوحدة في الشعر الجاهلي من خلال ثلاث علاقات هي: علاقة الذات بالآلهة وعلاقة الآلهة بالموضوع، وعلاقة الذات بالموضوع. فيتشكل مثلث الشاعر والموضوع والآلهة في بناء توافقي كنوع من ثلاثة بناءات تشكل ثلاث علاقات وتنسب إليها كما يلي: ينسب البناء التوافقي لعلاقة الآلهة بالموضوع، وينسب البناء المفارق لتعارض علاقة الآلهة بالموضوع، مع موقف الشاعر فيه، وينسب البناء المنقطع إلى علاقة الذات بالآلهة والذات بالموضوع، ولا يظهر موقف للشاعر هنا كما لا يظهر موقف للآلهة من الموضوع[4].

---

(1) انظر: نصرت عبد الرحمن: الصورة الفنية في الشعر الجاهلي، ص 109-112.

(2) المرجع السابق، ص 113-125.

(3) المرجع السابق، ص 125-130.

(4) المرجع السابق، ص 196-212.

وعن الشاعر والموضوع و الآلهة، يعتقد نصرت عبد الرحمن أن ثمة شبهًا بين رحلة الشعراء الجاهليين وملحمة جلجامش البابلية، ففيهما ثور وحشي، وقد هال جلجامش الموت فعبر الدروب وجاب البحور لملاقاة الشمس ونيل الخلود منها، وهذا ما رآه الشاعر الجاهلي متمثلاً في الطلل، فناح عليه وغنّى للشمس التي لا تشيب أبدًا، وركب ناقته إلى جانب الثور والظليم وحمار الوحش ، وجعل نصرت مسار جلجامش مشابها لمسار الجاهلي، لأن الجاهلي اعتقد بوجوب الظفر بالخلود. كما يخال نصرت أن تكون الصور المكررة في الشعر الجاهلي معتقدا جاهليا يمكن أن نسميه اليوم بالأساطير[1].

ويندرج نقد نصرت عبد الرحمن لمثلث الشاعر والموضوع والآلهة، على ما نقده لرمز المرأة، وبدا له أن لكل اسم من أسماء النساء اللائي وردن في الشعر الجاهلي رموزًا خاصة إلى جانب الرمز الديني العام الذي تمثله جميع أسماء النساء وهو رمز: الشمس المعبودة[2].

ثم إن استغلال الرمز في الشعر الجاهلي يؤدي دوره في موضوعات الشعر. ويرى نصرت أن الصورة الجاهلية لها شكل ينطلق من التصور والمعتقد، إذ التصور يتشابه مع الدين الذي آمن به الجاهلي، كما اتحد التصور مع مضمون الفن العام وما توحي به التشبيهات من تجسيد للمعنى يبين الحركة واللون لكل صورة. ومن هنا ينشأ تصوير سمعي وبصري وشمي ولمسي على ما نعرف من سبل الذوق[3].

-2-

وممن درس الشعر العربي القديم وفق اتجاهه الديني أسطوريًا علي البطل، وقد ربط دراسته للصورة في الشعر العربي القديم بالأساطير ثم ربطها بالمعتقد الديني[4]، وقد رأى

---

(1) انظر: نصرت عبد الرحمن: الصورة الفنية في الشعر الجاهلي، ص135-138.

(2) المرجع السابق، ص 150.

(3) المرجع السابق، ص 151-159.

(4) انظر: علي البطل: الصورة في الشعر العربي حتى آخر القرن الثاني الهجري (دراسة في أصولها وتطورها)، ص 15 وما بعدها.

البطل أن الناقد يبحث عن الأصول الدينية لكل صورة شعرية في الشعر العربي القديم يريد الكشف عن تشكيلها ، وربما يعرف الناقد ذلك من معرفته للتشبيه والاستعارة والمجاز والكناية في الصورة ذات الارتباط بالأساطير والشعائر الدينية، وهي تجسد ذلك برمز خاص، يتم التعبير فيه من خلال مستوى ذاتي[1].

ويشرح البطل فكرة ارتباط الصور بالأساطير ثم ارتباطها بالشعائر الدينية من خلال توضيحه لوجود صور نمطية ترتبط بالمتوارث العقلي الإنساني من الشعائر والأساطير. وبالكشف عن الصور النمطية يكشف الناقد عن دلالات النص، وتبدو الأصول الأسطورية للصورة، كما يرى البطل عند أولية الشعر العربي القديم، بسيطة تتعقد فيما بعده من زمن الشعر، وهذا مناسب لتطور الشعر، لكن الأصول الأسطورية والدينية القديمة تفسر من خلال الصور المستخدمة فيها للعقيدة القديمة التي آمن بها الشاعر، وسوف يلتصق الدين بالفن، والتصاقه سيكون بالخيال والطقوس ووسائل سحرية وقوى لا منظورة وشكل فني للشعر[2].

وفي نقد البطل ، ينطلق من الدين لتفسير صورة المرأة بين المثال والواقع، مبتدئا من ربط سر الخصوبة في المرأة بسر الخصوبة في الأرض، ولذلك عبدت الأرض بوصفها أما، ورمز لها في الدين القديم بآلهات أمهات، أي أن: معنى الأمومة هو المعبود في حالة الآلهة الأرض والآلهة المرأة[3]. ولما لم يكن العرب أصحاب حضارة زراعية - تنتمي للأرض بسر الخصوبة - فقد اتجهوا إلى الشمس في العبادة ، فاعتبروها الربة والآلهة الأم، ولقد جمع العرب الصور المختلفة للأمومة، ذات الخصوبة وشبهوها بالمهاة والغزال والفرس والنخلة. وقدست المرأة كتقديس الأم ، فعبدت الأم لأنها رمز للمرأة ورمز للشمس أيضا[4]. ويرى البطل أن أسماء النساء تتصل بالسحر، ولا علاقة للاسم بمدلوله. وترتبط علاقة المرأة

(1) انظر: علي البطل: الصورة في الشعر العربي، ص 17-21.

(2) المرجع السابق، ص 21-42.

(3) المرجع السابق، ص51 وما بعدها.

(4) المرجع السابق، ص 61-71.

بالحرب كعلاقة نموذج بالأصل الديني وكأن المرأة حرب، لها صفات الحرب الأنثوية على أنها أنثى مرعبة: بغيضة، وتعاقب عليها الأزواج. وتبدو صورة المرأة الواقعية راقصة، ومغنية إلى جانب تصويرها بالمثال. ويعتقد البطل أن وصف الشعر العربي القديم لأعضاء جسد المرأة هو محور اهتمام نفسي- يقود إلى الكمال بصورة مثال، ولا يقصد الشاعر المتعة الحسية مع أن إظهار المواضع الجنسية يتصل بوظيفة الأمومة وقابلية الخصب التناسلي ، وهي الوظيفة التي من أجلها عبدت المرأة[1].

وأشار البطل إلى عبادة العرب للشمس فهي (ذات حمى).. وأشار إلى عبادتهم للقمر. كما عبد العرب معبودات أخرى غيرهما .. ولعل من ممارساتهم الدينية ، كما يعتقد البطل، التسميات الطوطمية للأشخاص مثل: (وهب اللات) و(أوس اللات).. ومسميات الطوطم التي هي الحيوان ذاته كبكر وأسد وكلب .. وبدا الدين جانبا روحيا يختفي وراء الأسطورة التي نراها في ممارسات الجاهليين في صور الصدى وأخبار الكهان.. والتي تحوي دلالات دينية وأسطورية[2].

- 3 -

ودرس مصطفى الشورى الصور التي تشكلت عند الشعراء العرب القديمين من المادة الأسطورية، وافترض أن المادة الأسطورية تلك مادة متناقلة عبر الأجيال، وقد تناقلها العرب عبر أجيالهم ، ومن ذاك عبادتهم للشمس التي كان رحيلها يؤدي إلى الإقفار ، وافترض الشورى أن بعض عادات العرب تجاه الشمس تظهر قداسة لها، كما تظهر في تصرفاتهم بعض قداسة للطبيعة من حولهم، ومن ذاك تقديسهم للحيوان الذي عرف بالطوطم: ومنه الغزال وكان رمزا للشمس، وبهما شبهت المرأة[3].

ومن الطوطم صورة ولادة الناقة ، كما يصورها العرب القدماء، من بطن صخرة ارتجفت .. وقد سمى العرب النجوم باسم الناقة أو الجمل ، فسمّوا (سهيلا): لأنه نجم إذا

(1) انظر: علي البطل: الصورة في الشعر العربي، ص 81-98.

(2) المرجع السابق، ص 42-48.

(3) انظر: مصطفى الشورى: الشعر الجاهلي (تفسير أسطوري)، دار المعارف، القاهرة، ط (1)، 1986م، ص 80-85.

وقعت عليه عين الجمل مات من ساعته ، ودخلت الإبل كرمز للفناء الأبدي الذي هو أصل في دورة الحياة المتجددة، لذلك جعلوا من الناقة مما يشبه السفينة في الملاحم الكونية القديمة. كما جاء تقديسهم على شكل ابتهالات يخرجها العابد بدوافع فكرية وروحية قاصدا بها السيطرة على الكون [1].

ويرى الشورى استقرار تجربة الشعر الجاهلي باستقرار عقيدته الدينية وما كان يقدس. وهذا الاستقرار هو استقرار ذاكرة تكونت عبر التاريخ، وارتبطت بمواقف يشكلها الشاعر بالرموز، فالناقة بشير حياة، وهي أيضا نذير شؤم ، ويربطها الشاعر على سبيل المجاز بالمطر، وقد نجد صورة للفرس في السماء تقابل صورة الفرس الأرضية . ولعل صورة امرئ القيس [2] التي تصور سرعة حصانه وقوته بهذه الصورة الأسطورية وربطه بفكرة الماء والسيل، - لعلها وسيلة للخلاص النفسي الذي ينقل الشاعر بعيدًا عن واقعه إلى واقع مستقر ومتميز ، فيه يحقق الشاعر بعدًا عن واقعه إلى واقع مستقر ومتميز ، فيه يحقق الشاعر آماله في استمرار الحياة [3]. وهكذا تلتقي الأسطورة بالشعر من واقع الحاجة الإنسانية ، وإن كلا الأسطورة والشعر انتصار للخيال على الواقع، أو تجاوز للواقع المخيف إلى بناء واقع جديد يتواءم مع النفس البشرية. ويكون الشاعر الجاهلي بقصيدته كالساحر أو العابد الذي يواجه قدره ويعيد إلى نفسه الثقة في امتلاك الكون بالنظام التصوري الخاص، وتخرج القصيدة بدوافع روحية، وفكرية يقصد بها السيطرة على الكون، وهذا طابع أسطوري ينطلق منه الشاعر إلى تمثيل حاجاته الإنسانية بالصراع البطولي الذي يصوره مع ما يحيط به [4].

إن الشاعر الجاهلي، برأي الشورى، يتجه إلى ناقته، أو فرسه بوصف كل عضو، كأنه يتجه إلى صنم يعبده، وتبقى الناقة، كما يبقى الفرس، في حركة مستمرة دلالة على استمرارية الحياة. وقد بلغت الناقة حدها في التقديس عندما وجد لها الجاهلي مثيلا في

---

(1) انظر: مصطفى الشورى: الشعر الجاهلي (تفسير أسطوري)، ص: 86-98.

(2) إشارة لقول امرئ القيس:

مكر مفر مقبل مدبر معاً   كجلمود صخر حطه السيل من عل

(3) انظر: مصطفى الشورى: الشعر الجاهلي (تفسير أسطوري)، ص 147-157، وص 160 وما بعدها.

(4) المرجع السابق، ص 106-109.

السماء، وقد يظهر معها الظليم الذي يشبهها .. وإن تصوير رحلة الشعراء وما يماثلها في السماء يوحي بارتباط تلك الرحلة بفكر قديم ينظر الجاهلي خلاله للسماء . وقد يتصور الجاهلي الناقة سماء، وأن مطر السماء هـو حليبها . وتبدو الناقة قادرة على مقاومة التغيرات، وقادرة على حل المشاكل، وإليها يرجع الفضل في انتشال الشاعر لهمومه وأحزانه، وكأنها أم تحتضن أبناءها وتحيطهم برعايتها، وهكذا يستمد الشاعر قوته مـن ناقتـه ويطلب منها العون لمقاومة قوة الطبيعة[1].

- 4 -

ونختم المدخل الديني للأسطورة في الشعر العربي القديم بالوقوف مـع أحمـد النعيمي، الـذي رأى أن شيوع الصورة المقدسة للحيوان بوقائع أسطورية فيها قصص ديني، يحكي عما قد يشكل امتـدادات أسطورية قد ضاعت أصولها، وبقي لدينا شيء من رموزها في الصورة الأسطورية في الشعر الجاهلي[2]. ويخلص النعيمـي للقول بأن الأساطير التي دارت حول الحيوانات كان أبطالها تلك الحيوانات التي اكتسبت صفات إنسانية يمكننا خلال تصويرها أن نتصورها معينا للأسطورة. ولعل ما يحيط بتلك الحيوانات من صور تأليه وتقديس ، وصور امتدت من حضارة سابقة، وظلت في أسطر الشعر الجاهلي- لعلها تكون مصدرا مـن مصادر الـوعي التاريخي للدلالات الدينية وشبه الأسطورية التي جسدها الشاعر في صوره شعرا[3].

ويعود النعيمي لأقوال سلفه من النقاد[4] بنظرته لرمز المـرأة التـي هـي مصـدر الخصـوبة واستمرار الحياة، وفي تكرر تصويرها اختزان للاشعور الجمعي الذي يستخدمه الشعراء رمـزا للطقس الـذي يريدونه: كالوقوف على الأطلال، والاستسقاء والوشم .. ويتشكل التشكيل

(1) انظر: مصطفى الشورى: الشعر الجاهلي (تفسير أسطوري)، ص:110-111، 133-143،
(2) انظر: أحمد النعيمي: الأسطورة في الشعر العربي قبل الإسلام، سيناء للنشر، القاهرة، ط (1)، 1995م، ص 171-173.
(3) المرجع السابق، ص 180-201.
(4) أمثال: نصرت عبد الرحمن، ومصطفى الشورى، ومصطفى ناصف، وسواهم.

الصوري، كما يقول النعيمي، في الشعر الجاهلي من تفسير المجاز تفسيرا أسطوريا قائما على أثر الأسطورة في الصورة من حيث لغتها ، ونشأتها الأولى كمجاز، عندما كانت العقائد الأسطورية تقوم على إسناد صفات الإنسان إلى الكائنات الأخرى، فضلا عن إسناد الحياة إلى الجمادات . ويرجع النعيمي التشكيل الصوري للأسطورة ، كغيره من النقاد الذين سبقوه، إلى علم البيان، فيضمنها تارة التشبيه وتارة الاستعارة ، وتارة الكناية ، ويربط كل ذاك بالفكر الأسطوري الذي يرسم الصورة ويحركها نحو تشكيل قصصي للقصة الأسطورية التي أخضعها الشعراء لأسلوب الحوار والصراع، فصنعوا لهم نسيج كيان من خيوط أخبار الأقدمين وأساطيرهم التي يعيشون معها، وفصلوا في تصويرها واتسعوا وثبتوا لهم طريقة اختلف فيها الشاعر عن الآخر واتحد فيها الشعراء جميعا تبعا للباعث على القول [1].

واضح أن النقدي الأسطوري بدأ يشد إليه الأنظار ويتبوأ مكانته بين الدراسات النقدية المعاصرة ، ويستهوي الخيال الخلاق أشد استهواء لما يتطلبه من قراءة دقيقة للنص الشعري، ولعنايته بأكثر بالقيم الجمالية ، ولقربه من علم النفس التحليلي واهتمامه بالأطر الاجتماعية والحضارية ، وعنايته بالأسطورة [2].

ثانيا: الاتجاه الصوري الفني في تشكيل الأسطورة:

إن المتتبع للدراسات النقدية العربية الحديثة يرى فيها اتجاها ملحوظا نحو المدرسة الأسطورية ، ومنها انطلاقا إلى ما يسمى بالدراسات الأسطورية، وصولا إلى المنهج الأسطوري المعمول به في النقد، والذي يشكل خطوة من خطوات النقد نحو تفكيك بنية العمل، وذاك هو التجريب النقدي، بالمعنى الإيجابي للتجريب، وليس بالمعنى السلبي الذي

(1) انظر: أحمد النعيمي: الأسطورة في الشعر العربي قبل الإسلام، ص: 254-284، وص 300-315.
(2) انظر: بسام قطوس: وحدة القصيدة في النقد العربي الحديث، دار الكندي،إربد-الأردن ، 1999م، ص231.

أشار إليه وهب رومية، وحصره في الانبهار والتشتت والانتقاء..[1]. و يعني الباحث بالتجريب هنا أنه من حق النقد وحق النقاد أن يطبقوا المناهج التي يرونها ، ماداموا لا يعتسفون الطريق ، وماداموا مخلصين لمناهجهم في التطبيق. وهذا ما سنحاول التثبت منه في قراءة هؤلاء النقاد، وإذ ذاك فإن في هذه الأسطر تتبعا لتلك الدراسات العربية النقدية التي عنيت بدراسة الأسطورة وكيفية تشكل بنيتها انطلاقا من تفسير -تحليل- الشعر العربي القديم، الجاهلي في معظمه. ولا تدعي الدراسة الوفاء بجميع ما كتب حول التفسير الأسطوري للشعر العربي القديم، ولكنها قد حوت ما كتب خلال سنوات عدة وقد تشكل منها مفهوم المنهج الأسطوري في تفسير الشعر القديم. وسيُعنى هذا الاتجاه الثاني بأولئك النقاد الذين اهتموا بدراسة الصورة التي تشكلت الأسطورة خلالها، ولا يخلو حديثهم من الانطلاق من مفهوم الحياة الدينية والاجتماعية والسياسية للجاهلي، لكنهم عنوا بتطبيق فن التحليل بالصورة لما قد حوته أبيات الجاهلي من أساطير يمكن للأسطورة بالصورة الكشف عنها.

- 1 -

يعد إبراهيم عبد الرحمن من المهتمين بدراسة الصورة الشعرية، بوصفها أصلا من أصول الشعر الجاهلي، الذي يمكن فهم تركيبته اللغوية المعقدة وتفسير صوره المختلفة خلالها. والذي يمكن فك مغاليقه الأسطورية بفهم صورته التي ركزت المعنى حول تعبير، غلب عليه الرمز على المباشرة، وأصبح الشعر خلال الصورة الأسطورية بناء لغويا مجازيا محملا بالرموز والمعاني[2].

ويرى إبراهيم عبد الرحمن أن من مظاهر الصورة في الشعر العربي القديم، التعبير اللغوي المتراكم والمادة الصورية المتراكمة، ويستشهد على ذلك بقول عبيد بن الأبرص:

هبت تلوم وليست ساعة اللاحي   هَلاّ انتظرت بهذا اللوم إصباحي

(1) انظر: وهب رومية: شعرنا القديم والنقد الجديد، ص 31.

(2) انظر: إبراهيم عبد الرحمن: الشعر الجاهلي (قضاياه الفنية والموضوعية)، ص 185 وما بعدها.

ويخلص إبراهيم عبد الرحمن إلى أن جانبا عقليا يسبق تحليل الصورة المركزية في الكشف عن أصولها الأسطورية التي نبعت منها، ذلك هو الفكر الأسطوري بعلاقاته الخفية، وذاك هو الموقف الفلسفي الذي يقفه الشاعر العربي القديم من الحياة وظواهرها المتناقضة. هذا نسبة لمادة الصورة المتراكمة في قول عبيد. أما بالنسبة لتفسير الصورة الشعرية على جزئيتها، فيستشهد إبراهيم عبد الرحمن بقول امرئ القيس:

له أيطلا ظبي وساقا نعامة وإرخاء سرحان وتقريب تتفل

ويخلص إلى أن تفسير الصورة على جزئيتها يعطي تفسيرها الكلي، من خلال الاستدلال على الصور البيانية التي شكلت أسطورية الصور الجزئية في البيت، فقد عبر امرؤ القيس عن قوة حصانه بتلك الرمزية التي انتقل بها إلى قوته في مطاردة الصيد دون مشقة أو جهد. وتصبح القوة والسرعة أسطورتين لهما طابع نمطي يصف قائمة تشبيه لها مباشرة في التعبير فيه[1].

واهتم إبراهيم عبد الرحمن بدراسة الصورة التشبيهية كأساس بنى عليه الجاهلي أسلوبه في صياغة الصورة. ويرى إبراهيم عبد الرحمن أن التكرار الحاصل في استخدام الجاهلي للتشبيهات في صوره أصبح بمثابة شعائر مقدسة اتفق عليها بين الشعراء، ويمكن لناقد أن يبحث عن رموز في صور الشعراء يمكن ردها إلى أصول أسطورية، ثم يمكن تحليل تلك الصور تحليلا يؤسس لفكر أسطوري يبني أسلوبا معينا لطبيعة الصورة التشبيهية عند الشعراء الجاهليين[2].

ولم يسم إبراهيم عبد الرحمن الصورة التشبيهية التي تنتمي إلى حدث أسطوري باسم الصورة الأسطورية، لكنه اكتفى بأنها نوع من الصورة التي تقبل التحليل الأسطوري لصور لا تخلو من الغموض، وتحتاج إلى معرفة واسعة بحضارة الجاهليين وثقافاتهم، وقد يحتج الناقد برأي إبراهيم عبد الرحمن إلى الكشف عن الأصول الأسطورية للدين عند الجاهليين،

(1) انظر: إبراهيم عبد الرحمن: الشعر الجاهلي، ص 189 وما بعدها، وص 211 وما بعدها.

(2) المرجع السابق، ص 215-245،225،وما بعدها.

لتحليل الصورة الشعرية عندهم. كما يرى إبراهيم عبد الرحمن استقرارا في الموروث الأسطوري عند الجاهلي يمكن معرفته واستغلال تلك المعرفة بتحليل الصورة في شعره[1]. وهكذا فقد تطورت الصورة عند الشاعر الجاهلي تطورا واسعا، على يد شاعر صنع له طريقة شعرية ذات سهولة في شكلها المتضمن صفات للصورة النابضة بالحياة، والحركة، مع كثرة ما يلي ذلك من تشبيهات واستعارات . وتلك الصورة سهلة الشكل تأتي معقدة في فنها الذي تتشابك فيه عناصر الموروث الأسطوري عند الشاعر بالجدة تشابكا يوجد منها علاقات جديدة. ويضرب إبراهيم عبد الرحمن مثلا لذاك التعقد الفني بأن البقرة الوحشية عند زهير بن أبي سلمى تساوي ناقته القوية السريعة، وهي صورة معكوسة عن نفسه التي جسد خلالها طريقة مواجهته لظروف الحياة من خلال نزعته العقلية ذات الأسلوب القصصي الذي يبعث موقفا تأمليًا من كل ما يتجه إليه زهير من فكر.

ويرى إبراهيم عبد الرحمن أن تحول تحليل الصورة الشعرية إلى تحليل أسطوري يكمن في تلك العناصر المتنافرة التي يأخذها الشاعر من ظواهر البيئة الحيوانية والمكانية والكونية حوله، ويحرص الشاعر، إذ يأخذها، على توافر الحركة والحياة في أشكالها المختلفة، ثم قد يضيف على تصويرها صفات توصلها إلى الطابع المثالي. كما قد يصنف أسطورية بعض الذي يصفه في صور تشبيهية واستعارية وكنائية نمطية، تقص الأحداث وتتكرر من شاعر إلى آخر، حتى يمكن القول بأن كل صورة نمطية تجسد شعيرة مقدسة عند كل الشعراء الذين اهتموا بها، ولعل إبراهيم عبد الرحمن، بذاك يدعو الناقد لكي يبحث عن الأصول الأسطورية للصورة المثالية أو للصورة الأسطورية التي يبدعها الشاعر من مثل تحول مثالية صورة المرأة عند الشعر لا إلى صورة امرأة مقدسة (كمثال للكمال)، ويكون لها وجدان جماعي[2] عند الشعراء، والمرأة هي الأساس في صور عناصر الطلل والذكريات ووصف

(1) انظر: إبراهيم عبد الرحمن: الشعر الجاهلي، ص 226-230.

(2) الوجدان الجماعي: وصف لكل صفة يشترك فيها الشعراء أو غيرهم في تجسيد لوحة ما.

الرحلة، كما تكون المرأة صورة لقوة إلهية وصورة للشمس المعبودة وقد تكون آلهة للخصب والحب والجمال (عشتار) بما لها من عناصر ألوهية وصفات بشرية معا[1].

ووفق الصور ذات الطابع المثالي، يحلل إبراهيم عبد الرحمن الطلل،ويرى فيه غرضا نمطيا درج فيه الشعراء، على اختلاف أمزجتهم، أن يضيفوا على صورته طابع المثالية، فعدوا الطلل نموذجا أعلى للموت، وتكاملت عندهم الصور الطللية بتكافل صور الطلل التي حوت ذكريات الماضي، والتي تقص أحداثا متتابعة تقابل بين مواقف مختلفة بعد أن تشخص صور الماضي في صور كلية، وأخرى جزئية من رياح وأمطار وظباء ونعام. وكلها تعتمد التشبيه أساسا في تصويرها كصورة جزئية تصب في الغرض العام من تصوير الطلل كصورة كلية. وكأن تلك الصور بتكررها عند شعراء الجاهلية تشكل شعائر مقدسة ذات نمط لغوي وموضوعي وروحي واحد[2].

هكذا يتخذ الوجود التصويري للعالم الأسطوري المرتبط بالدين عند الجاهلي، صفات ينقلها بالصورة الجزئية التي يؤلفها الشعراء من التشبيهات والاستعارات[3]. ويضرب مثلا لذاك الوجود التصويري بصور تقسيمات سماء الجاهلي إلى بروج، ومعرفته لمجموعات النجوم[4]، التي يسميها باسم ما يراه ويتصوره. وقد ترتبط صورة السماء بما فيها من مواكب نجوم، بصورة موكب الحبيبة الراحلة، وقد يقيم الشاعر بين عناصر صورته علاقات خفية، تمثل في مجملها فلسفة الشاعر في الحياة والظواهر المتناقضة في بيئته. وكل تلك الصور

---

(1) انظر: إبراهيم عبد الرحمن: الشعر الجاهلي، ص 262-270.

(2) انظر: إبراهيم عبد الرحمن: الشعر الجاهلي، ص 254-258. وانظر: إبراهيم عبد الرحمن: التفسير الأسطوري للشعر الجاهلي، فصول، مج (3)، ع (3)، 1981م، ص134 .

(3) انظر: إبراهيم عبد الرحمن: التفسير الأسطوري للشعر الجاهلي، ص 133.

(4) مثل: مجموعة العُقاب: سمّيت بالعُقاب لأنها تشبه نسراً يطير وسط أنجم مضيئة، وقد فرد جناحيه في حالة انقضاض على فريسته التي يمثلها كوكب صغير تقترب منه مخالب النسر. ومثل مجموعة الثور: التي يرى الجاهلي فيها مطاردة للنجم الأكبر، ومنها نجمان يعرفان بالكلبين. ينظر: إبراهيم عبد الرحمن: التفسير الأسطوري للشعر الجاهلي، ص 134.

هي صور جزئية، يكون لها جميعا مركز خاص تأتلف حوله لتشكل صورة كلية وتخرج من هذه الصورة الكلية بقية عناصر القصيدة[1].

ويضرب إبراهيم عبد الرحمن مثلا بكون المرأة هي المركز المتحدث عنه، فإذا تقابل تصوير المرأة بتصوير عالم الكواكب، فإن الشاعر يجمع صورة المرأة إلى جانب صورة الشمس. وإذا أراد الشاعر جمعها إلى جانب صور عالم الحيوان فإنه يجمعها إلى جانب الغزال والنعامة والبقرة الوحشية والمهاة والظبية على سبيل المثال، وقد تتسع الصورة في الطلل لتجتمع صورة المرأة إلى جانب صور النخلة والكتابة والصحائف والحبال[2]. وقد يجمع الشاعر صورة الناقة، إذا أرادها المركز المتحدث عنه، إلى جانب صورة المطر، والحمار الوحشي، والظبي، والنعامة. وقد تجمع صور الظعن إلى جانب صور السفن والنخيل. ويرى إبراهيم عبد الرحمن أن دراسة الصورة في هذا الجمع يردها إلى ذاتها، كصورة شعرية ثم يردها إلى تلك الأصول الأسطورية التي صدرت عنها، كما يرى أننا أمام طريقتين في التصوير هما: طريقة التصوير للصور الكلية، وطريقة التصوير للصور الجزئية، وإن كلا الطريقتين، برأي إبراهيم عبد الرحمن لا تخلوان من حس أسطوري، يعنى بتجديد الحياة، فالمرأة المتحدث عنها هي (أم) يستحضرها الشاعر كمصدر للخصوبة، وكاستمرار للحياة، وكوعد دائم بتجديد الحياة والتغلب على الموت بقابلية المرأة للحمل، إلى جانب ما يتوافر من عناصر الجمال الأنثوي في صورته المثالية ذات النمطية المكررة. وقد نربط كما يقول إبراهيم عبد الرحمن، بين المرأة وتشبيهها بالغزال والمهاة والظبية والنخلة بأن كل تلك المشبهات كانت رموزا معروفة للشمس الآلهة الأم، وتصبح الشمس معادلا للغزال وكلاهما يعادل المرأة[3].

---

(1) انظر: إبراهيم عبد الرحمن: التفسير الأسطوري للشعر الجاهلي، ص 134.

(2) المرجع السابق، ص 135.

(3) المرجع السابق ، ص135.

- 2 -

ونقف مع مصطفى ناصف، الذي يحلل الصورة التي تشكل قصائد الشعر الجاهلي، وفق سلطان اللاشعور الجمعي الذي يتصور كنوع من تمثل أحلام المجتمع. وإن سلطان اللاشعور الجمعي، كما يقول ناصف، يأتي من تكرار الشاعر لصور بعينها ومحاولته صنعَ تمثال مقدس يباركه ضمير المجتمع. ويكون هذا التكرار المتناقل بين الشعراء هو مدلول اللاشعور الجمعي، وهو الذي شكل صورة تحتاج إلى تفسير وكأنها ضرب من الشعائر التي يؤديها المجتمع، أو كأنها لا تصدر عن عقل فردي بل تصدر عن عقل جماعي[1].

ويرى ناصف أن صورة الشاعر الجاهلي هي الصورة الأخيرة الموروثة ذات التعبير الواضح عن الأفكار المختزنة في أذهان العرب القدماء. وكأن اللغة الأدبية قد وحدت مستوى التفكير بالاشتراك في أنظمة فكرية وشعورية، ألحت على عمق فكري لفكرتي المصير ومأساة الإنسان. ويضرب ناصف لذلك مثلا بزهير بن أبي سلمى الذي يضرب في بداية معلقته معنى يشابه به الشعراء في إثارة التأمل في معنى الانتماء إلى الأطلال[2]. وذاك هو سلطان اللاشعور الجمعي عند جميع الشعراء، والأطلال من خلال تفسيرها بسلطان اللاشعور الجمعي تبدو صورة شبيهة بخلق مواثيق تعارف المجتمع عليها، فخدمت مشاعر وأفكارا فوق الفرد، وفوق نزواته الخاصة: فلم يخاطب الجاهلي في طلله نفسه، ولم يخاطب مجتمعه وحده، ولكنه خاطب المجتمع ببعث الماضي فيه، فالماضي صفة تلح على عقل الشاعر كصورة من ذاكرة حية نشيطة تحتوي رموزا يعرفها الشاعر كصورة: الدمن والآثار.

ويرى ناصف أن الشاعر مشغول بأن يستوعب في ذاكرته كل أشياء الجزيرة العربية، وأن يتذكر كل علاقاتها في مكان واحد وزمان واحد. كما يرى بأن الماضي ليس جزءا من

---

(1) انظر: مصطفى ناصف: قراءة ثانية لشعرنا القديم، دار الأندلس، بيروت، 1978م، ص 45 وما بعدها.

(2) المرجع السابق، ص 47-52.

الزمان الذي يأسر المرء على فقدانه، لكنه صور متكررة تتكامل في أذهان الشعراء بانسجام دلالاتها وتغذي بعضها بعضا[1].

وقد يتداخل الطلل في صور الإنسان وصور الحيوان، كما يرى ناصف، وتأتي تلك الصور إلى جانب بعضها بعضا كرموز باقية ومتجددة . وكأنها قوى تتعاون من أجل الكشف عن أهمية صورة الطلل، كما تنتمي جميع الصور الجزئية إلى نظام واحد يبعث الطلل خلاله ويجدده، وتصبح صورة الطلل صورة حية لا تموت، لأنها - مع كل ما تقدم - تصبح ماضيا حاضرا، لا ينقطع ولا يفنى تماما، ويصنع الشاعر بالطلل صورة لماضيه وصورة لحاضره. وإذا أخذنا صورة البكاء في الطلل فإن مفهوم البكاء فيها قد تغير من الحزن والهزيمة أمام الموت، إلى النشاط والفاعلية والوظيفة الإيجابية، نحو قوة خفية تخدم الحياة المتجددة في صورة الطلل، ويبقى البكاء صورة تعين على تصور فكرة البعث[2].

ويخلص ناصف إلى أن صورة الطلل أشبه بفكرة الأم الولود التي ينبثق عنها أولاد كثيرون: كالأبقار والظباء والظعائن، وفي ذلك يبدو الطلل منبت ثقافة ووعي وإدراك وحاجة إلى تثبيت مركز الإنسان وسط الوجود كما هو مركز لجميع الصور الجزئية التي انبثقت عنه. ثم يرى ناصف أن باقي الصور والاستعارات التي يوردها الشاعر حول الطلل هي رغبة في التعرض لمفهوم الصراع مع الوجود، كجلب الشاعر لصور الناقة والطير والنخيل. وهنا تأتي المغامرة المضمرة في نفس الشاعر عند بحثه عن أهدافه. أما الغموض الذي قد يرى في الصورة، فيرى ناصف أنه حالة من حالات بحث الشاعر في باطن الصورة التي تصنع له حلم المستقبل[3].

وينتقل مصطفى ناصف إلى تحليل صورة البطل في الشعر الجاهلي، متخذا الطريقة نفسها التي حلل بها صورة الطلل أداة للبحث في عمق الصورة، مستنتجا أن صورة الطلل

---

(1) المرجع السابق، ص 53-55.

(2) المرجع السابق، ص 56-62.

(3) المرجع السابق، ص 75 وما بعدها.

كصورة البطل هي صور متكررة، وتتكامل في ذهن الشاعر بانسجام دلالاتها التي تحيطها[1]، ومما يحيط بصورة البطل صورة السيل، ليدل تشبيه الخيل بالسيل إلى أنه - الخيل - رمز للعطاء، ووحدة للطموح، واكتمال في كل شيء. ولقد يصور الشاعر خيله بصورة ذات طابع أسطوري وهو صانع يجاهد من أجل المطر، وخيل الشاعر يسمع ويرى ويتحدث مع صاحبه. ويرى ناصف بأن الشاعر قد جعل خيله، بكل ما أعطاها من مزية، قريبة من الآلهة التي تضيء سبيل الشاعر[2].

ويرى ناصف، كخلاصة، بأن صورة الخيل قريبة من صورة الرجل الكريم فالخيل كريم كالبحر وهو مجاهد يضحي في سبيل الآخرين: إنه صبغة إنسانية مثالية. وهو البطل[3].

ويحلل ناصف صورة الناقة كما حلل صورة الخيل، فيرى فيها صورة للأم[4]. كما يرى ناصف أن حركة الشاعر الجاهلي في تصوير الناقة هي حركة دائرة حول التشبيهات، وأن كثرة التشبيهات التي يشبه الشاعر فيها ناقته هي أسلوب من طرفين، كما يرى ناصف، طرف فيه تكرار ملموح لملامح مشتركة في ذات التشبيهات التي ينتقيها الشاعر من مجتمع ويحكي عنها. وطرف يحس الشاعر فيه بقوته التي سيقهر بها الطبيعة حوله، كيف لا؟ وكلها معه[5].

إن الشاعر الجاهلي يدور في عالم ثابت من التشبيهات: إنه عالم تتجلى فيه الصورة كما يريدها، وهو إذ يصور ناقته فإنه يختار من صور الحيوان حوله مجموعة صور يستقر إحساسه معها بالقوة، التي سيقهر بها ما حوله، ويعدد ناصف تلك الصور التشبيهية التي يصور بها الشاعر ناقته، وهي صورة الفرس وصورة النعام، وصورة حمار الوحش. وقد عبرت صورة الناقة التي تشبه صورة الفرس عن فكرة الأب الفرس للأم الناقة، وكلاهما تعبير عن فكرة

---

(1) انظر: مصطفى ناصف: قراءة ثانية لشعرنا القديم، ص 80-82.

(2) المرجع السابق، ص 83-87.

(3) المرجع السابق، ص 88-92.

(4) المرجع السابق، ص 95 وما بعدها.

(5) المرجع السابق ص 98-100.

الثبات والصمود. كما تعبر صورة النعام عن الأم: فتتساوى الصورتان معا نحو ما يعين الشاعر على تـذكر حلم الأمومة، وهو حلم نادر توفره لحظات من الحياة. وتعبر صورة حمار الوحش عن فكرة الاستقرار التي يحيا فيها الجاهلي حياة هادئة متحديا قسوة الطبيعة حوله[1]. ويخلص ناصف إلى أن الناقة صورة لحيوان مقدس، باعتبارها عنصرا ضروريا للحياة، كما قد تصل الناقة إلى رتبة الإنسان المثال[2].

ويختم مصطفى ناصف حديثه بقوله: إن الشاعر في كل ما يصور يتعلم من الطبيعة فكرة يستعير فيها الأسطورة بلقطة يصور خلالها الشبه بين صورة جزئية وأخـرى. كـما في استعارة الشـاعر لعلاقـة المطر بالناقة التي تستدر السحاب نحو إنزال مائه وهي مضطربة في سيرها تبحث عن المطر، وتبدو تلك الصورة صورة طقسية فيها تهيئة للأرض الظامئة، وحل لمشكلة قد واجهت الأرض وقد اشتركت الناقة في الحل[3].

-3-

وينطلق عبد القادر الرباعي من الصورة الأسطورية والكشف عن الدلالة الخاصة لكل علاقاتها التي اهتم بها الشاعر عادا دراسة الشعر بالصورة الوسيلة الفضلى للكشف عـن المعاني الخفيـة للنصوص التي كونتها عقلية ترى الكون والحياة والإنسان برؤية خاصة[4].

ويرى الرباعي أن الإنسان الجاهلي قد عبد الكواكب وآمن بالسحر والخرافات، في تفكيره الوثني، وأن الجاهلي بذاك أدرك وجوب حل قضاياه الوجودية، فلجأ إلى الأسطورة

(1) انظر: مصطفى ناصف: قراءة ثانية لشعرنا القديم، ص 101-108.
(2) المرجع السابق، ص 110-111.
(3) المرجع السابق، ص 136.
(4) انظر: عبد القادر الرباعي: الصورة الفنية في النقد الشعري (دراسـة في النظرية والتطبيـق)، مكتبـة الكتـاني، إربـد- الأردن، ط (2)، 1995م، ص 117-120.

وهي القاعدة الروحية له. ولقد حققت النظرة الأسطورية عند الجاهلي دورها، لأن عقلية الجاهلي تقترب من عقلية البدائي من خلال إيمانها بحيوية الطبيعة التي أدرك الجاهلي أهميتها[1]. ولقد تلتقي نظرة الناقد إلى الأسطوري مع نظرته إلى الشعري، وإن كلا الشعر والأسطورة ينشآن من الحاجة الإنسانية نفسها. ويرى الرباعي أن الجاهلي ينتصر على واقعه من خلال قاعدة روحية تعد مركزا للأسطورة. وهذه القاعدة تعطي قوة فكرية وجدانية فوق التجربة الواعية التي يعيشها ذاك الجاهلي. ومن هنا فإن رسم أبعاد تلك التجربة، وإدخالها في مجال الحدث لا يتم إلا بالصورة. ولعل التكوين الأسطوري شأنه شأن التكوين التصويري[2].

فمثلا حين يشبه الشاعر الجاهلي صورة الوشم بالطلل: فالطلل صورة تحقق رمزا عاما ممتزجا بمخزون اللاشعور الجمعي، فتظهر صورة تشبيهية بالوشم مرسومة على شكل يد إنسان. وهي صورة لما يظهر على اليد من الوشم وقد تذكر بصورة الوشم على الظهر أو الوجه أو الصدر، وقد اتسع الشاعر بصورة الوشم فساوى بين الكتابة والوشم والطلل، وهنا يخلص الرباعي إلى وجود عمل أبدي فوق المكان وعبر الزمان الذي يتحدث عنه الشاعر، إذ يمثل الطلل لحظة تنويرية في زمنه الوجودي، وفي اللحظة التي يقف الشاعر عليها يتوزع صوته بين تاريخ كان وتاريخ يمكن له أن يكون.

ويضرب الرباعي مثلا للتكوين الأسطوري فيما صوره الجاهلي في شعره بصورة الثالوث المعبود: القمر، والشمس وعثتر. وأراد لصورة القمر أن تتساوى مع صورة الذكر، ولصورة الشمس أن تتساوى مع صورة الأنثى، ولصورة عثتر أن تتساوى مع صورة الولد. وهذا التصور الذي أراده أراد به أن يواجه الشاعر خلاله سحر ما حوله

---

(1) انظر: عبد القادر الرباعي: الصورة الفنية في النقد الشعري (دراسة في النظرية والتطبيق)، ص 121-123.

(2) المرجع السابق، ص 123-126.

بآلهة تصنع له جوه الديني الذي يقترب من تفسير ما يحيطه من موت وخوف وانقطاع للحياة. وسمى تلك الصورة بالصورة الموحية[1].

وقد لا يقف التصور الأسطوري عند حد ما تقدم من تصور لمعنى الطلل ومعنى الآلهة، وإنما يقود إلى التفكير بصورة صيغة الجمع التي جاءت عليها كلمة (النساء). ولما كان التفكير الجاهلي تفكيرا جماعيًا، فإن صورة (النساء) قد تكون رمزا للقبيلة، أو ما بقي منها، وإن الشاعر الذي يذكر اسم حبيبته (سلمى) على سبيل المثال، فإنه يذكرها في قصيدته التي تتناسب مع غرض القصيدة، فلو كان غرضه في قصيدة حربية فإن (سلمى) تعد تسجيلا لنشوته بالنصر، وذلك لأن تلك المرأة كانت لصيقة بجو الحرب، بل هي سبب إثارته. وقد يعي الشاعر، في استحضاره لحركة الصورة في قصيدته واستحضاره حدث قصيدته ككل، تشابه المرأة والقبيلة في مسألة الوجود الإنساني التي تتحول فيها كلمة الشاعر إلى صورة، وتتحول صورته من وصفها الحسي الواسع إلى ظاهرة في الحياة، وهكذا يمكن أن يشترك تصوير المرأة بتصوير القبيلة عند الجاهلي[2].

ويحلل الرباعي صورة الفرس عند الجاهلي، ويرى أنها تصور عقلية الشاعر الجاهلي، وأنها لا تخلو من طبيعة أسطورية. وينقد الرباعي صورة الفرس من خلال ما يقدمه الشاعر من صورة بطولية توجد علاقات بين المكان والطبيعة حوله، وتوجد علاقات بين المكان والخبرة، وتوجد علاقات بين المكان والحكاية المروية[3] وتلك العلاقات يصنعها الشاعر بين فرسه وما يصوره بعلاقة الفرس بالنار، وعلاقة الفرس بالشمس، وعلاقة الفرس بالمكان حوله. وفي كل علاقة يصنعها الشاعر غاية رمزية يبدع الجاهلي خلالها صورته لتصبح لكل صورة نتيجة يقصدها الشاعر لذاتها: فتأتي صورة علاقة الفرس بالنار كناية عن النور والقوة ، وتأتي صورة علاقة الفرس بالشمس كناية

---

(1) انظر: عبد القادر الرباعي: الصورة الفنية في النقد الشعري، ص 132-134.

(2) المرجع السابق، ص 134-136.

(3) المرجع السابق، ص 137 وما بعدها.

عن الآلهة المعبودة، وتأتي صورة علاقة الفرس بالمكان كناية عن أهمية الطلل[1]. هذا إلى ماعدا ذلك من الأشياء التي قد تساوي الفرس في صورته، وتؤدي وظيفته لدى الشاعر، فيعمد الشاعر إلى إنشاء علاقة بين فرسه وبين كل الأشياء التي تهمه وتكشف بتصويرها نظرته إلى الوجود[2].

- 4 -

ونختم حديث المدخل الصوري للتفسير الأسطوري مع ريتا عوض، وهي تريد أن تشكل للقصيدة الجاهلية بنية صورية أسطورية، كما تريد أن تتجاوز بتحليلها البنى المعروفة عن الجاهلي إلى بنى صورية وأخرى أسطورية من خلال اكتشاف المعنى الصوري والمعنى الأسطوري في النص الشعري الجاهلي[3].

وترى ريتا عوض أن البنى الصورية موجودة في اللاوعي الجمعي، كما تفترض ضرورة التعرف إلى المضمون الطقسي في كل فعل جمعي موجود في بنية الصورة التي يراد دراستها. وقد درست الناقدة ريتا عوض نتاج الشاعر امرئ القيس كاملا كبنية كلية صورية متكاملة، ولها مغزى تظهره الصورة المركبة عند الشاعر، وأطلقت على تلك الصورة اسم: الصورة العنقودية. وقد تحقق لريتا عوض بتحليلها للصورة لدى امرئ القيس ما لا يتحقق عند غيرها ممن درس شعر الشاعر دون اهتمامه بدراسة الصورة. كما تحققت ريتا عوض في تحليلها للصورة من المعنى الأسطوري الذي يقدمه امرؤ القيس في صوره وقد اعتمد ما أسمته بالعنقودية: أي ولادة الصورة وانفتاحها على أعداد صورية لا متناهية من دورات تولد الواحدة الأخرى[4].

(1) انظر: عبد القادر الرباعي: الصورة الفنية في النقد الشعري، ص 138-141.
(2) المرجع السابق، ص 142-145.
(3) انظر: ريتا عوض: بنية القصيدة الجاهلية (الصورة الشعرية لدى امرئ القيس)، ص: 89 وما بعدها.
(4) المرجع السابق، ص 91-103.

ومن أمثلة الصور التي تتوالد في المعنى الأسطوري صورة الموت والانبعاث، فتلك الصورة لا تشكل مغزاها الأسطوري إلا بتشكيلها وحدة بنائية في القصيدة يمكن أن تتكرر في صور أخرى، وإن هذا التكرار لصورة الموت والانبعاث يظهر في صورة الخصب والتجدد للحياة، وكذلك يظهر في صورة العنفوان الجنسي الذي يجسده امرؤ القيس[1]. وتعود ريتا عوض في تحليلها لصورة امرئ القيس وكيفية توليد الصور إلى صورة رئيسة ، تجعلها مركزا لتوليد الصور، كما في جعلها صورة المرأة مركزا يتكرر عند امرئ القيس في واقع ثقافي وتاريخي واجتماعي من جهة، وهي معادلة طبيعية وموضوعية للطبيعة من حوله من جهة أخرى. وإن صورة المرأة عند امرئ القيس هي الصورة المقابلة لرجولة الشاعر من جهة ثالثة[2].

وترى ريتا كخلاصة لتحليلها لصور العنفوان الجنسي عند امرئ القيس بأن الطاقة الجنسية التي يجسدها الشاعر في صوره تساوي نظرته للوجود الإنساني الذي يريده، وإن تركيز الشاعر على الطاقة الجنسية التي تبعثها رموز صوره يخدم تصوره للوجود الشامل، وتلك الطاقة تتصور كرؤيا أسطورية مطلقة للحياة مع ما يتبعها من تجربة ذاتية خاصة. ويرى الباحث أن ريتا عوض قد حملت ألفاظ امرئ القيس دلالات جنسية تفوق مستوى باطن الصورة، باعتمادها موقفا فكريا ثابتا لامرئ القيس يتصور خلاله الوجود الإنساني بإشباع الطاقة الجنسية، فعمدت ريتا عوض إلى تحليل صور امرئ القيس من واقع الكشف عن بعد كل صورة بما تشكله بنيتها التي وجهتها إلى الرمز الجنسي وتوابعه. وقد بدأت القول بأن دراسة الصورة أفضل دراسة للغة الشعر وبنيته[3].

وهكذا تخلص ريتا عوض إلى أن دراستها لنتاج امرئ القيس كاملا جاءت هدفا لمعالجة الإبداع الشعري بما هو وحدة فنية ، كأنه قصيدة واحدة . وإن على الناقد أن يبحث عن

---

(1) انظر: ريتا عوض: بنية القصيدة الجاهلية، ص 120 وما بعدها.

(2) انظر: التحليل مفصلاً عند: ريتا عوض: بنية القصيدة الجاهلية، ص 185-206.

(3) انظر: ريتا عوض: بنية القصيدة الجاهلية (الصورة الشعرية لدى امرئ القيس)، ص 131.

البنية الصورية المتأملة التي تتكرر عناصرها الصورية التكوينية، وتشكل بالتالي، هوية يمكن أن يكون لها مغزى . ومن هنا يغدو الرمز لا معنى له في إطار الصورة الجزئية البسيطة المفردة، لأنه لا يتشكل له مغزى إلا في الصور المركبة والمتكررة، التي أسمتها: العنقودية . ووظيفة الصورة هي تحقيق رؤية مطلقة للحياة في تجربة ذاتية لمبدعها[1].

وبعد قراءتنا لهذه النقود، وأصحابها وجدنا أن ثمة اتجاهين في قراءة الأسطورة في الشعر العربي القديم: اتجاها ذا خلفية دينية، واتجاها يركز الحديث على الصورة الفنية في القراءة. ولعل الباحث في عرضه لا يفي كل ما كتب في التفسير الأسطوري للشعر العربي القديم، لكنه يبقي دائرة النقد مفتوحة إذ بدأ هو بالعرض والتقسيم الذي فرضته النقود عليه، كما أن اتجاه الخلفية الدينية يعد اتجاها يقترب من موسوعة أديان ومعتقدات العرب وآلهتهم في شعرهم. والأمر يبقي البحث عن الصورة الأسطورية المشكّلة، لكن أصحاب هذا الاتجاه اتجهوا للدين عند العرب القدامى في الجاهلية، ورأوا له صورا مشكلة في شعر العربي، يمكنها أن تشكل ظاهرة لمعرفة العرب بالأسطورة وتجسيدها في شعرهم.

أما الصورة الفنية، فهي اللغة البلاغية الجديدة التي حملت بواعث البلاغة العربية القديمة واستحدثت بواعث جديدة كالرمز والأسطورة مثلا، وقد أراد أصحاب التفسير الأسطوري بالصورة أن يبعثوا في ذات كلام العربي القديم شعرا فوق ما به من شعر، لأنهم اهتموا بالصورة، وبطريقة تشكيلها، وأرادوا للذوق العربي الجديد أن يرقى للتمتع بشعر العرب تمتعا يفوق القدرة والإعجاب. وكان الاتجاه الذي سلكوه مرآة لحب العربي في شعره لتحقيق مهارته في توالد التشبيهات وتتابعها، وتولّت الصورة ما من شأنه توضيح تلك التشبيهات، وأهميتها في تشكيل الصورة الأسطورية في النص الشعري، إضافة إلى ما يحمله النص من بديع ومعان ترقى كبواعث للصورة يمكن تتبعها.

(1) انظر: ريتا عوض: بنية القصيدة الجاهلية، ص 144-147.

المبحث الثاني

الأسطورة في الدراسات النقدية العربية للشعر العربي الحديث

- أولا: المدخل الرمزي.
- ثانيًا: المدخل الفكري.
- ثالثًا: المدخل الفني.
- رابعًا: المدخل الاجتماعي الواقعي.

إن المداخل التي يقدمها هذا الفصل، لا تعد حدا ثابتاً لناقد وآخر لتصنيفه في هذا المدخل، أو ذاك، وإنما يجري التصنيف وفق الرؤية التي يقدمها الناقد، وما يحمله نقده من لغة مشتركة مع غيره ممن وضعوا في المدخل نفسه، وإذا رأى الباحث أن المداخل تساعد على الدراسة، لكنه لا يجد نفسه مستوفياً كل ما كتب عن الأسطورة، و يرى الباحث أن دراسة المداخل منفصلة لا تعني بالضرورة فصلها بعضها عن بعض؛ لأن استخدام الشاعر للأسطورة يحوي الرمز و الفكر والفن معا. و ما التقسيم الذي افترضه الباحث إلا لتسهيل دراسة الأسطورة من جوانبها المختلفة.

أولاً: المدخل الرمزي

يرتبط الرمز مع الأسطورة برباط يبعث على وجود علاقة يراها أصحاب المدخل الرمزي للأسطورة، ولعلها تكون في اللغة المشتركة بين الرمز والأسطورة، ولعلها تكون في باعث التشكيل ذاته؛ الذي يشكل الصورة الرمزية، والصورة الأسطورية، فكلتا الصورتين تبعثان الرضى في القدرة والإيحاء، ولكنهما تبقيان القدرة على وصول ذهن القارئ إلى مضمون ما يقرأ قدرة ناقصة؛ لحاجة القارئ إلى السرعة في الفهم، وهو ما لا يتناسب مع الرمز المستخدم في الشعر، والرمز الأسطوري منه خاصة. وسنقف وقفة متأنية مع أصحاب المدخل الرمزي.

-1-

يربط عز الدين إسماعيل بين الرمز والأسطورة بوصفهما أداة للتعبير، ويرى أن ليس الرمز إلاّ وجهاً مقنعاً من وجوه التعبير بالصورة، ولكنه يخص الرمز والأسطورة وحدهما بالدراسة والفحص دون الانعطاف على موضوع الصورة[1]. ويحدد موضوع اشتغاله على طبيعة "الرمز الشعري" دون غيره من الرموز التي تحتويها فروع شتى من المعرفة كعلم

(1) انظر: عز الدين إسماعيل: الشعر العربي المعاصر (قضاياه وظواهره الفنية والموضوعية)، دار الثقافة، القاهرة، 1966م، ص 195-196.

الديانات، وعلم النفس، وعلم الاجتماع، وعلم اللغة، وغيرها من العلوم. وعناية عز الدين إسماعيل بالرمز الشعري دون سواه من الرموز الدينية والصوفية ليس إلاّ نوعاً من تحديد شغله النقدي، وآية ذلك أن ما يعنيه من تجربة الشاعر هو التعبير والرؤية التي هي وسيلة مثل: استخدام الشاعر لـ "البحر، الريح، القمر، النجم.. الخ"، فإنه يستخدمها كالناس، ولكنه يفترق عن هؤلاء الناس بأنه يحسن استغلال العلاقات، أو الأبعاد القديمة لهذا الرمز، ويضيف إلى هذه أبعاداً جديدة هي من كشفه الخاص؛ لأن الرمز الشعري مرتبط ارتباطاً وثيقاً بالتجربة الشعورية التي يعاينها الشاعر، والتي يعبر عنها من ثم[1].

إن من حق الشاعر المبدع إذن أن يستخدم الرموز أو الشخصيات ذات الطابع الأسطوري على وفق تجربته الإبداعية ورؤيته التي يتوخى التعبير عنها، وله أن يضفي على الشخوص المعاصرة التي لم تدخل من قبل عالم الأسطورة طابعاً أسطورياً، ما دام هذا الاستخدام يظل ضمن التجربة الشعرية الخاصة والسياق الخاص، وما دامت هذه الرموز مرتبطة بالحاضر، وبالتجربة الحالية، وما دامت قوتها التعبيرية نابعة منها وليست مجتلبة من خارجها[2].

ويبدو أن إخلاص عز الدين إسماعيل لعمله النقدي قد جعله يربط ربطاً محكماً بين الرمز الأسطوري المستخدم والسياق؛ فالسياق هو الذي يحدد أهمية الرمز ووظيفته، وليس بوصفه مقابلاً لعقيدة أو لأفكار بعينها، وإذ ذاك فإن القوة الرمزية لا تنبع إلا من استخدامه الخاص في السياق المحدد، وما يضفيه عليه السياق من طابع شعري يصير معه أداة لنقل المشاعر المصاحبة للموقف وتحديد أبعاده النفسية[3]، وهذا عينه ما ينطبق على الأسطورة والشخوص الأسطوريين؛ إذ ينبغي أن يخضع تعامل الشاعر المعاصر مع الأسطورة القديمة، أو مع شخوصها للمبادئ نفسها التي تحكم استخدامه للرمز الشعري، وآية ذلك أن الأسطورة أقرب إلى ما تكون جمعاً بين طائفة من الرموز المتجاوبة، يجسّم فيها الإنسان وجهة

(1) انظر: عز الدين إسماعيل: الشعر العربي المعاصر، ص 198.

(2) المرجع السابق، ص 195-196.

(3) المرجع السابق، ص 200.

نظر شاملة في الحقيقة الواقعة. وهذا التجاوب بين رموز الأسطورة لا يمثل علاقات واضحة ومنطقية بينها، وإنما هي في الغالب علاقات "جدلية" ومن ثم تعود رموز الأسطورة لكي تخضع في الشعر لمنطق السياق الشعري، فحيثما يظهر (السندباد) أو (سيزيف) في القصيدة ينبغي أن يكون ظهورهما نابعاً من منطق السياق الشعوري للقصيدة، شأنهما في ذلك شأن الرموز. ولهذا فإن عز الدين إسماعيل يسمح لنفسه هنا بأن يطلق على هذا النوع من الرموز عبارة "الرمز الأسطوري"[1].

ولا يكتفي عز الدين إسماعيل بالتأصيل لمنهجه، وإنما يذهب شوطاً بعيداً في التطبيق، فيتابع ذكر الرموز الأسطورية وغير الأسطورية في الشعر العربي المعاصر مدفوعاً إلى ذلك بكثرة استخدام الشعراء المعاصرين للرمز والأسطورة، ليجد أن أبرز هذه "الرموز الأسطورية" المستخدمة وأكثرها دوراناً هي شخوص: السندباد وسيزيف وتموز وعشتروت وأيوب وهابيل وقابيل والخضر وعنتر وعبلة وشهريار وهرقل والتتار (وإن كان اسماً جامعاً) وغيرها من الشخوص الأسطوريين الإغريقيين وغير الإغريقيين[2].

ويقف عز الدين إسماعيل عند شعراء يستلهمون الأسطورة القديمة في مجملها من حيث هي تعبير قديم ذو مغزى معين، كاستلهامهم أسطورة أوديب وأبي الهول أو قصة بنيلوب وأوليس أو حكاية نوم الإمام على فراش الرسول- صلى الله عليه وسلم- ليلة الهجرة. وكل هذه الشخوص أو المواقف أو الرموز الأسطورية يجب أن تستدعيها التجربة الشعورية الراهنة، لكي تضفي عليها أهمية خاصة. وعندئذ يكون التعامل مع هذه الشخوص والمواقف تعاملاً شعرياً على مستوى الرمز مستغلة فيها خاصة الامتلاء بالمغزى أو بأكثر من مغزى، وتلك هي الخاصة المميزة للرمز الفني[3].

ويرى عز الدين إسماعيل رمز السندباد جديرًا بالتوظيف؛ لأنه مثّل ملامح التجربة الخاصة الواقعية أو الممكنة، وتلك الملامح مثلت ملامح التجربة الإنسانية الشاملة الممتدة،

---

(1) انظر: عز الدين إسماعيل: الشعر العربي المعاصر، ص 202.
(2) المرجع السابق، ص 202.
(3) المرجع السابق، ص 203.

التي تتلخص في قصة المغامرة في سبيل كشف المجهول. ولعل ما ينطبق على شخصية السندباد في استخدامها الشعري ينطبق على "سيزيف" و"أيوب" و"تموز" وسائر هذه الشخصيات الرمزية، بل ينطبق كذلك- دائماً- على الرموز الحديثة، سواء منها ما كان شخوصاً أو عناصر مادية[1].

ولم يشأ عز الدين إسماعيل أن يقرأ كل الرموز الأسطورية في الشعر العربي المعاصر، وإنما اكتفى بنماذج درسها للسياب، ويوسف الخال، وصلاح عبد الصبور.

ويأخذ رمز السندباد، مثلاً على ذلك، وهو رمز استهوى معظم الشعراء، ولكن تجسيده في قصيدة السياب "رحل النهار" يشكل مثلاً ناجحاً على استخدام الرمز استخداماً شعرياً؛ فالسياب، وفق اسماعيل، لم يتعامل مع (السندباد) تعاملاً من الخارج، أي لم يقحمه على السياق الشعري إقحاماً، بل أضفى عليه من موقعه الشعوري ومن تجربته الخاصة، ما جعله يجمع بين مغزاه الشعوري العام، والمغزى الشعوري الخاص الذي يرتبط ارتباطاً وثيقاً بتجربة الشاعر الخاصة. وبذلك يتمثل التعانق الصادق بين الحقيقي وغير الحقيقي، متمثلاً في أن الشاعر استطاع أن يشعرنا بأنه عبّر عن أشياء واقعية في مجاله الشعوري، في حين كان يبني في الوقت نفسه صورة خيالية لمشاعره[2].

وفي المقابل يأخذ عز الدين إسماعيل مثلاً آخر على عدم توفير المجال الحيوي اللازم للرمز الأسطورية فيجده متجسداً في يوسف الخال، الذي يراه من أكثر الشعراء ولعاً بتكديس الرموز الأسطورية القديمة في شعره

---

(1) انظر: عز الدين إسماعيل، ص 204.

(2) المرجع السابق، ص 207-212.

وإحالتها إلى مقابلات عقلية. ويضرب لذلك أمثلة منها قول الخال في قصيدة "الدعاء"[1]:

وقبلما نهم بالرحيل نذبح الخراف
واحداً لعشتروت، واحداً لأدونيس
واحداً لبعل...

وقوله في قصيدة "الوحدة"[2]:

بلى، وكنا الشاطئ اليشدّهُ
بشاطئ طموحنا الرهيب، المغارة اليقبع
فيها السندباد، الشرفة اليطل
منها قيصر وهنيبعل، الموكب اليشق
دربه الصليب

يقول عز الدين إسماعيل معقباً على هذين النموذجين وناقداً لهما:

"ففي هذين النموذجين يتضح لنا تتابع الشخوص الرمزيين الأسطوريين على نحو لا يتيح لنا فرصة تمثلها في الإطار الرمزي والشعري السليم، وإنما نتعامل معها بوصفها رموزاً عقلية لا تحمل في القصيدة سوى مغزاها المحدد القديم..."[3].

---

(1) يشير عز الدين إسماعيل إلى: يوسف الخال: البئر المهجورة، ص 73 / و المقطع كاملا:

وقبلما نهمَّ بالرحيل نذبح الخرافَ
واحدًا لعشتروتَ، واحدًا لأدونيسَ
واحدًا لبعلَ، ثم نرفع المراسيَ
الحديدَ من قرارة البحرْ
ونبدأ السفرْ...

من: يوسف الخال: الأعمال الشعرية الكاملة، التعاونية اللبنانية للتأليف و النشر، بيروت، 1973م، ص 234، و المقطع من قصيدة(السفر)، و ليس من قصيدة(الدعاء)، في ديوان البئر المهجورة. الديوان مؤرخ بـ1958م.

(2) يوسف الخال: البئر المهجورة، ص 30.

(3) عز الدين إسماعيل: الشعر العربي المعاصر، ص 214.

وهكذا يسعى عز الدين إسماعيل لتحقيق هدفه، بوصفه ناقداً، فيما يتوخى من توظيف الرموز الأسطورية، بحيث تضفي على الشعر قوة تعبيرية لها قيمتها الفنية والرمزية والتعبيرية، ولا تورط الشاعر في حشد الرموز الأسطورية القديمة على نحو يثقل كاهل التعبير.

ولعل التطبيق الأوضح لعز الدين إسماعيل يكون في قراءته المنهج الأسطوري في الشعر المعاصر، حيث يتنقل من الرمز الأسطوري إلى الأسطورة عندما تتجسد رمزاً، ليرى أن الأسطورة ما زالت مصدراً لإلهام الفنان والشاعر، بل لعلها في إطار هذه الحضارة أكثر فعالية ونشاطاً منها في عصور مضت. ثم يؤطر لحديثه السابق عن الرمز الأسطوري بالتأكيد على أن المنهج الأسطوري، في أبسط معانيه، هو تقويم التجربة في صورة رمزية، وهذا المنهج هو الذي يجعل للشعر طابعاً مميزاً في باب المعارف الإنسانية، يميزه عن الفلسفة وعن العلوم التجريبية ويجعله "شعراً"[1].

ويجد عز الدين إسماعيل أن قصيدة "لحن" لصلاح عبد الصبور تجسّد هذا الاستخدام الفني الرمزي للأسطورة، فتحوّلها إلى بنية وجودية حسية، سرعان ما نستكشف لها أبعاداً فكرية ودلالات عقلية، وبهذا المعنى، ووفقا لهذا المنهج، يكون الشعر صورة حية للفلسفة، وإن ظل أبعد ما يكون عن الفلسفة ومنهج الفلسفة[2].

يقول صلاح عبد الصبور[3]:

جارتي مدت من الشرفة حبلاً من نغم
نغم قاس رتيب الضرب منزوف القرار
نغم كالنار
نغم يقلع من قلبي السكينة
نغم يورق في نفسي أدغالاً حزينة

---

(1) عز الدين إسماعيل: الشعر العربي المعاصر، ص 223، 225، 226.

(2) المرجع السابق، ص 237.

(3) صلاح عبد الصبور: الناس في بلادي، ص 15.

بيننــا يــا جــارتي بحــر عميــق

بيننــا بحــر مــن العجــز رهيــب وعميــق

وأنــا لســت بقرصــان ولم أركــب ســفينة

بيننــا يــا جــارتي ســبع صحــارى

وأنــا لم أبــرح القريــة مــذ كنــت صبيــاً

ألقيت في رحلي الأصفاد مــذ كنت صبيــاً

أنت في القلعــة تغفــين علــى فــرش الحريــر

وتــذودين عــن النــفس الســآمة

بالمرايــا واللآلــئ والعطــور

وانتظــار الفــارس الأشــقر في الليــل الأخــير

"أشرقــــي يــــا فتنتــــي"

"مـــــــــولاي!"

"أشـــواقي رمــــــت بــي"

"آه لا تقســم علــى حبــي بوجــه القمــر

ذلــك الخــداع في كــل مســاء

يكتسيـــــــ وجهـــــاً جديـــــداً.."

جـــارتي! لســـت أمـــيراً

لا ولست المضحك الممــراح في قصــر الأمــير

ســأريك العجــب المعجــب في شمس النهــار

إننـــي خــاو ومملــوء بقــش وغبــار

أنــا لا أملــك مــا يمــلأ كفــي طعامــاً

وبخــديك مــن النعمــة تفــاح وســكر

فاضـــحكي يــا جــارتي للتعســاء

نغمـــي صــوتك في كــل فضــاء

91

وإذا يولـــد في العتمـــة مصبــاح فريـــد

فـ　　　　　　　　　　　　　اذكري

زيتــــه نـــور عيــــوني وعيــــون الرفقـــاء

ورفـــــــ　　　　ــاقي تعســـــــاء

ربمــا لا يملـــك الواحـــد مــنهم حشـو فـــم

ويمـرون عـلى الـدنيا خفافــاً كالنسـيم

و ودعينـــــي كـــــأفراخ حمامـــــة

وعــــلى كــاهلهم عـــبء كبــير وفريـد

عــبء أن يولـــد في العتمـــة مصبـــاح فريـد

ويجد عز الدين إسماعيل أن القصيدة في مجموعها أسطورة، وفيها عناصر طبيعية حسية؛ فالحبل والنغم والنار والأدغال والبحر... الخ، كلها عناصر طبيعية نعرفها فرادى، فلا يختلف واحد منا في هذه المعرفة عن الآخر. إنها جميعاً مدركات حسية أولية. ولكننا عندما ننظر إليها في التركيبة الجديدة نجد أنها قد صنعت صورة أكثر من حسية، أو فوق حسية: بمعنى أنها لم تعد تقبل الاختبار الحسي، ولقد صارت "رموزاً" حسية، بعد أن كانت مجرد محسوسات؛ فحبل النغم الرتيب المنزوف القرار يتحرك ثائراً كالنار فيقلع السكينة مـن القلب ويورق أدغالاً حزينة في النفس. هذه صورة حسية مكتملة جسّم فيها الشاعر شعوره إزاء كلمة ألقتها عليه جارته. وركب خياله هذا الرمز، أو هذه الصورة الحسية التي تمثلت له وجوداً حقيقياً، بل أكثر مـن الحقيقي. وهو في هذا لا يختلف عن الرمز الحسي الـذي يصنعه الحلـم. ويمكن أن تمثل القصيدة أسطورة الصراع بين الجنس وغريزة الموت؛ ذلك أن الصورة العامة للقصيدة تعكس- من حيث هي رمـز حسي-- صورة للرغبة في تأكيد الذات إزاء عوامل الفناء المهددة. فالشاعر يريد الوصول إلى المرأة، لكن كلماتها تزرع في نفسه الحزن، وهو يود الحصول عليها، ولكن بحاراً وصحارى من العجز تحول دونه. إنها تعيش في قلعتها على فرش الحرير بين المرايا واللآلئ والعطور، وفي خديها تفاح وسكر، ولكن سبيل الوصول إليها والحصول عليها شاق، لا يستطيعه سوى أمير. إنه أمير خرافي، حلمه فوق

طاقة الإنسان، ويريد الاستمتاع بالحياة دون الشعور بأي منغص، من الشعور بالمصير الإنساني. وليس الشاعر هو هذا الأمير؛ لأنه يتعذب بمصيره. وهو في إطار هذا العذاب يسعى إلى تأكيد ذاته بوصفه إنساناً يعرف مصيره، فيسعى للحصول على المرأة، أو على الحياة في أكمل وأجمل صورها[1].

وهكذا يُظهر عز الدين إسماعيل استحالة التجربة الشعورية، وفقاً لمنهج الأسطورة، إلى بنية وجودية حسية سرعان ما نكتشف لها أبعاداً فكرية؛ وقد جسّمت القصيدة شعور الرغبة في الحياة والخوف من المجهول، كما هو شعور قديم حاول الإنسان منذ القدم أن يعبر عنه، ووضع من أجل ذلك الأساطير المختلفة التي شاء بها أن يخلق لنفسه حالة من التوازن الوجودي بين المعروف والمجهول. وصنع الشاعر الحديث الشيء نفسه حين واجه ذلك التقابل الحاد بين المادي والروحي، فحاول أن يخلق الأسطورة التي تفسر له هذا التقابل، وتجمع بين هذين المتقابلين في إطار حيوي يصنع منها شكلاً واحداً منظماً، ووجوداً متسقاً[2].

-2-

ويجد هذا المدخل صداه عند محسن إطيمش، ولكن بتضييق عينة الدراسة، وقصرها على الشعراء العراقيين، وعد الرمز والأسطورة إحدى الإنجازات المهمة في القصيدة العراقية الحديثة. ويرى إطيمش أن الأسطورة هي فكر الإنسان، وتجربته الكبيرة في مرحلة من مراحل تكوينه؛ لأنها تمتلك القدرة، شأنها شأن كل التجارب الإنسانية، على الحضور الدائم، أو التجدد المستمر والالتقاء بتجارب الإنسان في مختلف العصور[3].

وفي ظن الباحث أن حديث إطيمش عن الأسطورة ليس حديث حلية جمالية تضاف إلى العمل الشعري، بقدر ما هي عامل أساسي يساعد الإنسان المعاصر على اكتشاف ذاته

---

(1) انظر: عز الدين اسماعيل: الشعر العربي المعاصر، ص 235-236.

(2) المرجع السابق، بتصرف ص 237.

(3) انظر: محسن إطيمش: دير الملاك (دراسة نقدية للظواهر الفنية في الشعر العراقي المعاصر)، دار الرشيد للنشر، العراق، 1982م، ص 121-122.

وتعميق تجربته، ومنحها بعداً شمولياً وضرورة موضوعية تستطيع النهوض بعبء الهواجس والرؤى والأفكار المعاصرة[1]، وإن يكن إطيمش قد ضيّق من حلقة بحثه بقصرها على الشعر العراقي وحسب فإنه وسّع مجال بحثه بانشغاله لانشغال الشعر العراقي بقضية الرمز الأسطوري. ووقف عند جيلين: جيل شعراء الفترة التي سبقت ميلاد الشعر الحر في العراق، وهو جيل الرصافي، والزهاوي، وعلي الشرقي، ومحمد رضا الشبيبي وغيرهم. ويرى أن هؤلاء الشعراء لم يعرفوا الالتفات إلى توظيف الأسطورة أو رموزها في الشعر لسببين؛ الأول: قلة تحصيلهم الثقافي بسبب التخلف الثقافي في العراق حتى منتصف الأربعينيات، واقتصار التعليم على أبناء طبقة معينة، وغياب الانفتاح على الثقافة العالمية... ولهذا ظل الشعر العراقي في سنواته الأولى تعبيراً مباشراً عن قضايا اجتماعية، ووصفاً لظواهر حياتية، وثانيهما: انصراف ذلك الجيل من الشعراء إلى الاهتمام بالتراث الشعري والأدبي العربي اهتماماً يصل حد التقديس، وهذا الذي صرف الجيل المشار إليه عما يمكن أن يراه من مظاهر الجدة في الشعر الحديث، ومنها قضية الأساطير والرموز[2].

أما الجيل الثاني: جيل السياب والملائكة والبياتي فوضعه الثقافي مختلف تماماً حيث أشار إطيمش إلى أول الإشارات الأسطورية على يد السياب بقوله[3]:

رآهـــا تغنـــي وراء القطـــع   كـ "بنلوب" تستمهل العاشقين

وقد كتب قصيدته "أهواء" سنة 1947م، و كان استخدامه لشخصية "بنلوب" الأسطورية منهجاً للعديد من الشعراء العراقيين بعده.فما الذي فعله السياب؟ لقد عرف حكاية عوليس وغربته، وانتظار زوجته له، التي كانت تستمهل العاشقين في محاولة للتخلص منهم. ولقد جاء استخدامه هنا على سبيل التشبيه. وتلك حقيقة الاستخدام الأول للأسطورة عند السياب وجيله من حوله الذين أشاروا إشارات أسطورية عابرة إلى شخوص

(1) انظر: محسن إطميش: دير الملاك، ص 134، 222.

(2) المرجع السابق، ص 123-124.

(3) بدر شاكر السياب: أعماله الكاملة (ديوان الشاعر)، دار العودة، بيروت، 1989م، مج (1)، ص 12.

أرادوها دون وظيفة مهمة تسهم في تطوير القصيدة. لأنها ترد على شكل كناية أو تشبيه أو لمجرد التداعي فقط. وكذا في قول علي الحلي في قصيدته "رحلة"[1]:

وحلـــــوتي .. كأنهـــــا عشـــــتار

إنه التقاء مع السياب في نمط واحد للإفادة من الرمز الأسطوري على سبيل التشبيه.. وتبقى هيئة الرمز الأسطوري على هيئة تشبيه أو إشارة عابرة لا تخلف وراءها شيئاً في الموضوع الشعري، ولا تؤثر في البنية الشعرية، ويكتفي الشاعر من أسطورته بالتلميح واستلهام معناها الشامل.. وهكذا إلى أن وصل الشعر العراقي الحديث إلى نمط جديد يحاول جعل المادة الأسطورية عمدة البناء الشعري كله. وبالأسلوب النقدي عند إطيمش يتحدث عن إغراء الأسطورة للشاعر تلك الشاعرية التي يشعر بها.. وكيف كان الشاعر ينظر إلى الأسطورة ضمن مادته الشعرية[2].

ويستشف إطيمش ممن تحدث عن أسطورة السياب قبله أنهم كانوا يرددون ما قاله السياب نفسه عن الدافع الذي حدا به لأن تكون الأسطورة مادة بعض شعره[3]، وما قاله السياب عن نفسه، بأنه وجد الأسطورة وسيلة للتخفي إذا أراد هجاء رجل أو جماعة أو حكومة، وما قاله النقاد عنه؛ لقاء طبيعي: التقت الأسطورة خلاله بالحاضر، فهجا السياب عبد الكريم قاسم ونظامه أبشع هجاء دون أن يفطن زبانيته لذلك..[4]، وبذا أصبحت

(1) يشير محسن إطيمش إلى: علي الحلي: غريب على الشاطئ، مؤسسة دار التعاون للطبع والنشر، ص: 61 / والمقطع كاملا:

و حلوتي" أزهارْ"
مشدودة الزنّارْ
أرجوحة من غارْ
كأنها عشتارْ

من: علي الحلي: المجموعة الشعرية الكاملة، دار الشؤون الثقافية العامة، بغداد، 1987م، ج(1)، ص 367. من قصيدة(رحلة)، في ديوان غريب على الشاطئ. القصيدة مؤرخة بـ 1963/9/30م.

(2) انظر: محسن إطيمش: دير الملاك، ص 134.

(3) منهم: أحمد سليمان الأحمد: هذا الشعر الحديث، دمشق، 1974م، ص 222.

(4) الإشارة إلى قصيدة "سربروس في بابل"، الديوان، مج (1)، ص 482.

الأسطورة فكراً وعطاء إنسانياً قابلاً للتحول وملامساً للواقع المعاصر. وتلك مرحلة معينة، جعلت هذا النمط- التخفي- محدداً وليس شائعاً، ومرتبطاً بقصائد معدودة من شعر الشاعر، و قد تخلى السياب في الستينيات عن طريقته تلك في الإفادة من الرمز الأسطوري؛ لأن الدوافع التي ألجأته إلى ذاك الفهم اختفت، ولأن مجرى حياة الشاعر قد تغيّر، وتغيرت، تبعاً لذلك، نظرته إلى الرمز، ووظيفته، ونوعيته، ومدى التصاقه به أو بُعده عنه[1].

ويرى إطيمش أن السياب قد أخفق فنياً حين نقل الأسطورة والرمز وربطهما بهجاء شخص بعينه، وجعل من الرمز مادة لكيل الشتائم، وللتنفيس عن الغضب المحتدم في داخله، لكنه استطاع أن يبني قصائد تفيد من الرمز والأسطورة إفادات رائعة، وتتحوّل فيها الرموز والأساطير إلى نسيج شعري متدفق شديد الارتباط بالحاضر، وبالحياة المعاصرة. وهنا تتحول الرموز والأساطير إلى مادة تسهم إسهاماً فعالاً في إضاءة الواقع، وتنسحب من الماضي حاملة معها دلالاتها الإنسانية الشاملة. لقد غدت الأسطورة وأبطالها عالماً واسعاً ونهراً متجدداً مليئاً بالأحاسيس والصور التي تشير إلى عالم كبير ومحنة شاملة هي محنة الإنسان العربي المعاصر. إنها لم تعد كلمات وتشبيهات باردة تقال للشتم، بل صارت هي الشعر، ومادته الحية التي بدونها تعرى القصيدة، أو تتحول إلى هيكل ميت. وقد وصل إطيمش بعد تجواله في شعر السياب إلى خياله الذي رأى السياب- خلاله- مبتكراً للأسطورة؛ لكثرة ما استخدمها في شعره، وقرأ عنها لسنوات عديدة. وصار السياب شاعراً لا يصعب عليه أن يبتكر أسطورة، أو أن يتحرك من خلال ذهنية لا ينفصل فيها ما هو واقعي عما هو أسطوري، كما في قصيدة "المعبد الغريق"[2] التي نرى فيها حدثاً شبه أسطوري، لكننا- كما يقول إطيمش- لا نعرف أهو من صنع السياب أو أنه وصل إليه من خلال قراءاته، وربما عرف السياب الفكرة الأساسية بأن معبداً غرق في بحيرة، وبذهنيته التي أدمنت قراءة الأساطير، استطاع أن يجعل من المعبد الغريق قصيدة لها من سمات الأسطورة وملامحها الشيء الكثير[3].

---

(1) انظر: محسن إطيمش: دير الملاك، ص 138.

(2) بدر شاكر السياب: الديوان، مج (1)، ص 176.

(3) انظر: محسن إطيمش: دير الملاك، ص 138، ص 152.

ويهتم إطيمش خلال نقده لقصيدة "المعبد الغريق" بقضية واحدة هي كيف عمّق الشاعر فكرة المعبد الذي غرق في البحيرة، وأضاف إليها من نسجه وخياله ما جعلها حدثاً أسطورياً، ويقول إطيمش ناقداً: لقد رأى الشاعر هذا المعبد طواه الماء نتيجة لثورة بركان قبل ألف سنة، وأنه استقر أخيراً على فوهة ذلك البركان المتفجر بالحمم في قعر البحيرة، وأن حوله الآن "أحراش وأدغال". ولما لم يجد الشاعر الموضوع ذا قيمة كبيرة أضاف متصوّراً أن في هذا المعبد كنوز الأرض كلها، دررا وياقوتا وذهبا، إنه كنز أبديّ، يقول الشاعر[1]:

وقرّ عليه كلكلُ معبدٍ عصفت بهْ الحمّى.
تطفّأ في المباخر جَمْرُها، وتوهّجَ الذّهبُ
ولاح الدرّ والياقوت أثماراً من النور
نجوماً في سماء الماء تزحفُ دونها السحب

ويشير إطيمش إلى أولى ملامح التفكير الخرافي الذي يغري المرء باقتحام المصاعب من أجله- إنه الكنز- ولكن كيف يمكن أن نصل إلى المعبد؟ إن الشاعر- والنقد لإطيمش- خلق الكثير من التهويل الأسطوري إمعاناً في تقديم المزيد من الرعب والرهبة واستحالة الوصول. وتدرك ذهنية الشاعر أن جزءاً كبيراً من أحداث الأساطير يقوم على خلق حالة من الخوف؛ لأن انتصار البطل في الأسطورة ليس سهلاً أبداً، ولابد أن يكون محفوفاً بالمخاطر، ولو كان طريق الانتصار سهلاً لافتقدت الأساطير والحكايات التي نسجت حولها قدرتها على الإثارة أو الامتاع. وهكذا جعل الشاعر طريق الكنز مرعباً، لا يستطيع أن يلجه إلا رجل مغامر وذو بأس عظيم، وقد وجد ذاك في "عوليس" الذي حوّله الشاعر من دلالته الرمزية الأسطورية الشائعة والمألوفة التي تشير إلى معنى الجواب والمغترب، وأكسبه دلالة جديدة هي دلالة المنقذ- كما تتطلب القصة الجديدة ذاك- ويلتقي الشاعر ببطله، ويحاول أن يثير فيه همته، ويغريه على المغامرة قائلاً[2]:

---

(1) بدر شاكر السياب: الديوان، مج (1)، ص 177.

(2) المرجع السابق، ص 179-180، وماء شيني، بحيرة في الملايو غرق المعبد في قرارتها.

هلـــم فـــماء شـــيني بانتظـــارك يحـــبس الأنفـــاس[1]
هلـــم فـــإن وحشـــاً فيـــه يحلـــم فيـــك دون النـــاس
ويخشىـــ أن تفجـــر عينـــه الحمـــراء بـــالظلم
وأن كنـــوزه العـــذراء تســـأل عـــن شراعـــك خـــافق النســـم

ويرى إطيمش أن السياب يفيد من قراءاته في الأساطير لخدمة موضوعه الشعري، وهو هنا يوظف ما عرفه من قصة "سيكلوب" ذي العين الحمراء الذي قتله عوليس في إحدى مغامراته، وكأنه- برأي إطيمش- يريد أن يقول لعوليس إنك كما قتلت "سيكلوب" فأنت ستقتل هذا الأخطبوط المتمدد على الكنز الأبدي. إنها أسطورة إذن، أو هي حكاية على جانب كبير من الملامح الأسطورية ولكنها من صنع الشاعر[2].

وبالطريقة النقدية ذاتها يُحلل إطيمش قصيدة بدر شاكر السياب "مدينة بلا مطر"[3] فيقول: يبدأ الشاعر القصيدة بتصوير مدينة بابل صورة أسطورية بإثارة الإحساس بالغرابة والرعب، مما يوحي للقارئ بأن هذه المدينة تنتمي إلى عالم الأساطير وليس الواقع، وهي صورة لتلك المدن المحترقة ذوات الأبراج والأسوار والتي تمر عليها عربات الآلهة المجنحة.. ويشير إطيمش إلى أنه لا يكفي مجرد تكرار رموز تموز أو عشتار مثلاً لكي يخلقا بناء شعرياً يعتمد الأساطير؛ لأن الشاعر لم يستطع في كثير من الرموز التي كان يرددها فقط أن يرقى بالقصيدة إلى احتواء المعاني والحالات والمواقف الأسطورية احتواءً تاماً، وظل ترديدها شبيهاً بترديد كلمات رمزية غير فاعلة- وحديث إطيمش عن السياب دون تمثيل- ويظن إطيمش أن الذي يخلق القصيدة التي يكون فيها الفن الشعري مرتبطاً بالمادة الأسطورية ارتباطاً شديداً هو قدرة الفنان على خلق عالم شبه أسطوري، أو حالات أسطورية تلعب فيها المخيلة الشعرية دوراً عظيماً، وإن وسائل الشاعر في عملية ابتكاره عديدة، منها: الصورة، ومنها المفردة، التي تستطيع الإيحاء بالمناخ الأسطوري، ويشير إطيمش إلى وعي

(1) هذا السطر الشعري من المقطع ليس عند إطيمش.
(2) انظر: محسن إطيمش: دير الملاك، ص153-155.
(3) بدر شاكر السياب: الأعمال الكاملة، الديوان، مج (1)، ص 486.

السياب باختياره اللغة المناسبة المنسجمة مع الجو الأسطوري الذي يلف القصيدة بشكل عام، كما في اختياره لمفردات "أبراجها" و"تدق" و"طبول" و"مجامر" و"الفخار" و"غرفات" و"عشتار"[1].

ويمضي إطيمش مع القصيدة "مدينة بلا مطر" ناقداً ومحللاً، فيقول: لقد صارت القصيدة طقساً أسطورياً بفعل نشيد الاستسقاء ذي الطقوس الخاصة والتي تصور البشر ضارعين، طالبين نزول المطر والخلاص من الجدب: جدب الواقع. وتصور القصيدة أول مظاهر الموت وهي عشتار إلهة الخصب التي لم تعد كذلك؛ فلقد صارت آلهة للدم والمجاعة، فهي الآن فارغة الكفين، وذات عينين باردتين.. ولذا لابد لعذارى بابل أن يقفن ذاهلات أمام عشتار- لنسأل عن هداياها- وهن يرين الماء يفيض شيئاً فشيئاً من محيّاها يقول الشاعر[2]:

عـــذارانا حـــزانى ذاهـــلاتٌ حـــول عشـــتارِ

ويتابع إطيمش نقده للقصيدة، فبعد صورة الموت يحدثنا الشاعر عن رمزه المخلص بحديثه عن تموز، إله خصب بابل، النائم تحت التراب، ممزق الأشلاء، يحرسه ذلك الكلب الأسطوري المرعب "سربروس"- وقد صوّره الشاعر رمزاً للموت دون أن يبوح بأسطورته كاملة، بل شحن صورته بكلمات توحي بالجو الأسطوري حوله "نار البرق في عينيه"، "العالم الأسود"- وقد زاوج الشاعر بين أسطورتين في محاولة لرسم صورة البطل المنقذ، البابلية لتموز والإغريقية؛ فتموز الذي جرحه الخنزير البري هو أدونيس الإغريقي، وهو ليس تموز- دموزي- البابلي.. وهكذا تكون الإشارات في قصيدة "مدينة بلا مطر" ذات مصادر أسطورية، تتلاحق الواحدة تلو الأخرى لخدمة موضوع الشاعر الأساس الذي هو الموت واليباب[3].

---

(1) انظر: محسن إطيمش: دير الملاك، ص 139-140.

(2) بدر شاكر السياب: الديوان، مج (1)، ص 488.

(3) انظر: محسن إطيمش: دير الملاك، ص 143-144.

ولم يقم إطيمش بنقد وتحليل قصيدة لعبد الوهاب البياتي- كما فعل للسياب- لكنه أشار بشيوع الرموز الأسطورية وأبطال الأسطورة وما تثيره من دلالات وأفكار عند البياتي وأنها تشكل مادة شائعة في شعره. كما أشار إطيمش إلى ميزة البياتي عن غيره ممن جعلوا أساطيرهم مادة شائعة في أشعارهم بأن رموزه قابلة للتحوّل، فإذا كانت (عشتار) بطلة أساسية للدلالات الأسطورية في الخصب والنماء، فإنها تتحوّل إلى (عائشة) في قصائد أخرى وإلى (لارا) و(خزامى) أيضاً. ويذهب إطيمش إلى أن السياب قد سبق البياتي إلى الرمز المتكرر؛ فتموز البابلي عنده هو أدونيس الإغريقي تماماً. وأن لا فائدة يغنيها تكرار الأسماء، وإنما هي تراكمات لأسماء جاءت حاملة دلالة رمزية واحدة لا تتغير. واستطاعت بعض رموز السياب والبياتي أن تعمق الرمز المعروف، وتمنحه دلالة جديدة، فلقد نأى البياتي- مثلاً- برمز (عائشة) المتكرر، ولم تعد (عائشة) هي (لارا) بشكل متطابق، وقد تحتوي (لارا) البياتي صفات أخرى ذات علاقة واضحة بتجربة الشاعر الخاصة، تجربة البحث عن الحب الشخصي[1].

وهو لا يعني بوقفته أن الشعراء العراقيين الآخرين كانوا غافلين عن هذا النوع من القصائد التي تجعل المادة الأسطورية ورموزها لحمة القصيدة. ويشير إطيمش ناقداً لقصيدة "صلاة الأشباح" لنازك الملائكة في مجموعتها "قرارة الموجة"[2]. وبطريقة إشاعة جو الغرابة ينقد إطيمش الجو الأسطوري للقصيدة وقد صوّرت ساعة باردة معلقة على برج، ثم تمتد لها يد في احتراس، هي "يد الرجل المنتصب". والتي قالت "صلاة صلاة".. ويرى إطيمش أن جزئيات الحدث في الصورة الأسطورية تتجمع في غير ألفة وتؤدي إلى وجود عالم مرعب ومخيف بالإيحاء: فالقلعة "باردة"، ويوجد "اكتئاب" و"صمت" و"موت". وتؤكد الشاعرة المزيد من الغرابة في الحدث بأن تدلف من خلال عبارة "صلاة" إلى رسم صورة للحراس الذين يسوقون الموكب لأداء الصلوات، ولا يدري هذا الجمع الذي يسير في الطرقات إلى أين هو ذاهب، ولماذا يسير، وماذا عسى أن يكون. وفي آخر الموكب يرى

(1) انظر: محسن إطميش: دير الملاك، ص 146-147.

(2) القصيدة من نازك الملائكة: ديوان نازك الملائكة، دار العودة، بيروت، مج (2)، 1986م، ص 204-205.

الحراس شبحين، يسيران ولا يدركان متى كان ذاك وأين. ويأخذانهما إلى المعبد البرهمي "حيث غرابة بوذا تلف المكان".. والقصيدة لا تفصح عن سر صورها، ورموزها، ولكنها تجنح إلى خلق أجواء أسطورية، لا يمكن أن يدري القارئ أهي من صنع الشاعرة، أم أنها قرأتها في مكان ما وحاولت كتابتها شعراً[1].

ولقد وجد إطيمش لغة نقده من الغرابة إلى الرعب فالمنقذ البطل، واختار ما يريده من نصوص تلائم تلك الظاهرة متتبعاً الألفاظ التي تخدم حديث نقده، دون إشارة إلى تشكيل صورة واحدة، أو تتبع صورة من مركز تأويلها إلى أطراف لغة شاعرها أو شاعرتها لتشعر بقيمة اللغة بعيداً عن السرد القصصي للحكاية الغريبة، والتي افترض لها- مسبقاً- أن تكون حكاية أسطورية. وقد أشار إطيمش إلى أن الشرح من أجل استخلاص المعاني عملية ليست مجدية في قصيدة نازك، فهو لا يعرف ما هي حكاية ساعة البرج و"صلاة الأشباح" ولم تفصح القصيدة عن طقوس أبطالها وما يمارسونه، وكيف تكون بذاك الدلالات الرمزية المرتبطة مع كل هذا[2]. ويظن الباحث أن الغراب والرعب في قصيدة نازك الملائكة تكفيان لجعل القصيدة تندرج ضمن هذه الظاهرة التي ينقدها إطميش، فمفردات القصيدة تشكل عبارة فيها من المجاز ما يُحمّل طاقة لغتها صورة غريبة لا تقف عند مفردتها سطحاً، بل تتعمق نحو باطن الصورة وما تريد الشاعرة أن توصله في رسالتها من "صلاة الأشباح".

وإن إطيمش يعتد بالصورة التي تولد داخلها رموز الشاعر الشخصية؛ كما يشير إطيمش إلى علاقة الرمز بالصورة وأنها أقرب ما تكون إلى علاقة الجزء بالكل، وأن سمة الرمز الجوهرية إنما تولد من الأسلوب. وإن الشاعر المعاصر- كما يقول إطيمش- يبتكر رمز شخصيته في القصائد التي لا تفيد من الرمز الأسطوري، وتبدو وظيفة الرمز الأولى هي الإسهام في تكوين الصورة، والنأي بها عن التقرير والمباشرة.. وكان السياب مبكراً في خلق هذا النمط من الرموز الشعرية الخاصة، ولقد مر بنا كيف استطاع أن يخلق من عالمه

(1) انظر: محسن إطيمش: دير الملاك، بتصرف ص 151.

(2) المرجع السابق، الصفحة نفسها.

الشخصي رموزاً حية، قد تتداخلها الأسطورة، وقد يكون هدف الالتفات لها إضاءة الواقع المعاصر، ولإيجاد علاقات بين ما هو موقف قديم وموقف جديد[1].

وماذا بعد، فالظاهرة الحديثة الآن تخلق أسطورة جديدة، ولها يشير إطيمش بعد أن تجاوز الشاعر العربي عامة، والعراقي خاصة بابل وعشتار وسيزيف.. مما كان ينفعه إزاء واقعه الاجتماعي والسياسي، فإنه الآن- الشاعر العربي المعاصر- يقف إزاء واقع جديد متغير ومتعقد ومتبدل، ولم تعد تلك الدلالات الرمزية الأسطورية القديمة تعبر أو تنسجم مع ما هو كائن، بل تعمق رمزه وتحوله إلى عالم شمولي واسع، وخلق الشاعر العربي عامة، والعراقي خاصة رمزه الخاص وجعل من لفظة رمزه بناء متكاملاً للقصيدة، رغم أن أغلب رموز الشاعر ذات علاقة بحياة الشاعر أو بيئته التي نشأ فيها، وتحتاج من القارئ إلى جهد خاص وتأمل. ولعل ثورة الشعراء الدائمة على المباشرة والوضوح في الأداء والتعبير الشعري، قادهم إلى الإغراق في التعميات وخلق ضباب دائم حول المعاني. وكانت وسيلتهم لذلك جعل القصيدة بناءً رمزياً مجازياً. وإكساب الألفاظ رداء الاستعارة الدائمة، مما يركب الصور ويجعلها متلاحقة نحو الدلالات المجازية المتتابعة دائماً[2].

-3-

وممن درس الأسطورة وفق المدخل الرمزي أنس داود، وقد تتبع الرمز الأسطوري لدى ثلاث مدارس هي: مدرسة الإحياء ومن شعرائها أحمد شوقي وحافظ إبراهيم... ومدرسة شعراء التجديد، متمثلة بمدرسة الديوان ومدرسة المهجر ومدرسة أبولو ومن شعرائها إيليا أبو ماضي.. ومدرسة شعراء الشعر الحر ومن شعرائها السياب والبياتي وآخرون. ودرس أنس داود طريقة الاستفادة من الأسطورة في القصيدة العربية المعاصرة من خلال انتماء القصيدة العربية المعاصرة إلى ثلاث مراحل هي: مرحلة استخدام الإشارة الأسطورية، ومرحلة استخدام الرمز الأسطوري، ومرحلة استخدام النموذج الأسطوري.

(1) انظر: محسن إطيمش: دير الملاك، ص: 157-159.

(2) المرجع السابق، ص: 162-165.

وتتبع أنس داود تلك الطرق في استخدامات شعراء المدارس للأسطورة محاولاً الكشـف عـن الأسطورة: ماذا كانت، وكيف بدأت، وما حالها الآن؟[1]

وجد أنس داود أن الإشارة الأسطورية تتحرك تحركاً في مستوى معنوي واحد، ولا يقدر هذا التحرك على خلق جو إيحائي يثري دلالات القصيدة، وتكون هذه الإشارة الأسطورية أقرب إلى التشبيه، وتعجز عن التجسيد الفني وابتعاث الدلالات الشعورية واللاشعورية. وينقد أنس داود الإشارة الأسطورية التي تتحرك في مستوى واحد بأنها تجول في دائرة التراث العربي: كقصة الإسراء والبراق وسليمان وبعض عـوالم الجـن والإنـس.. وتلك كانت الإشارة الأسطورية عند شعراء مدرسة الإحياء، أما الإشارة الأسطورية عند شعراء التجديد، فتتسع في الاستخدام، ويشير أنس داود إلى علي محمود طه من شعراء مدرسة أبولو الذي يحكي عن (أفروديت)، ويقارنه مع كلام أحمد شوقي من شعراء مدرسة الإحياء عن (بلقيس) كمثال للكمال والجمال. ولم يشر ـ أنس داود للفرق بين استخدام الأسطورة عند كل من علي محمود طه، وأحمد شوقي، بل أبقى الفرق كامناً فيما يتذوقه القارئ من تشبيه أحمد شوقي لبلقيس بفينيس "التي تهادت إلى الورى من جديد"[2].

وبالمقارنة يستنتج أنس داود أن الإشارات الأسطورية لم تكن مختلفة بين مدرسة الإحياء ومدرسة التجديد، ولكنها تتطور- كما يقول أنس داود- عند مدرسة الشعر الحر. ويأتي تطورها في كثافة المعنى، واتساع الدلالة. كما تأخذ الإشارة الأسطورية مجرىً رمزياً في نفوس من يقرأها عند شعراء مدرسة الشعر الحر. ويُمثل أنس على ذلك بشعر بدر شاكر السياب، الذي يرى فيه زمنين: زمناً يستخدم السياب فيه الإشارة الأسطورية بإقحامها على السياق الشعري، ولا تخسر القصيدة شيئاً إذا أسقطت منها هذه الإشارات. ويضرب لـذلك مـثلاً قصيدة السياب "شباك وفيقة" من ديوان "المعبد الغريق". يقول السياب[3]:

شــــباك وفيقــــة في القريــــة

(1) انظر: أنس داود: الأسطورة في الشعر العربي الحديث، دار المعارف، القاهرة، ط (3)، 1992م، ص 230-232.

(2) المرجع السابق، ص: 234.

(3) بدر شاكر السياب: الديوان، مج (1)، ص 117.

نشـــوان يطـــل عـــلى الســـاحة
(كجليـــل تنتظـــر المشـــية
ويســـوع) وينشرـــ ألواحـــه-
إيكـــار يُمسّـــح بالشـــمس
ريشـــات النسرـــ وينطلـــق
إيكـــار تلقفـــه الأفـــق
ورمـــاه إلى اللجـــج الـــرّمس-..

ويفترض أنس داود أن تشبيه الشاعر شباك وفيقة بالجليل، وانتظاره مشية (يسوع).. فيه اعتراض لا يتناسب مع المستوى الشعوري لذكره حبيبته التي أحبها في صباه، ثم ماتت! ثم يتابع أنس داود نقده للقصيدة بأنها تحوي إشارات أسطورية تبدو نافرة عن نسيجها الشعري. ويرى الباحث أن دراسة أنس داود للأسطورة دراسة قصّرت في دراسة الصورة الأسطورية. ولم يستفد أنس داود من معرفته للحكاية الأسطورية التي تُسلسل الصورة الأسطورية فيها كحكاية تنسج واقعية حب السياب وتزيد من عمق التجربة عنده، وليست الإشارة إلى (إيكار) تعد زيادة على قصة واقع حب السياب- كما اعتقد أنس داود-.

ويظن الباحث أن القصيدة لا تُدرس ضمن مدخل واحد، لكننا قد ندرس المدخل الرمزي مستفيدين من ربط الرمز بالرمز الآخر لتشكيل جسد الصورة، ومن ثم ننظر في المدخل الفكري للأسطورة فالقدرة على تشكيل الصورة الأسطورية فنياً. ويعتقد الباحث أنه ما من شك في أن الإشارات الأسطورية التي ترمز إلى (إيكار) و(ريشات النسر) و(اللجج الرمس)- تنتمي إلى مضمون صورته الأسطورية ذات العلاقة بـ (شباك وفيقة)، وذات العلاقة بالصورة التشبيهية بـ (الجليل ويسوع)؛ فكلاهما ينتظر ما فقده. أما (إيكار) فهو ابن ديدالوس، الذي طار قريباً من الشمس على الرغم من تحذير أبيه. وعندما ذاب الجناحان الشمعيان اللذان ثبتهما أبوه للهروب من سجن (زيوس)، سقط في البحر قرب (ديلوس)،

ولذلك سمّي البحر الإيكاري. وسقط (إيكار) إلى عالم الأموات[1]. ولننظر كيف استوحى السياب من جو هذه الأسطورة فكرة تشكيل صورته الأسطورية من خلال استخدامه للأحداث التي هي أفعال تؤسس مركز كل صورة جزئية، ومن ثم تتشكل من تلك الصور الجزئية صورة كلية لمعنى الموت عند الشاعر. وتلك الأفعال هي: يمسح، وينطبق، وتلقفه، ورماه. وإن جميع تلك الأفعال موجودة في الجملة المعترضة التي تعترض صورة الجليل ويسوع وصورة شباك وفيقة. والسياب الآن يستعير لنفسه صفة (إيكاريوس) رغبة للحاق بحبيبته؛ كأنه يريد أن يأخذ المصير نفسه الذي حل بإيكاريوس ويتمكن من اللحاق بحبيبته إلى اللجج الرمس، وباختياره لطريقة موت إيكاريوس يكون قد اختار موتاً مشرّفاً بطولياً، وربما نرى فيه تحدياً لسجن (زيوس) ونجاحاً في تخطي القلعة التي كان السجن بها، و نرى خلال التصوير الشعوري بنشوة البطولة. لقد أراد السياب وسيلة يخترق خلالها عالم الموت حيث تقبع حبيبته فاختار وسيلة موت إيكاريوس[2].

ويشير أنس داود إلى المرحلة التالية للسياب، ويرى أن السياب وفق في استخدامه للرموز الأسطورية، لا الإشارات الأسطورية، كما في استخدامه لرمز (تموز) ويُسمي المرحلة باسمه المرحلة التموزية للسياب. ولم يحلل أنس داود أية قصيدة تحليلاً يتناسب مع مضمون التحليل الأسطوري، لكنه اكتفى بالإشارة للمضمون بعامته دون أن يخص قصيدة بالتحليل، كما أنه لا يذكر شيئاً عن بناء القصيدة الأسطوري بالرمز أو بالنموذج الأسطوري المستخدم، لكنه درس مرحلة الشاعر من خلال رمزه الذي استخدمه، أو من خلال نموذجه، فسمى السياب بالتموزي، وسمى مرحلته بالمرحلة التموزية، وسمى المرحلة التي استخدم فيها صلاح عبد الصبور نموذج السندباد بالسندباد، ودرس شعر صلاح عبد الصبور خلال دراسته لاستخدامه نموذج السندباد في شعره. فكيف كان؟[3].

(1) ينظر في ترجمته لماكس شابيرو ورودا هندريكس: معجم الأساطير، ترجمة: حنا عبود، دار الكندي، ط (1)،1989م، ص 127.

(2) يمكن أن يُتابَع التحليل للقصيدة كاملة وفقاً لهذا التصور، لكن هذا ليس من عمل البحث هنا.

(3) انظر: أنس داود: الأسطورة في الشعر العربي الحديث، ص 237-247.

هكذا درس أنس داود السياب وصلاح عبد الصبور والبياتي، ورأى في نموذج السندباد عند صلاح عبد الصبور مرحلة تساوي رحلة الفنان ومغامرته في سبيل الإبداع الفني، وقسم أنس داود مراحل شعر صلاح عبد الصبور إلى ثلاث مراحل؛ مرحلة السندباد الأولى: والتي كان الإبداع فيها خلاصاً من الموت، ومن الإخفاق في الحب، ومن الحرمان من حرية المجتمع، ومرحلة السندباد الثانية: وتساوي حياة إنسان عصرنا الحديث بكل مغامراته وأمانيه، وفي هذه المرحلة ما عاد شيء من تجاربه في الحياة يثير إحساسه أو يغريه بالعودة للحياة، وبها ارتطم الشاعر بحواجز المجتمع التي لا تترك له أن يتجول حراً مفسحاً عن سماته الإنسانية المنفردة. أما سندباد صلاح عبد الصبور- كما يقول أنس داود- في مرحلته الثالثة فهو صورة من صور الرحيل، ويصوّر الشاعر في تلك الصورة السندبادية رغبته في المهاجرة وارتياد المجهول وحيازة كنوز الغيب، فيحاول الشاعر أن يشق طريقه عبر عالمه النفسي ويحاول أن يرحل في أغوار ذاته[1].

وينقد أنس داود خلال دراسته طرق استخدام الأسطورة في الشعر العربي الحر نماذج أسطورة عبد الوهاب البياتي، ولا يحاول أنس داود أن يحلل نصاً متكاملاً، لكنه يدرس طريقة الاستخدام، وتتضح له نماذج بعينها تكثر عند البياتي من خلال تكرار شخصيات الحلاج وأبي العلاء المعري وغيرهما.. وتتضح لأنس داود فلسفة البياتي لحاجته لمثل هذه الشخصيات، ويرى تلك الفلسفة هي: العثور على القناع الذي يعبر من خلاله عن المتناهي واللامتناهي من الصور والتعبيرات التي لا يمكنه التصريح بها أو المباشرة. ويحكم أنس داود على صور البياتي أنها تُجتلب من الذاكرة دون الحاجة لها؛ وأنها صور من الممكن الاستغناء عنها أو استبدالها بغيرها، وهذا يفقد القصيدة العضوية في البناء الفني. ولم يحلل أنس داود أسطورة واحدة، كما لم ينقد تشكيل صورة أسطورية واحدة يمكن أن نتبين خلالها الطريقة المثلى للتصوير الفني وتشكيل الأسطورة المستخدمة كما يريدها[2].

---

(1) انظر: أنس داود: الأسطورة في الشعر العربي الحديث، ص 251-261.

(2) المرجع السابق، ص 263-266.

-4-

ويرى محمد فتوح أحمد في دراسته عـن الرمـز في الشـعر العـربي المعـاصر، أن الأسـطورة في الاسـتخدام الشعري عند السياب مرت بمرحلتين هما: مرحلة كانت الأسطورة فيها تعبيراً عن واقع حضاري، ومرحلة كانت الأسطورة فيها تعبيراً عن ألم ذاتي ألهبه المرض الطويل والغربة والحرمان. ويرى محمد فتـوح أحمـد أنـه يمكـن رصد المرحلة الأولى في ديوانه- السياب- "أنشودة المطر"[1]، كما يمكـن رصـد المرحلـة الثانيـة عنـد السـياب في ديوانيه "المعبد الغريق" و"منزل الأقنان"، وفي الديوانين تتحول الأسطورة من هيكل محدد القسمات إلى أصداء مبهمة تشق عنها القصيدة، ولا تبوح بها صراحة[2].

وبنظرة محمد فتوح أحمد الناقدة لأسطورة السياب يرى أنها بدأت من (تموز) البابلي التي تحكي قصته قصة الإله الذي اقتدر على البعث بالتضحية من أجل الحياة، إضافة إلى المعنى الإيجابي بانتصار الحياة بالبذل. وإن انبعاث الإله الصريح (تموز) رهين باستشهاده. ومن ثـم فـإن انتصـار الإنسـان الحـديث عـلى قـوى الشر- والتخلف لا يتم إلا بالطريقة ذاتها حين يصبح الإنسان قادراً على العطاء والتضحية، وكما توسل الإنسان البدائي إلى السيطرة على الطبيعة بما يقدمه من قرابين، وما يقوم به من شعائر، ها هو الإنسـان الحـديث يتوسـل إلى السيطرة على مصيره وأقداره بالشهادة، وتلك الدلالة، الرمزية التـي اسـتنبطها السـياب مـن أسـاطيره، في مثـل قوله:

عشـــتار .. وتخفـــق أثوابـــاً
وتـــرف حيـــالي أعشـــاب
مـــن نعـــل يخفـــق كـــالبرق
كـــالبرق الخلـــب ينســـاب
لـــو يـــومض في عرقـــي

---

(1) بدر شاكر السياب، الديوان، مج(1)، ص 317-563.

(2) انظر: محمد فتوح أحمد: الرمز والرمزية في الشعر العربي المعاصر، دار المعارف، مصر، ط(2)، 1978م، ص 290-292.

نــــور فيضيـــــء لي الـــــدنيا
لــــــــو أنهــــــــض!
لــــــــو أحيـــــــا!
لــــــــو أسْــــــقى!
آه لـــــــو أُســـــقى..

ويرى فتوح أن السياب كان موفقاً في استخدامه لأسطورة (تموز)، وما تدل عليه من البعث والعذاب، وقد تصرف السياب في توظيفها تصرفاً فنياً حسناً، واتخذ منها منهجاً لإدراك الواقع وتحليله قبل أن تكون مجرد وسيلة من وسائل الأداء الشعري. وهذا ما ميّز السياب عن معاصريه. وقد تميز السياب أيضاً بتعدد منابع أسطورته من بابلية وقومية تراثية وتراث عالمي، وهي في مجموعها تتفق مع فكرة الفداء والبعث التي رمى إليها الشاعر مع ما رمى في أسطورته الأولى، والتي تمثل مرحلة حياته الأولى ذات العلاقة بالموضوعية الحضارية، ويعني بذلك أسطورة تموز. ومما نقد به فتوح السياب في مرحلة استخدامه لأسطورة تموز ما قاله عن مقطعه السابق من أن الشاعر كان يعاني ما يعانيه (تموز) في ظلمة قبره الموحش، وأصبحت عشتار تصحب الشاعر في رحلة البعث، ولو اقتصر الشاعر، على بعث أسطورة (تموز) و(عشتار) بالطريقة التقليدية لاكتفى بالاستعارة، وحذف المشبه وأبقى المشبه به، ولكنه لجأ إلى تحطيم الإطار المعروف بالأسطورة الاستعارية بما يتواءم مع محتواها الجديد الذي ينقلها من مكانها في حكاية الأسطورة، إلى مكانها الجديد الذي معه يموت برق البعث المنشود. ويَلمح فتوح أنه رغم منافاة شكل أسطورة السياب لهيكلها الحقيقي إلاّ أن القارئ يمكنه أن يربط بين تضحية (تموز) في الأسطورة، وتضحية الشاعر، ويتابع فتوح قائلاً: ولكن الشاعر لم يُبعث كما بُعث (تموز) كما أنه لم ينتصر، كما انتصر (تموز)، على قوى الشر التي تستبد بوطنه، ولما كان الأمر كذلك أدرك الشاعر منهجاً في توظيف الأسطورة أن لابد من نور الحياة رغم القوى الظالمة وستولد (جيكور) من جرحه[1].

---

(1) انظر: محمد فتوح أحمد: الرمز والرمزية في الشعر العربي المعاصر، ص 292-293.

ومن الأساطير التي وفق السياب في استخدامها- كما يرى فتوح- أسطورة (الفينيق) الذي يُسمى (البعل)، وقد استخدم السياب أسطورة (الفينيق) بالذي استخدمه في أسطورة (تموز)، وقد تصرّف في استخدامه لأسطورة (تموز) فرأى أن يستخدم مقابلاً لها عند سكان آسيا الصغرى أسطورة (آتيس) في قصيدته "رؤيا"[1]، وتتسع مصادر السياب التي يستقي منها أساطيره وتتنوع استخداماته للأسطورة وفقاً للمعنى الذي يقدمه، وتظهر في ديوان السياب "أنشودة المطر" أساطير عديدة مثل (أدونيس) و(سيزيف) و(غنيميد) و(سربروس) و(أوديب) و(جوكست) و(أفروديت) و(أبولو) و(نرسيس) و(ميدوز).. وترد عند الشاعر أساطير صينية في قصيدته (من رؤيا فوكاي)[2].

ويؤصل محمد فتوح أحمد بعض الرموز التي استقاها السياب من التاريخ العربي، أو التراث الشعبي والقومي والديني إلى مرتبة الرموز الأسطورية؛ ذلك أنها تؤدي وظيفة الأسطورة، وإن اختلفت عنها في أنها غالباً ما تكون من الحقائق الدينية أو التاريخية المسلمة بها، في حين تبدو الأسطورة خرافية على وجه اليقين، وتلك دراسة فتوح لمضامين الأسطورة من حيث كونها تحكي قصص الآلهة وبطولات أشخاص خوارق خرقوا بعض نواميس الكون.. إلى آخر ما يمكن أن يُستدل به خرافة الأسطورة[3]. ويرى الباحث أن لا ضرورة لمقارنة الرموز الدينية أو التاريخية بالرموز الأسطورية من زاوية الحقيقة أو الخرافة؛ فتلك قضية لا طائل منها، إذا ما أخذ الناقد بمسؤولية تحليل الصورة الأسطورية. والرمز الأسطوري يبقى رمزاً مهماً استقي من مصدره، ويكبر مع صورته التي تضعه في مركز دائرتها وتنسج حوله القصص والحكايا.

ومن الرموز التاريخية أو الدينية التي تصل إلى حد الرموز الأسطورية، كما يقول فتوح، يستخدم السياب رموز: (قابيل) و(هابيل) و(الحلاج) و(العجل الذهبي) و(أبرهة) و(ذي قار) و(البسوس) و(الرشيد) و(المعراج). ويرى فتوح أن السياب ربما استعمل تلك الرموز

(1) بدر شاكر السياب: الديوان، مج (1)، ص 429.

(2) المرجع السابق، ص 355، وانظر: محمد فتوح أحمد: الرمز والرمزية في الشعر العربي المعاصر، ص 294.

(3) انظر: محمد فتوح أحمد: الرمز والرمزية في الشعر العربي المعاصر، ص 294.

بلا ضرورة فنية أحياناً؛ ليوحي- فقط- بتواصل الثقافات ووحدة التراث العالمي. ولم يعط فتوح مثلاً تحليلياً لنص من السياب فيه رموز لا ضرورة فنية لها، بل واصل حديثه بربطه بين تلك الحشود- على حد تعبيره- من الرموز ذات المصادر التراثية، والتي لا ضرورة فنية لها، وبين استغلال السياب للرموز الأسطورية ذات المصادر العالمية الأخرى وحشدها في القصيدة، أحياناً، ولا غنى لها من الناحية الفنية؛ لأن الشاعر يعلم بانغلاق الرمز الذي يستخدمه، فيذيّل قصيدته بشروح وهوامش تفض مغاليق رموزه، وتفسر معمياتها، ويدعو فتوح ذلك مهارة عقلية يستغلها الشاعر؛ باستعارته الرمز من بيئة غير بيئته، لا يعرفها القارئ، ولا توحي له بـذكريات وإشعاعات سابقة. وذاك هو الفرق بين تلك الرموز والرموز ذات المصادر التراثية التي يبقى لها في ذهن القارئ ذكريات وإشعاعات سابقة، يمكنها أن توحي له بالكثير. ويبقى الرمز الأسطوري، واستخدامه مسؤولية الشاعر العربي المعاصر، وللشاعر- فقط- أن يعرف مقياسه ومعياريته؛ ليكون دقيقاً في توظيفه وما يوحي بـه، خاصة إذا ارتبط بالأسطورة[1].

وينطلق فتوح من تصوّر ربط الرمز بالأسطورة من أن وظيفة الأسطورة ليست تفسيراً للرؤيا الشعرية تفسيراً مجازياً بسيطاً حتى تكون مجرد تشبيه حذف أحد طرفيه، بل إن وظيفتها بنائية، وهي بتلك الوظيفـة البنائية تعمل على توحيد العصور والأماكن والثقافات المختلفة، ومزجها بعصرنا وأجوائه وثقافاته، وإذا ما أدت الأسطورة وظيفتها العضوية في القصيدة فإنها تؤديها مـن خـلال الصـورة الفنيـة التي تحويها تلك الأسطورة[2].

ويصل محمد فتوح أحمد إلى المرحلة الأخرى مـن مراحل استخدام توظيف أسطورة السياب، وهي المرحلة الثانية والأخيرة، وتصوّر فتوح أن استخدام السياب للأسطورة اتجه إلى المرحلـة الموضوعية الحضارية أولاً فجاء استخدامه لتموز وغيره. أما المرحلة الثانية فهي مرحلة التجربة الذاتية، وفيها يرى فتوح أن السياب قد يبدع أسطورته الذاتية، خاصة إذا عاش تجربة قاسية، تجنح إلى التألم الذاتي والشكوى المباشرة، مـع عـدم خلو جنوحه ذاك من

(1) انظر: محمد فتوح أحمد: الرمز والرمزية في الشعر العربي المعاصر، ص 295-296.
(2) المرجع السابق، ص 297.

أصداء أسطورية، تجمع بين الذات وما ورثه الشاعر من رمز. وتختلف أسطورة الـذات السيابية بـدلالاتها ووظيفتها عن أسطورة الرموز الموضوعية، بأنها رمز مبتدع يرتبط بتجربة الشاعر مـن مـرض وغربة وحرمـان. وإذا كان السياب يردد مجموعة أساطير في مرحلته ذات التجربة الموضوعية الحضارية، كتموز وعشتار وآتيس وأدونيس مثلاً، فإنه يردد أساطير أخرى في مرحلته ذات التجربة الذاتية مثل: السندباد وأيوب..[1].

ويرى فتوح في الأسطورة والتجربة الشعرية، أن الأسطورة بتطوّر استخدام الشاعر العربي المعاصر لها قد استوعبت عمله، واستطاع الشاعر أن يجعلها جزءاً من بناء قصيدته؛ ليمكنها أن تؤدي غرضاً مهماً عنـده، هـو تلخيص تجربته ونفي الجزئيات المحيطة بها وتفصيلاتها الثانوية. ويضرب فتوح لنجـاح السياب في تطور استخدامه في قصيدته "المعبد الغريق"، دون أن يقدم تحليلاً متكاملاً يزيد عما قيل عنها سابقاً[2].

-5-

وممن انصرف إلى نقد توظيف الشعر العربي الحديث للأسطورة، كرؤيا فنية رمزيـة، إبراهيم رمـاني، في دراسته للغموض في الشعر العربي الحديث. وقد درس الرماني توظيف الشعر العربي الحديـث للأسطورة كـأثر من آثار الشعر العربي الحديث فيه، ثم كرؤيا فنية رمزية يثري بها الشعراء بناء نصوص شعرهم. ويرى الرماني أن تجربة الشاعر الحديث تمتد عبر الزمان والمكان، وتصل التراث المحلي بالتراث الإنسـاني، وأنهـا تـوفر الموضوعية الفنية بكل ما في الفن من كثافة وغموض ودلالة، وتؤكد تجربة الشاعر الحديث رغبـة حداثتـه في العودة إلى الحياة البريئة البدائية، باعتبارها وجهاً آخر لحياة يحلم بها مستقبلاً، وقـد يهـرب بحلمـه مـن آلام الواقع وآلام الحاضر معاً[3].

(1) انظر: محمد فتوح أحمد: الرمز والرمزية في الشعر العربي المعاصر، ص 298-300.
(2) المرجع السابق، ص 301.
(3) انظر: إبراهيم رماني: الغموض في الشعر العربي الحديث، رسالة ماجستير، جامعة الجزائر، الجزائر، 1987م، ص 313-314.

ودرس الرماني الأسطورة في الشعر العربي الحديث ووقف عند توظيف السياب لها، وافترض لهذا التوظيف نموذجين: الأول: اتخذ الشاعر فيه قالباً يمكن رد شخصياته وأحداثه ومواقفه إلى شخصيات وأحداث ومواقف معاصرة. والثاني: يهمل الشاعر فيه الشخصيات والدلالات التي توحي بها الأسطورة، ويكتفي الشاعر بدلالة الموقف الذي يتحدث عنه بغية الإيحاء بمواقف معاصرة مماثلة. وفي النموذج الأول تكون الوظيفة التي تقدمها الأسطورة للنص وظيفة تفسيرية استعارية. وفي النموذج الثاني يبني الشاعر أسطورته بناء رمزياً بنائياً، وقد يستمد نموذج بنائه للأسطورة من علم الأصوات الكلامية (الفونولوجيا). ويضرب الرماني مثلاً للنموذج الأول بقصيدة "سربوس في بابل"[(1)] ويرى الرماني، أن الأسطورة فيها تكاد لا تفارق دلالتها القديمة دلالتها الحديثة؛ فبابل رمز للعراق، وسربروس رمز للحاكم الطاغي، وعشتار رمز للحرية، وتموز رمز للشهيد. وإن تطور الصورة في القصيدة يقوم على وصف سربروس وسلوكه إزاء عشتار وتموز[(2)].

ويضرب الرماني للنموذج الثاني قصيدة السياب (إرم ذات العماد)[(3)]، ويرى فيها أن توظيف السياب لأسطورة (جنة إرم)[(4)]، فيها جاء كرمز لجنة الحداثة المفقودة من خلال تجربة بحث تلقائي قام بها صياد فقير، يعيش تجربة البؤس الإنسانية، يقول السياب[(5)]:

إرم ...
في خاطري من ذكرها ألم،
حلمُ صباي ضاع ..
آه ضاع حين تم
وعمري انقضى

---

(1) بدر شاكر السياب: الديوان، مج (1)، ص 482.

(2) انظر: إبراهيم رماني: الغموض في الشعر العربي الحديث، ص 314-316.

(3) بدر شاكر السياب: الديوان، مج (1)، ص 602.

(4) جنة إرم: بناها شداد بن عاد، ولا يراها الإنسان إلاّ مرة كل أربعين سنة، وقد أخفاها الله- سبحانه- فلا تفتح أبوابها إلاّ للسعداء، الديوان، ص 602

(5) بدر شاكر السياب: الديوان، مج (1)، ص 607.

فأسطورة السياب في نموذجه الثاني تلخص تجربته، وإن استخدام السياب للأسطورة بعد نموذجه الثاني قد تطور إلى توظيفه ما يتماثل مع رؤياه؛ بحيث تصبح القصيدة السيابية تتحرك في مدار أسطوري لا تحدده ولا تفصح عنه، مثل قصيدة "حامل الخرز الملون"[1]، التي تصور مغامرة الرحلة المؤلمة للشاعر: فهو، كمن يحصل على خرز ملون ويحمله في الضباب. وتلك صورة تعكس- دون تصريح- صورة أسطورة (أوليس/ السندباد)، يقول السياب[2]:

ماذا حملت لها سوى الخرز الملون والضباب؟
ما خضت في ظلمات بحر أو فتحت كوى الصخور
والريح ما خطفت قلوعك والسحاب

-6-

ونختم الحديث عن النقاد الذين درسوا الأسطورة دراسة رمزية بالحديث عن علي البطل، وقد أفرد كتاباً كاملاً للحديث عن الرمز الأسطوري، خاصاً تطبيقه التحليلي على شعر بدر شاكر السياب فقط. وقد استطرد في ثبت الأصول الأسطورية في شعر السياب بذكر مصادر رموزه الأسطورية وسرد قصة تلك الرموز؛ لظنه أن تلك القصص تغيب عن ذهن القارئ العربي، ومحاولة منه للتقريب بين القارئ العربي وشعر السياب المليء بالرموز الأسطورية، والتي هي سبب من أسباب غموض شعره عن فهم القارئ العربي الآن[3].

لقد بنى البطل تحليله لرموز السياب الأسطورية على أنها ترد في مجالين هما: مجال القضايا الاجتماعية، ومجال الشعر الذاتي. وأن الشاعر يتحول برمزيته عن المجال الاجتماعي إلى المجال الذاتي، وقد ينجح وقد يفشل[4]؛ وذلك وفقاً لتاريخ دخول الرمز الأسطوري شعر

(1) المرجع السابق، ص 246.
(2) المرجع السابق، الصفحة نفسها، وانظر: إبراهيم رماني: الغموض في الشعر العربي الحديث، ص 317.
(3) انظر: علي عبد المعطي البطل: الرمز الأسطوري في شعر بدر شاكر السياب، شركة الربيعان للنشر والتوزيع، الكويت، ط (1)، 1982م، ص 69، وما بعدها.
(4) المرجع السابق، ص 144، وص 170.

السياب، ويأتي نجاحه أو فشله- برأي البطل- تبعاً لمقاييس محددة شأن سائر الوسائل الفنية التي استحدثتها القصيدة الحديثة، والبطل بذاك يريد ضوابط يحتكم إليها في دراسته لرموز السياب[1]، منها: أن يكون للأسطورة دور عضوي في العمل الأدبي يثري بدلالته التجربة ويساير الشعور العام في القصيدة، وأن يهتم الناقد بالرمز نفسه باعتباره جزءاً من الشكل الفني لذلك العمل. وأن للأسطورة قيمتها التعبيرية التي يُراد منها استحضار روح الأسطورة المضمنة. وأن تصير الأسطورة فاعلة من داخل القصيدة بأن تتولد من خلالها المشاعر التي يهدف الشاعر إلى إثارتها. ولابد أن يوائم الشاعر بين الرمز والسياق الذي يضمنه له، ويتأتى ذلك بانتماء الرمز الأسطوري إلى موضعه الجديد انتماءه إلى الموقف الأسطوري القديم، وبصورة عضوية لا يمكن معها فصله عن العمل المتضمن له.وإن نجاح الشاعر تبع لفهمه العميق للأسطورة القديمة؛ ليملك دلالتها، وإن فشله ناتج عن إهماله لفهمه فعاد بالأسطورة إلى مستوى التضمين البديعي والتشبيهات[2].

ويُفصِّل البطل في تحليل رمز أسطورة عشتار رابطاً إياه مع مشكلة بعث الخصب[3]. كما يفصل في تحليل رمز أسطورة تموز رابطاً إياه بالمعاناة والخلاص[4]. ثم يفصّل تحليل رموز ارتبطت بصورة البحث عن معجزة[5]. ثم يدرس رموزاً ومدلولات أخرى[6]. وقد نرى البطل يفصّل في تحليل رموز قصيدة ما على حساب تبيان قدرة الشاعر على تشكيل صورة الشاعر الأسطورية، وهذا ديدنه في التحليل[7]، وهو يعتمد على كشف موطن الرمز، ثم نرى نتائجه النقدية تنصب على نجاح الأسطورة من جانبين: جانب نجاح استغلال الشاعر لرمزها استغلالاً صائباً. وجانب نجاح الرمز ذاته في تحقيق مرموزه. وقد تفشل

---

(1) انظر: علي البطل: الرمز الأسطوري في شعر بدر شاكر السياب، ص 120، وما قبلها.

(2) المرجع السابق، ص 120، وص 232.

(3) المرجع السابق، ص 122.

(4) المرجع السابق، ص 152.

(5) المرجع السابق، ص 179.

(6) المرجع السابق، ص 199.

(7) أقرب مثال على ذلك تحليله رموز قصيدة "مدينة السندباد"، ص 129.

الأسطورة في جانبين: الأول من استغلال الشاعر لرمزها، والثاني منها في تحقيق مرموزها. وقد ضرب البطل لنجاح السياب في استغلاله رمز (عشتار) الأسطوري[1] كما ضرب لفشل السياب في إقحام أسطورة (إيكار) على جو قصيدة "شباك وفيقة"، وقد سبق حديث الباحث عنها بأنها لم تقحم جو القصيدة، وإنما قراءة القصيدة من زاوية الرمز والمرموز لا تفي القصيدة في تصويرها حق النقد[2].

ومن جانب نجاح الرمز ذاته في تحقيق مرموزه، يمكن النظر في رمز (عشتار) الأسطوري في قصيدة السياب "مدينة بلا مطر"، وفي قصيدته "مدينة السندباد"، وفي قصيدة "سربروس في بابل" على سبيل المثال. ولقد كانت مشكلة بعث الخصوبة هي الصورة الكلية التي يركب الشاعر فكرتها من مختلف الصور الجزئية التي يقدمها. ويرى البطل أن الشاعر نجح في تصوير فشل (عشتار) في بعث الخصب؛ نتيجة لعجز عابديها عن تقديم التضحية المناسبة[3] وقد نجح الشاعر- كذلك- في تصوير نجاح (عشتار) في بعث الخصب؛ نتيجة لكثرة الضحايا المقدمة لها، وقد نشطت لممارسة مهامها في إعادة الخصب على ما تعانيه من مشاق[4]. وقد نرى، فشل (عشتار) في قصيدتي السياب "مدينة بلا مطر"، و"مدينة السندباد"، وقد نرى نجاحها في قصيدة السياب "سربروس في بابل"، وكلها قصائد قد مر الحديث عنها سابقاً، ولم يزد البطل على اختيار نماذج منتقاة، تفيد غرض دراسته التي عنونها بعشتار ومشكلة بعث الخصب. ولكن البطل حلل الرموز التي تنتمي لعشتار وفق رؤيتين: رؤيا ترتكز على حركة المجتمع العراقي نحو التحرر- من خلال رمز عشتار-، وقد كانت تضحيات الشيوعيين مثالاً لمساعدة عشتار في ممارسة مهمتها الإلهية لبعث الخصب. وإن زوال تلك التضحيات زوال لبعث الخصب. ورؤيا ترتكز على موقع السياب في حركة المجتمع تلك، ويرى البطل أن تلك الرؤيا هي التي بموجبها يطلق الشاعر

---

(1) انظر: علي البطل: الرمز الأسطوري في شعر بدر شاكر السياب، ص 124-127.

(2) المرجع السابق، ص: 229-231.

(3) المرجع السابق، ص 122-126.

(4) المرجع السابق، ص 132-134.

أحكامه على حركة مجتمعه بالنجاح أو الفشل؛ ويمكن أن نرى ذلك- برأي البطل- واضحاً إذا نظرنا إلى قصائد السياب التي كتبها قبل الثورة أو بعدها[1].

وكما نظر البطل برؤيتين فإنه ينظر إلى قصائد السياب بزمنين: زمن يرى الأحداث بمنظارها الوقتي ولا ينفذ إلى ما بعد ذاك الوقت. وزمن يرى الأحداث فيه بمنظارها المستقبلي. وفي الزمن الأول يُسقط الشاعر الفشل على القصائد التي تصوّر نضال المجتمع، ونجد صدى في تلك القصائد لهزيمته الشخصية أمام السلطة في الختام المظلم التي تنتهي به كل قصيدة[2]، وفي الزمن الثاني نرى الأمل في المستقبل، على الرغم من ثقل التضحية، حيث "يولد الضياء، من رحم ينز بالدماء"، ونجد الشاعر فرداً من مجتمعه، فلا أسوار بينه وبين مجتمعه[3].

وبعد، فالبطل يعطي لنفسه مفتاحاً لرمز (عشتار) يضعه في مركز الصورة الأسطورية، دون أن يهتم بتحليله معطيات الصورة من حدث تبدأ به ولغة تنظم خلالها الرؤيا.. لكنه يهتم بمعطيات الرمز الأسطوري الذي ينقله السياب؛ رغبة في فك الرمز على القارئ وتقريب النص للفهم. والبطل- إذ يختار رمز (عشتار)- يختار ما يتناسب مع طريقة بناء الرمز الأسطوري في قصيدة السياب، عند تصويره لرمز (عشتار)، ولا يقف الأمر هنا، فالبطل يرى عالماً كاملاً، يصنعه الشاعر، ويطلق أحكامه خلاله، فيعطي الأسطورة دلالتها لبعث الخصب، ودلالتها المعاكسة على بعث الخصب. فكيف إذا انتقل السياب وتحوّل برمز (عشتار) من المجال الاجتماعي إلى المجال الذاتي، نرى عشتار رمزاً عاطفياً، لا يكون له غير بعد واحد، فهو إما تشبيه لها بالجمال، أو استعارة كذلك. ويرى البطل أن حرف التشبيه يعوق دور الأسطورة ويحدد استخدامها ويضعف تأثيرها في المبنى الفني للقصيدة كما يقول السياب[4]:

---

(1) انظر:علي البطل: الرمز الأسطوري في شعر بدر شاكر السياب، ص 138-142.

(2) مثل قصيدة "مدينة السندباد".

(3) مثل قصيدة "سربروس في بابل".

(4) بدر شاكر السياب: الديوان، مج (1)، ص622- 623، وفي الديوان: والنخيل بطلعه عبق الهواء. وانظر: علي البطل: الرمز الأسطوري في شعر بدر شاكر السياب، ص 144-147.

تـــــأتين أنـــــــت إلى العـــــــــراق؟
أمـــــــد مـــــــن قلبـــــــي طريقـــــــه
فامشيـــ عليـــه، كأنمـــا هبطـــت عليـــه مـــن الســـماء
عشـــتار فـــانفجر الربيـــع لهـــا وبرعمـــت الغصـــون:
تـــوت ودفـــلى، والنخيـــل بطلعـــه عبـــق الهـــواء،
وهـــــــــو الأصـــــــــيل..

ولا يرى البطل أن الشاعر يمكنه أن يخلق رمزاً أسطورياً، بعد أن ينقله من مجتمعه، مخالفاً أستاذه عـز الدين إسماعيل في ذلك، كما يرى أن الرمز يُدرس بمستوياته التي استعمل لأجلها، لا بما يضفي الشاعر عليه من طابع شعري بعد استخدامه، لأن الرمز- وإن كان أداة لنقل مشاعر الشاعر وتحديد أبعاده النفسية- يستعمل بوصفه موضوعاً يشير إلى موضوع، ولا يعني ذاك أن يرتبط الرمز بدلالة موقف يتحدث عنه. ويضرب البطل لذلك تصوير السياب لرمز (جميلة) وقد قرنها الشاعر بـ (عشتار)، بل جعل عطاءها أكبر أثراً منها، ولكنه لم يستطع أن يجعل منها شخصية أسطورية، بل لم يرد أن يجعل منها صفة أسطورية، وكذا الحال مع الشخصية التي لازمت (عشتار) في شعر السياب، ولكنه لم ينجح في خلعها من صفتها الشخصية الطبيعية التي تمثل الرمز العادي، ولم ينجح في منحها طابع الرمز الأسطوري[1].

ثانياً: المدخل الفكري

صنّف بعض النقاد الرموز الأسطورية المستخدمة تصنيفاً فكرياً خاصاً، وراحوا- بناءً على هذا التصنيف- يصنفون الشعراء أنفسهم، أو يصنفون شعرهم نسبة للرمز الذي استخدموه. فالقصيدة أحياناً "سيزيفية"، وأحياناً "بروميثية"، وهل يصح للنقد أن يلتمس لنفسه أدوات ووسائل فكرية محددة، يتخذ منها الناقد أسساً للنظر في الشعر وتصنيفه؟،

(1) علي البطل: الرمز الأسطوري في شعر بدر شاكر السياب، ص 214-217. والشخصية هي (حفصة).

وهل يقبل الشعر نفسه هذا المنهج؟ وهل يعترف الشعر بالقوالب الفكرية المحددة؟، كما هل يحق أن نصف شاعراً بأنه "سيزيفي"- مثلاً- ونكون بذلك قد فرغنا من دراسته- مثلاً- ومن دراسة شعره؟[1]. كل هذه الأسئلة ستكون في بال الباحث وهو يعرض لنقاد الأسطورة وأصحابها من الشعراء العرب الحديثين نقداً فكرياً.

-1-

ومن أوائل النقاد الذين درسوا الأسطورة وفق مدخلها الفكري أسعد رزوق، الذي افترض اسم (التموزيين) لمجموعة شعراء استخدموا (تموز) في شعرهم. وسيقف الباحث عند (أدونيس الشاعر) منهم؛ لأن النزعة التموزية في شعره قد بدت في زمن مبكر- كما يقول رزوق- حينما تقمص شخصه معنى الديمومة التموزية بإطلاقه اسم (أدونيس) على نفسه[2]. فأدونيس استلهم الأسطورة التموزية، وعاشها كإنسان لاقى المصير التموزي في حياته وموته؛ فالشاعر يتكلم عن أرض هي (أم الأشياء كلها)، ثم يتابع أن لا حقل حوله نضير، ولا تلة زاهرة.. وهذا لسان الشاعر وهو يخاطب لسان الأرض الظمئة لحياة جديدة، وهي- الأرض- تتوق لميلاد جديد، وهذا ما يدعو أدونيس، إلى تصوّر منقذ بطل، ويتصوّره على شاكلة شخصه تصويراً تموزياً فيه كل بواكير الحياة والغد الأحلى[3].

ويتابع رزوق ناقداً موقف البطل التموزي فيقول: وإن انتصار البطل على الموت ليس انتصاراً مستحيلاً؛ لأن تموز الأسطورة هو المنقذ الذي استجاب لنداء الأرض، واستشهد لكرامة شعبه، حتى يبقى حياً في النفوس "منمنماً وضّاء.."[4]. ويرى رزوق أن موقف البطل التموزي يتجلى بوقفته أمام جلاديه، ويصف هذه الوقفة بأنها مولد للأساطير- على حد وصف أدونيس لها- التي ملأت الكون بالاخضرار، بل إننا لا نجد الأسطورة التموزية إلاّ بعثاً للشهادة التي هي طريق الحياة؛ لأن الموت فيه بعث للحياة خلالها[5].

---

(1) ينظر: عز الدين اسماعيل، الشعر العربي المعاصر، ص 205-207.

(2) انظر: أسعد رزوق: الأسطورة في الشعر الحديث، منشورات مجلة الآفاق، بيروت، 1959م، ص 57-58.

(3) المرجع السابق، ص 59-61.

(4) المرجع السابق، ص 63-67.

(5) المرجع السابق، ص 70.

ويرى رزوق أن أدونيس يجعل من موت تموز الأسطوري وبعثه دلالة على جدب الأرض- الطبيعة- وخصبها، وقد عد الشاعر موت البطل المنقذ دلالة على عودة الخصب إلى الأرض التي روّاها بدمه الزكي، وذلك تيار فكري يشير إلى مضمون أسطورة تموز[1]، لكن تموز ما زال البطل الذي استشهد لكي يحيا شعبه فهو "معجزة تأتي مع الشفق، نعيش فيها، نغني، ننتشي ألماً.." والمطلوب هو "فجر الحياة، وفجر البعث، والقدر.." الجديد. وذاك هو تموز، المنقذ الذي حقق تكاملاً بين البطولة والتضحية في الاستشهاد[2]. فصورة أدونيس التي تعكس تجربة شعب يتطلع إلى من يحكم أسساً باتت لا تعني شيئاً في الغد المشرق، بل إن الأسطورة التموزية قد تستعين بالرمز التموزي لتصوير معامل أرض خراب يمكن للبطل التموزي أن يحل أزمتها. ويرى رزق أن أدونيس قد يستعين برمز (الفينيق) كرمز لأسطورة موته الذي يضمّن مغزى لإيصال تجاربه ومواقفه تجاه مشكلات يواجهها. وإن فينيق- كما يتصوره رزوق- في الموت، يتساوى مع تموز؛ فهو يتجدد بعد أن يترمّد، ويتفتح، بعد ذلك، به الربيع الخصب حين يحضن اللهب. ويمكن عد أسطورته ورمزه في موازاة الرمز التموزي من حيث القالب والشكل، لكن رمزه يضمّن تجربة فكرية للغربة: غربة الفن، وغربة البطولة، وغربة الشاعر، كما هي صورة الفينيق الغريب[3].

ويختم رزوق حديثة عن (تموز) أدونيس أنه وهو يمثل تجربة الغربة، فإنه يمثل تجربة الحرية؛ وتلك موجودة في صور أدونيس للقلق وتجربة الرغبة في التجدد. وإن تموز في ذلك هو الفينيق الذي كان في اختياره للموت طوعاً رمز إلى موقف الإنسان من الكون، وفي تصوير أدونيس للفينيق يمرّ بنفق النار قبل بلوغه الخلود، وتعاليه على الزمان والمكان، دلالة على نوع من التضحية، وهو بذلك يتشابه مجاورة مع صورة تموز[4].

ويبدو أن أدونيس يوحد نفسه مع الفينيق؛ فكلاهما يشعر بالغربة ويعاني تجربتها.لكن غربة الفينيق أشد ولعاً بالموت؛ إنها تفوق غربة الشاعر، وتلتقي معها في إدراكهما السر في

(1) انظر: أسعد رزوق: الأسطورة في الشعر الحديث، ص 72-75.

(2) المرجع السابق، ص 77.

(3) المرجع السابق، ص 78-80.

(4) المرجع السابق، ص 81-82.

الاحتراق والتجدد من أجل الغد الأفضل، وها هو العالم "يحترق.. كي يصير.. مثل اسمه"، وكأنه الأمل في انبعاث جديد يدعو إلى الاقتداء بأفعال العظماء. ويترك الشاعر لنا مساحة فكرية تنتصر على نفوسنا في اعترافها بحتمية فرض الكون على الإنسان ليحقق الإنسان ما يريد في هذا الكون[1].

-2-

وممن درس الأسطورة وفق مدخلها الفكري إحسان عباس، الذي عالج موضوع بروميثية البياتي[2] بشكل يوحي بقوة الإنسان الذي يهتز لمآسي أبناء شعبه.ورأى إحسان عباس أن البياتي، كغيره من الشعراء، قد ينقاد إلى غمز الشهرة باستعماله أسطورة تحوّل صلته بالرومانسية إلى تعبير عن عواطف عدد أكبر من الناس، ومما رآه عباس في تصويره: صورة أحلام الموت والمقبرة والصمت وتابوت الليل واليد الباردة.. وكلها صور جزئية تنسجم مع الصورة الكلية الباعثة على التشاؤم والخوف[3].

ويرى عباس أن الشاعر البياتي قد احتاج، وفقاً لحاجته التعبير عن عواطف عدد أكبر من الناس، إلى شخصية (بروميثيوس) الذي سرق النار من عربة الشمس، وقدّمها للإنسان بعد أن قرر (زيوس)- رب الأرباب- حرمانه منها، وقد كانت الإنسانية مدينة له بكثير من العلوم، كتعليمه البشر الزراعة مثلاً.. وغضب (زيوس) عليه لموقفه، فربطه إلى صخرة في قفر، ولم تهن قوة (بروميثيوس)، وأبى الإذلال. وقد صوّر (بروميثيوس) بطلاً في سبيل الإنسانية، وصوّر ضحية في سبيل الإنسان. ويرى عباس أن البياتي لا لقاء له ببروميثيوس؛ فلقاؤه معه فاتر، فقد رسم له صورة مشابهة من المشردين، وتوصل الشاعر- نهاية- أن لا خير للإنسانية جنته فيما صنعه بروميثيوس، فلم تزل صورة المشردين موجودة، وما زال للسجون وجود وللملاجئ تاريخ تعانيه الإنسانية- كما يصوّر البياتي-، ويتابع عباس ناقداً

---

(1) انظر: أسعد رزوق، الأسطورة في الشعر الحديث، ص 82-83.

(2) نسبة إلى أسطورة بروميثيوس/ سارق النار.

(3) ورد هذا النقد في مقال إحسان عباس الذي جاء مع مجموعة مقالات له جمعتها وداد القاضي في كتاب: من الذي سرق النار (خطوات في النقد والأدب)، المؤسسة العربية للدراسات والنشر ط (1)، 1980م، ص 108-110، وسيشار للهامش باسم وداد القاضي لاحقاً.

تصوير (بروميثيوس) البياتي، بأنه تصوير عذاب المشردين و يعني أنهم في كل يوم ينتظرون (بروميثيوس)، وقد عاد (بروميثيوس) المخلص مخذولاً؛ لأن عصر التضحية قد مضى، ويصوّر البياتي ذلك بأن (بروميثيوس) قد ترك لأولئك المشردين أكفانهم؛ وعدها أنفع لهم من النار[1].

وهكذا بلغ (بروميثيوس) حد البكاء- عند عبد الوهاب البياتي-، وضاعت جهوده، وأخفقت تضحيته، واختار البياتي له صورة معاكسة لواقع أسطورته؛ فلم يثر ويحطم القيود، وآمن بالإخفاق: كناية عن إخفاق الإنسان المعاصر[2]، وهذا الإخفاق هو نفسه الذي ربط البياتي بينه وبين فلاح الإنسان المعاصر، وقد شَقِيَ وهو يزرع البذور ويرويها بدمائه، لتكون طعاماً للعصافير. وقد اختار البياتي للفلاح الشقي أسطورة مشابهة له في الحكم والقضاء، هي أسطورة (سيزيف)، وافترضها عنواناً للطريق الطويل الشاق، الذي ينتهي بالفلاح- بعد طول عناء- إلى القبر، وهذا الإحساس الضيّق، مع الفلاح، يتسع، مع الإنسان، ليعني إحساسه بالألم من ثورته التي لا يجني ما تأمله منها. ويرى عباس أن البياتي كان يصوّر (سيزيفه) عامل حقول غالباً[3].

ولعل إحسان عباس يريد أن يقول: إن لكل شاعر قناعه الذي تختبئ شخصيته خلفه، ليقول الشاعر خلال قناعه ما يريد أن يقول، دون رقيب. ولعله- كما يظن الباحث- قد خلص إلى فتور رسم البياتي لصورته الأسطورية، وهو لم يدرس له تشكيل صورته، إنما أعاد الأسطورة إلى شخص شاعرها، دون النظر إلى لغة الشاعر في طريقة تشكيل صورته. ولعل ما توصل إليه عباس يدعو الباحث للتركيز على طريقة عرض الصورة الأسطورية في النقد، دون الحاجة للنظر في إيمان الشاعر، أو عدم إيمانه بفلسفة دون أخرى، والكل يحلم، ويتمنى أن يصير حلمه حقيقة، ويظن الباحث أن النجاح والإخفاق يكمن في طريقة تصوير هذا الحلم، وفي طريقة الاختيار الأنجح للحدث المنقول من حكاية الأسطورة وتثبيته في الصورة.

(1) انظر: وداد القاضي، من الذي سرق النار، ص 111.

(2) المرجع السابق، ص 112-113.

(3) المرجع السابق، ص 114-115.

ولم يجد إحسان عباس أحداً يستخدم المرايا الأسطورية[1] كما يستخدمها أدونيس؛ وتصبح (نيويورك) مرآة مكان أسطوري، تعكس ما يتصوره أدونيس عن ذلك المكان بأسطوريته التي يتخيلها، كما يصبح مهيار الدمشقي قناعاً أسطورياً يمكن الحديث خلاله عما يختلج في نفس أدونيس، وليس الأمر عند هذا الحد، والنقد لعباس، فالمرايا الأسطورية تتعدد مصادرها من تاريخية، أو أشياء لا زمان لها أو مكان، أو مجرّدات[2] ولم يعط عباس مثالاً تحليلاً واحداً على تلك المرايا المستخدمة تحليلاً صورياً فنياً يرتبط بالأسطورة، وإذا وجد الباحث نفسه أمام الأعمال الكاملة لأدونيس فإنه يستفيد من إشارة عباس إلى (نيويورك) ليعود إلى قصيدة "قبر من أجل نيويورك" ويرى فيها مرايا من مثل قوله[3]:

نيويـــــورك- ماديســـــون- بـــــارك افينيـــــو- هـــــارلم،
كســل يشـبه العمـل، عمـل يشـبه الكسـل، القلـوب محشـوة إسـفنجاً
والأيــدي منفوخــة قصــباً. ومــن أكــداء القــذارة وأقنعــة
الأمبايرســتيت، يعلــو التــاريخ روائــح تتــدلى صــفائح صــفائح:
لــــيس البصرـــــ أعمـــــى بــــل الـــــرأس،
لــــيس الكــــلام أجــــرد بــــل اللســــان.

وإذا كان إحسان عباس يرى في نقل مرايا أدونيس من جوّها العام إلى جو الشاعر الخاص، كرمز يعرفه الشاعر، ويريد تعريف قرّائه به، وبذاك تتحول الرموز إلى أساطير محكية- إذا كان الأمر كذلك، فقد يكون من المغالاة أن نعد (الإمبايرستيت): وهي ناطحة السحاب في نيويورك، أن نعدها أسطورة خلقها الشاعر، أو هي مرآة لأسطورة يقف خلفها الشاعر؛ فالامبايرستيت، لمن لا يعرفها لا تمثل أكثر من وقفة نحو شيء يصوّره الشاعر،

---

(1) المرايا: هي القناع بواقعية أشد، وحيادية أكثر؛ فهي لا تعكس إلاّ الأبعاد المتعينة على شكل صورة أمينة الأصل، ولكنها في الحقيقة تستطيع أن تكون بعيدة عن الموضوعية؛ لأنها في النهاية صورة ذاتية، من: إحسان عباس: اتجاهات الشعر المعاصر، ص 122.

(2) انظر: إحسان عباس: اتجاهات الشعر العربي المعاصر، دار الشروق، عمان، ط(2)، 1992م، ص122-124.

(3) أدونيس: الأعمال الشعرية الكاملة، دار العودة، بيروت، ط (5)، 1988م، مج (2)، ص 289 .

وعلى الناقد أن يرجع ذاك الاستخدام إلى موقعه من التصوير، وأن يكون التصوير الفني، وروعته، هو الحكم في رؤيا الناقد لما يشكله الشاعر من رؤيا الأسطورة.

ومن الشعراء الذين يدرسهم إحسان عباس منطلقاً من أسطورتهم، الشاعر بدر شاكر السياب، وقد أفرد له كتاباً مفصلاً: فيه حياته وشعره. ويرى عباس أن السياب سخّر رموزه فكرياً في نطاق شعري وسع من حدود حريته في استخدام الأسطورة، وقد اتكأ على المنطق الشعري وحده، لا على المنطق العقلي[1]، وبذا فقد رأى عباس أنه ليس من الضروري أن تقتصر الأسطورة على الاستعمال الذي يربطنا بها برابطة البيئة أو التاريخ أو الدين، بل يمكن الاستعانة بأية أسطورة مادامت تخدم الغاية الشعرية للشاعر[2].

ومن نقد عباس أن حياة السياب ما زالت هي الحكم على استعمال السياب لأسطورة دون أخرى، وقد عمّق النظر في أسطورة السياب لما تعكسه حياته عليها، وقد انتظم حديثه النقدي للفكرة التي يستوحيها الشاعر مما حوله؛ فأثر حياته الشخصية ظاهر في صوره الأسطورية، وأثر حياة مجتمعه ظاهر كذلك، على ما امتدت إليه يد السياب من الإشارات الأسطورية لعشتار وتموز وبنيلوب- مثلاً- وقد كشف عنها مشيرًا إلى طريقة رسم الشاعر لصورة كل منها الأسطورية. وقد ضرب عباس مثلاً لاختيار السياب أسطورة (تموز) لتصوير بعث التفاؤل بعودة الحياة إلى الأرض. وإذا أراد الشاعر أن يوحي بأسطورة (تموز) فإنه يصوّر نفسه ميتاً مع جيكور[3]، ويكون موته خلاصاً من حياة الظلم ولما يموت مع جيكور فإنه يوحد بين وطنه ونفسه معاً؛ لتبدو حياتهما معاً وموتهما معاً.

ويتابع عباس نقده لمضامين رموز السياب الأسطورية بإشارته إلى كل ما يفيده في استتباع الأسطورة، دون إشارة إلى تحليل متكامل لنص كامل المضامين، فيقول: وليس السر في موت الشاعر ووطنه نابع من ألم الحياة القاسية، وإنما السر في عجز (عشتار) عن تكفل

(1) انظر: إحسان عباس: بدر شاكر السياب (دراسة في حياته وشعره)، دار الثقافة، بيروت، ط (5)، 1983م، ص 303-304.

(2) المرجع السابق، ص 305.

(3) المرجع السابق، ص 24-28.

البعث المرتقب من (تموز). و(عشتار) هي الحبيبة الأم. ولما آمن الشاعر بفكرة البعث أصبح يحسّه بالتفاؤل. ومن القصائد التي يمكن دراستها ضمن فكرة البعث قصيدة "تموز جيكور"[1]، وفيها يختار الشاعر العدم وينكر البعث كله. وقد رمزت جيكور في قصيدته إلى ما يحبه على الأرض. وقد ساعدته العودة إلى مرموزه جيكور للعودة إلى الطفولة، والمضي في الكفاح ثم الموت من أجل البعث. وجيكور بمرموزها ذاك هي: الأم، وهي الزوجة، وهي كل قيم روحية يؤمن بها الشاعر[2].

ويرى عباس أن ربط الشاعر بأسطورة (عشتار) يأتي في تصويره لمناداة ابنه غيلان له ومقابلة ذلك بإفاضة (عشتار) الثمار على العراق، وإن كلمة (بابا) التي نادى بها غيلان الشاعر تحمل معها (تموز) الذي عاد بكل سنبلة من جديد. كما يرى عباس أن صورة موت الشاعر في نهر (بويب) تحقق العودة إلى الأم، وهكذا تبدو صورة الموت أجمل؛ لأن الحياة امتدت بعده، والموت لا يذهب بالروح، وإنما يحوّلها إلى قوة سارية في جنبات الكون، وقد شبّه الشاعر روحه في نهر (بويب) بأسطورة (بعل)، وربما نجد الشاعر يرسم الصورة ومقابلها، فعشتار رمز الخصب تصبح رمزاً للعقم؛ لأن (بعل) غائب عنها، ولأن جيكور توازي صورة عشتار يصبح لا انتصار لجيكور إلاّ بعودة (بعلها) لها[3].

ويوافق إحسان عباس الرأي النقدي القائل بخلق الأسطورة؛ فجعل السياب يخلق أسطورته، ويستخلص العبرة من خلقه ذاك بالذي بناه السياب من أسطورة سمعها من خبر عارض عن بحيرة غرق فيها معبد بوذي بسبب زلزال بركاني حدث قبل ألف سنة، وكان في المعبد كنوز تحرسها التماسيح ووحش له عين حمراء واحدة.. ومن هذا الخيط نسج الشاعر قصيدته "المعبد الغريق": فصوّر شيخاً يعبّ الخمر، ويقص قصته، ووصل إلى معبد مليء بالكنوز، فوقه تمساح يحرس تلك الكنوز، ووحش له عين واحدة سماه (الأخطبوط)[4].

---

(1) بدر شاكر السياب، الديوان، مج (1)، ص 410.

(2) انظر: إحسان عباس: بدر شاكر السياب، ص 28-30.

(3) المرجع السابق، ص: 31، وإشارة غيلان ومناداته وردت في قصيدة "مرحى غيلان"، مج (1)، ص 324، و ورد اسم نهر (بويب)، في قصيدة "النهر والموت"، مج (1)، ص 453.

(4) انظر: إحسان عباس: بدر شاكر السياب، ص 72-74.

والتفت عباس إلى صورة (عوليس) وهو رحالة يجوب البلاد، أخذ الشاعر يقنعه بالذهاب إلى معبد (شيني)[1]؛ لأن العودة إلى الوطن لم تعد مجدية إذا شاب الابن، وأصبحت الزوجة عجوزاً. وفي الحوار بين (عوليس) والشاعر ألح في النداء على (عوليس) وأكد له أن شريعة القوة ما تزال مسيطرة، ويبدو، أن الشاعر لا يستطيع أن يترك مشكلة يطرحها دون حل؛ لذلك فإنه يقدم التفسير الختامي للمشكلة وسوف يرى حلمه القادم في زمانه القادم، وفي أهل وطنه، بعد ذبول زهرة عمره[2].

إن خلق الشاعر لأسطورته جاء هدفاً لتقديم الحلم الأسطوري الذي يعمق عُمقاً يسلب اليقظة التي تعجز عن تحقيق الحلم، والشاعر، كما يرى عباس، يعمق الأسى والضياع، ويطلب استخلاص العبرة مما يقصّ، وفي طريقة تصويره إيثار للوضوح دون اللجوء إلى تأويلات تزيد من تعقيد الصورة، وفي أغلب الصور كان مظهر الصورة الجزئية يغلب على مظهر الصورة المركبة. ومن القصائد التي توحي بخلق الأسطورة الخاصة بالسياب قصيدة "شناشيل ابنة الحلبي" وهي تُبنى من صورة أسطورية مركبة لا بساطة فيها كما يراها إحسان عباس، وربما كان بمقدرة السياب- لنجاحه في تينك القصيدتين- أن يجعل من كل قصة أسطورة[3].

-3-

ونقف مع أحمد كمال زكي، وهو من نقاد الأسطورة وفق مدخلها الفكري، الذي يرى خلاله أن تجربة (سيزيف) أو (بروميثيوس) أو (أوديب) من التجارب التي يمكن استغلالها في الشعر العربي، وقد تكفي الإشارة لأحدها عند شاعر عربي ليصوّر تجربة أرادها. ويرفض زكي الصورة التي تعجز قرينتها عن إلقاء الأضواء الكافية على الأسطورة كما في صورة أدونيس للدحرجة والإضاءة في سرير الإله القديم مع تصويره لهز الرياح بفعل

---

[1] اسم المعبد كما جاء في الخبر الذي سمعه الشاعر.
[2] انظر: إحسان عباس: بدر شاكر السياب، ص 76-78.
[3] القصيدة من ديوان الشاعر، مج (1)، ص: 597، وانظر: إحسان عباس: بدر شاكر السياب، ص 380-382.

كلماته وغنائه الذي يشبه الشرار.. وأحس زكي بقصور أدونيس عن إيصال صورته لتدل على (أورفيوس)، فضلاً عن عدم استقامة المدلول المباشر لها بحيث تكشف عن واقع نفسي معين. وليس أدل على فشل الشاعر، إذ يصوّر نفسه بالإله والساحر[1].

ويرى الباحث أن التعبير الذي استخدمه أحمد كمال زكي مشيراً إلى فشل أدونيس، إنما جاء من عجز القرائن في الصورة على أن توصل الصورة، بعد تحديد الشاعر لمركزها، ومعرفة الناقد لهذا المركز، الذي تدور حوله جميع أحداث- أفعال- الصورة، ليستطيع الناقد أن ينظر في تلك الدحرجة ويجد لها سبيلاً للإضاءة ثم يجعلها تهز الحياة وتغني، لنقتنع أن الحديث عن أورفيوس جاء تصويرياً جميلاً، وليس عجزاً وفوقية تنظر للجميع بالدونية في رسالة مباشرة عن كون الشاعر هو الموجود ومن سواه لا شيء.

ويشير أحمد كمال زكي إلى عالم أدونيس الشعري، ويصفه بأنه غابات من الأسرار ومهاوي السقوط[2]؛ ذلك أنه- أدونيس- يُغلّب الجنس الشهوي على بقية جوانب مضامين شعره، لحاجته أن يفرّغ انفعالاته بها. وإن الناقد يظل أمام غموض متفلسف، لا يمكن اكتشافه عنده، ويرى زكي أن عُسر فهم الشعر ناتج عن عسر- استخدام الشعراء للرموز الأسطورية وقد أرادوها مادة لأفكارهم المعاصرة. ويأتي نجاح الشاعر أو فشله تبعاً لقدرته على استخدام الصورة الأسطورية في مكانها الصحيح، وبالطريقة الصحيحة كذلك. وهنا تُستغل الصورة الأسطورية عند الشعراء في مضمون يُخضع الأسلوب إلى التعبير الدقيق[3]. ويصل زكي إلى قوله: إن فهم الأسطورة من جهة، وفهم الموقف المعاصر من جهة أخرى هما ما يكوّنان الكل الذي يعطي الإحساس بقبول تصوير الشاعر، أو عدم قبول تصويره، ولا علاقة للنقد بنوع الأسطورة المستخدمة، كما لا علاقة لتصوير الشاعر بنوع أسطورته؛ فالنقد يهتم برمز الأسطورة التي ينجح الشاعر بإقناعنا أنه صنعها بإحساسه وارتبط بها بشخصه، على ألاّ تفقد في ذاك جمال صورتها وجمال تصويرها[4].

---

(1) انظر: أحمد كمال زكي: دراسات في النقد الأدبي، دار الأندلس، ط (2)، 1980م، ص 179-180.

(2) المرجع السابق، ص 187.

(3) المرجع السابق، ص 185-186.

(4) المرجع السابق، ص 177-179.

-4-

ويعدّ محمد الصادق عفيفي الأسلوب الأسطوري من الأساليب التي اختلف النقاد في حسابات معاييرهم النقدية خلاله، ويدرس اختلاف النقد في دراسة روح الكاتب أو الشاعر وما فيها من إحساس، ويقول بأن من النقاد من يهتم بأثر روح التعبير الفني وما فيه من جمال في الصورة، وبأن منهم من يهتم بأثر روح الكلمة الخلاقة، وبأن منهم من يهتم بما يشيع في روح العصر من أساطير وتيارات فكرية، وهو الجانب الذي اهتم به عفيفي في دراسته[1].

ويرى عفيفي أن الشعر العربي استعمل أسطورة (سيزيف) بوجهين: وجه إيجابي، وآخر سلبي. أما الإيجابي ففيه لغة تكرار المحاولة وعدم اليأس وأما السلبي ففيه لغة الاستسلام للواقع. ويرى أن الشعراء الذين تأثروا بالأسطورة السيزيفية- نسبة إلى سيزيف- نظروا إلى جانبها السلبي أكثر من جانبها الإيجابي؛ بسبب المشكلات التي واجهتهم. كما يرى عفيفي أن استخدام الأسطورة وفق التيارات الفكرية المعدودة عند الشعراء العرب الحديثين يعد أثراً لمشكلات العصر، وهل كان استخدام الأسطورة بادرة حداثة، أم ردة فعل على مرض العصر وما أصاب الأدب من انهزامية؟ لقد عرف أدبنا العربي، شعراء أسرفوا في الأماني، وتعللوا بالأمور غير الواقعية، ثم خابت آمالهم بما عكسته أحداث واقعهم فكانت شكوى الشعر بالأسطورة[2].

إن شكوى الشعر- كما يراها عفيفي- إحساس غامض عُرف في تاريخ الآداب بمرض العصر؛ فالشاعر العربي يبكي بكاء أساس خيوطه من الواقع، ولا يريد عفيفي- كناقد- أن يتخطى الشاعر واقعه ويلهى بهواجس ذاته[3]؛ فالأمل يكبر عن القدرة التي يستطيعها الإنسان في أغلب الأحيان. وهكذا يرى الباحث أن سيطرة الشاعر العربي على حلمه وخياله لا تمنعه من التمتع بقدرته على أن يلعب باللفظة ويحكيها وفق قاموسه التعبيري

---

(1) انظر: محمد الصادق عفيفي: النقد التطبيقي والموازنات، الخانجي، مصر، 1978م، ص 99-103.

(2) المرجع السابق، ص 105-109.

(3) يضرب مثالاً لذلك بنازك الملائكة ونزار قباني.

الذي صنع من البيان سحراً. وإذا كانت الأماني كباراً كانت النفوس التي تحمل تلك الأماني كباراً أيضاً. ويعتقد الباحث أنه باللغة تنتقل الصورة من الماضي إلى الحاضر وترسم أفقاً لمستقبل مجهول، وإن استعمال الأسطورة المرتبطة مع حدث انهزام سياسي أو اجتماعي او اقتصادي مثلاً لا يتناسب مع استعمالها لذاتها، وإن كانت المناسبة تخلق جواً آخر للنص، تجعله يتفاعل مع ذهن القارئ، إلاّ أن الإنسانية العامة للمعاني المشتركة بين الجميع تبقى هي على قمة ما يهتم به النقد، كما قد ينقل أمل دنقل في قصيدة "لا تصالح"[1] شخوص وأحداث ومضامين القصة إلى حكاية تصلح أن تقال وتتصوّر في كل زمان.

-5-

وقد نحا علي الشرع المنحى الفكري نفسه في دراسة الأسطورة، وقد جاءت دراساته موزعة على كتبه، ومما جاء فيها دراساته لأسطورة السياب والبياتي وأدونيس، ونراه، كمن سبقه، يسمي الشاعر الذي يدرسه في إطار اتجاهات فكره، التي يحددها من العنوان مسبقاً؛ فهذا الفكر البروميثي- نسبة إلى بروميثيوس- وذاك أورفي- نسبة إلى أورفيوس وكأن الشعر أصبح قوالب تردد مقولات أسطورية، ويرى الباحث أن في هذا الطرح تضييقا على الشعر والإبداع، وأن الأصل في الإبداع التجاوز والخرق، ويقدّم الشرع بنى فكرية وشكلية لقصيدة أدونيس، التي أفرد لها كتاباً كاملاً. وقد ضرب من الأمثلة على استغلال أدونيس للموروث الفكري قصائد "مرآة لمعاوية"[2]، و"مرآة الحجاج"[3]، وكلتاهما تظهران الجانب الإنساني والحضاري[4].

ويرى الشرع أن أهم الأطر والبنى الفكرية التي استغلها أدونيس، هي البنى الأسطورية، وهي البنى التي جعلت شعره غامضاً ومعقداً. وكان على رأس البنى الأسطورية عند أدونيس استغلاله أسطورة الفينيق. وفيها دلالة التضحية. وإن قصائد

---

(1) أمل دنقل: الأعمال الشعرية، مكتبة مدبولي، مصر، 1995م، ص 393-408.

(2) أدونيس: الأعمال الشعرية الكاملة، مج (2)، ص 179.

(3) المرجع السابق، ص: 82.

(4) انظر: علي الشرع: بنية القصيدة القصيرة في شعر أدونيس، منشورات اتحاد الكتاب العرب، دمشق، 1987م، ص 67-68.

أدونيس القصار التي كتبها في مراحل شعره المتأخرة تـؤشر بغمـوض إلى مضـامين أسـطورة الفينيـق. ويـدرس الشرع نص أدونيس وفق خلفية أسطورية- كما يقول- تشكل القاعدة الأولى في مراحل تشكيل القصيدة، ومن القصائد التي أشار إليها "مرآة للسؤال"[(1)] التي قال عنها: إنّ صورها الغامضة تكوّن ألغـازاً لا يسـتطيع القـارئ فهمها إلاّ إذا كان مراعياً لما يدور تحـت الحركـة الفوقيـة للقصـيدة، وعـلى القـارئ أن يعـرف كيفيـة ملاحقـة الخيوط التي تشكل النسيج التحتـي للقصـيدة الكـامن وراء منظـور الشـاعر اللغـوي والتصـويري[(2)]. ولا يـرى الباحث في قصيدة "مرآة للسؤال" صورة أسطورية واحدة يحكي أدونيس من خلفها ما تسطره لغته؛ فالقصيدة بأسطرها القصيرة العشرة تشكل فخراً بالذات، والعودة بالذات تعود بنا إلى الشعوبية،وهي حديث عن الذات ينطلق من ثقب أسود ينظر الشاعر خلاله لما حوله، فتموت عنده الصورة، وتموت حركة اللغة بين يأس الشاعر و منظاره

ويبقى الأمل الوحيد للخلاص مرهونا بالشاعر ذاته، و قد لا تكفي الإشارة إلى "الغصـن المغطّـى بالنـار" و"حبراً.. من خطوات النار.." [(3)] لتدل القصيدة على خلفية (فينيق) الأسطورية، على مـا في اللغـة مـن مبـاشرة لفظية، مقصودة لذاتها، لا تحمل شعرية، ولا تحمل صورة جزئية تشكل مـع بـاقي الصـور صـورة كليـة يمكـن الاستمتاع بدلالاتها.

ويختار الشرع قصيدة "الحلم"[(4)]، ويحللها كمثل واضـح عـلى كيفيـة اتكـاء أدونـيس عـلى أسـطورة (الفينيق) مضموناً وشكلاً. يقول الشاعر[(5)]:

غبـت، اختفيـت؟ عرفـت أنـك سـائح

شرراً ولؤلـــؤة ومـــوج غوايـــة

تمضيـــ تعـــود مـــع الفصـــول

(1) أدونيس: الأعمال الكاملة، مج (2)، ص 174.

(2) انظر: علي الشرع: بنية القصيدة القصيرة في شعر أدونيس، ص 71.

(3) من السطر الأول والسابع والثامن من القصيدة المشار إليها.

(4) أدونيس: الأعمال الكاملة، مج (2)، ص 238.

(5) المرجع السابق، الصفحة نفسها.

ورأيـــت نـــارك في الحقـــول..

فأدونيس يضع أسطورة (الفينيق) في المخيلة التي تمكن القارئ من التعرف إلى هذا المخلوق الغريب، وهو يغيب ويختفي بعد انتهاء فصل جني الثمار؛ ليعود مرة أخرى وقد عاد معه المطر والربيع والتجدد.

وكان الشرع قد حاول دراسة الصورة وخصوصية اللغة الشعرية في الشعر العربي الحديث، ملتفتاً إلى التشكيل اللغوي والتخييلي الذي استمده الشاعر عبد الوهاب البياتي في قصيدته "القصيدة الإغريقية"[1]. ويبحث الشرع، وهذا ديدنه في نقده، عن مرجعية كوّن البياتي منها صورته، ويقول بأنه وجدها في قصص ألف ليلة وليلة.. في سياق رحلات السندباد.. ويصف وصفاً لقصة تبتعد كل البعد عن مضمون الصورة التي يحكيها البياتي بقوله[2]:

كانـت تسـتلقي بضـفائرها الذهبيــة

عاريــــة فـــوق رمـــال الشــاطئ

تـــبكي عنــد مغيـــب الـــنجم

حصـــان البحـــر الأســـطوري..

ويرى الباحث أن نقد الشرع ينطوي على تناقض، يتمثل في بحثه عن لغة الشعر العربي المعاصر، على السطح، ولكنه في الأعماق يصنف شعر من يدرسهم في خانات برومیثية، أو سيزيفية، أو أورفية، وهذا تناقض لعنوان عمله النقدي؛ إذ الأصل فيه البحث عن اللغة وإمكاناتها في التصوير والإبداع، كما يقع الشرع في نمطية الطروحات التي سبق إليها، في انتقائية واضحة للنص الشعري المدروس، والكلام النقدي حوله[3].

---

(1) انظر: عبد الوهاب البياتي: الأعمال الشعرية، المؤسسة العربية للدراسات و النشر، بيروت، 1995م،ج(2)، ص 375-378.

(2) انظر: علي الشرع: لغة الشعر العربي المعاصر في النقد العربي الحديث، جامعة اليرموك، منشورات عمادة البحث العلمي والدراسات العليا، إربد، 1991م، ص 73-74.

(3) انظر: علي الشرع: لغة الشعر العربي المعاصر في النقد العربي الحديث، ص 75.

ومن المرجعية يقيم الشرع حديثاً مطوّلاً عن بذور لوحات شعرية، يجعلها أسطورية الطابع، ويفتش لها عن منطق أسطوري تنطلق إليه، ويوزّع الحديث إلى منطلق بروميثي[1] وآخر أورفي[2]، ويجعل تلك المنطلقات أساساً لاكتشاف أصول البنى اللغوية، والتخييلية لأية فقرة شعرية يريد نقدها، دون أن ينظر في الصورة الجزئية أو الصورة الكلية لأي نص.

-6-

ونختم المدخل الفكري مع محمد صالح الشنطي في دراسته عن خصوصية الرؤيا والتشكيل في شعر محمود درويش، والتي يراها تتوارى خلف رموز الشاعر واستحضاره لأبعاد ما يحيطه من خلال كافة ما يراه ممكناً في استعادة الصورة الشعرية شموليتها[3].

ومن الرموز التي تتوارى خلفها الصورة الرموز الأسطورية، التي يصنعها الشاعر صناعة خاصة من خلال طريقة استخدامه لها بالتضمين تارة، وبالترديد تارة أخرى. والرمز عنده- كما يقول الشنطي- إشارة يذكرها بالاسم حيناً ويومئ إليها على نحو خفي حيناً أخرى، وقد يُضخّم النسب ويكبّر الحجوم المتحدث عنها، وقد يشحذ رمزه الأسطوري بالذي يوسّع رقعة الكناية فيه. وقد يشحن بعض التفصيلات المتناثرة بومضات أسطورية يقصدها لذاتها. وقد يقرّر المعنى الذي توحي به الأسطورة الأصلية باستخدامه الفعل الدال على حدث الصورة الأسطورية، مع تقديمه للإيحات الأسطورية في أبعاد متعددة الظلال. ويرى الشنطي أن خلق الشاعر درويش لأسطورته يأتي من خلال تحكمه بالصورة التي يبنيها بناءً أسطورياً ويحرك خلالها عناصر الصورة حركة حرة، محتفظاً داخل العناصر بالملامح الأسطورية لكل عنصر كما في قوله[4]:

---

(1) ينظر: الفكر البروميثي في الشعر العربي المعاصر، عمادة البحث العلمي والدراسات العليا، جامعة اليرموك، إربد، 1993م.

(2) ينظر: الأورفية والشعر العربي المعاصر، وزارة الثقافة، عمان، ط (1)، 1999م.

(3) انظر: محمد صالح الشنطي: خصوصية الرؤيا والتشكيل في شعر محمود درويش، فصول، القاهرة، مج (7)، ع (1)، 1987م، ص 149-150.

(4) محمود درويش: ديوان محمود دروش، دار العودة، بيروت،1994م، من ديوانه: حصار لمدائح البحر، ص 81-223، والمقطع من قصيدة " بيروت " ص 198. و يرد مرة واحدة فقط.

بحـــرٌ صـــاعدٌ نحـــو الجبـــال
غزالـــة مذبوحـــة بجنـــاح دوري..

ولم يأت لدى الشنطي تحليل لقصيدة تتكامل فيها الصورة الأسطورية تكاملاً نلحظ معه طريقة تحليل ينهجها، لكنه دار حول أقوال درويش الدلالية موضحاً أنها تنتمي إلى الملمح الأسطوري ذي الخصب والرحيل والعشق، ثم ذكر الشنطي بأن تلك الدوال تتحوّل إلى رؤيا بمفهومها الاستشرافي، ثم يتمثلها الشاعر في صورته التي يستخدم لها أفعالاً تناسب ما يحكيه من أحداث. ويصبح الفعل والحدث هو مركز الصورة التي تشكل مع مركز كل صورة جزئية أخرى صورة كلية قد تتمرد على الإطار الاستعاري أو الكنائي الذي تختبئ فيه، يقول درويش[1]:

مـــال الظـــل مـــال عـــليّ، كسرـــني وبعـــثرني
وطـــــال الظـــــل طـــــال
ليسرـــو الشـــجر الـــذي يسرـــو
وليحملنـــا مـــن الأعنـــاق
عنقـــوداً مـــن القـــتلى بـــلا ســـبب..

ووفق تنويعات درويش المتعددة لاستخدام الأسطورة عنده، فإنه يستخدم شخصيات تتسع حالتها التاريخية، و حالتها الأدبية والسياسية والأسطورية المعاصرة. وتأتي شخصيات درويش الأسطورية لتنشر ظلالاً من التوتر الذي يحقن النص بمدلولات جديدة ذات طابع مفارق يؤكد السمة الدرامية في الشخصية التي يستخدمها[2].

ويتحدث الشنطي شيئاً عن الاستدعاء الأسطوري عند درويش وعن التضمين الأسطوري والاستشهاد بالأسطورة، من ثم تفجير السياق باللمحة الساخرة لتعميق التناقض.. ويرى أن كل ذاك يتقاطع مع التنامي في صور محمود درويش. ويُرجع الشنطي

(1) المرجع السابق، ص 91-92، وسطر (وليحملنا) بدون (واو) في الديوان. وانظر: الشنطي، خصوصية الرؤيا والتشكيل، ص 150-152.
(2) انظر: محمد الشنطي: خصوصية الرؤيا والتشكيل، ص 156.

القارئ إلى قصائد ديوان الشاعر "حصار لمدائح البحر"[1]، وقد تردد التنامي فيه على شكل متقطع بـتردد استدعاءات الأسطورة التي تجعل من تلك الترددات لازمة تختزل خلالها الصورة دلالات متعددة كمـا في قولـه "ليت الفتى حجر".. وهكذا يتم تكثيف الصورة الأسطورية في ديوان "حصار لمدائح البحر"- مـثلاً- في بـؤرة دلالية واحدة، تتوالد خلالها الصور في لقطات مضاعفة[2].

ثالثاً: المدخل الفني

رأى أصحاب هذا المدخل أن للأسطورة دورها في توجيه الأفق الشعري، وأن للأسطورة دورها في الفعـل الشعري الإبداعي، فإلى أي منحى توجه الأسطورة الأفق الشعري؟ وما دور الأسطورة في اكتشاف مناحي الفعل الشعري؟ هذا ما ستحاول أن تكتشفه دراسة الباحث هنا في المدخل الفني للأسطورة.

-1-

يمكن أن تكون أمينة غصن من الذين درسوا الأسطورة وفق مدخلها الفني وهي تعد استخدام الشاعر العربي للأسطورة أول خطوة لهدم البنية التقليدية القائمة على المحاكاة والتقليد، لاستحداث أساليب تستبطن عبقرية اللغة في أسطورة تجسد التجربة الكلية الشاملة. وتلك التجربة هي التي توحد بين الذات والموضوع، والمجرد والمحسوس، والواقع وما فوق الواقع[3]. وتقف غصن على ملامح أسطورية عند خليل حاوي، وترى أنه فجّر تساؤلات حول الحاجة الرمزية والتعبيرية للأسطورة بوصفها تعيد صياغة الزمن العقلاني، ولأنها تختصر ـ مسافات الزمن الموضوعي، وتلعب، بالتالي، دوراً هاماً في توجيه الأفق الشعري الحديث. وتعد غصن الأسطورة عند خليل حاوي عنصراً مولداً في عملية الخلق

---

(1) سبقت الإشارة إليه.
(2) انظر: محمد الشنطي: خصوصية الرؤيا والتشكيل، ص 157.
(3) انظر: أمينة غصن: خليل حاوي والأرض، الفكر العربي المعاصر، مركز الإنماء القومي، بيروت، ع (26)، 1983م، ص 78.

الجديد؛ لأنها جاءت نتيجة تغيرات جذرية في الوجدان والضمير من خلال تطلعات الشعوب العربية إلى الحرية والانطلاق والتقرب من تاريخها، ثم من خلال بحث الشعراء عن اللازمنية في الجدلية التي اصطبغت بمفهوم البحث عن الهوية[1].

وبذا تؤكد غصن على أهمية الأسطورة من ناحيتي الشكل والمضمون، ليتحول البطل الأسطوري إلى قضية تمثل صراع الإنسان مع ذاته، وصراع البطل مع العالم المحيط. ويتمدد الحس التاريخي، لدى خليل حاوي بإدراك معنى الماضي وإدراك ما في الحاضر من شاهد عليه: وهو الإحساس باللازماني، وهو الذي يخضع لمفهومي الزمن التاريخي، والمدلول المطلق، بوعي يتبع البعد التاريخي اتباعاً حاداً. والأسطورة، إذ ذاك، هي لغة المفارقة التي تهزم القوى الخارقة، وتحل محلها الإنسان البطل، فيصبح الرمز فيها ذا ديمومة واستمرارية سواء أكان ذلك في جانب موضوعي أو في جانب فكري. والشاعر، بذاك، لا يفنى ولا يستحدث، ويتحول من حال إلى حال، ليصدع "الزمن الميت"، وهو الذي صرع خليل حاوي في قصيدة "بعد الجليد"، إذ عبّر عن معاناة الموت والبعث من حيث هي أزمة ذات، وحضارة، وظاهرة كونية، فأفاد الشاعر من أسطورة (تموز)- كغيره من الشعراء- وما ترمز إليه من غلبة الحياة والخصب على الموت والجفاف. كما أفاد من أسطورة (العنقاء) وما ترمز إليه من حياة ثانية بعد الرماد[2].

وترى غصن أن الشاعر أوصل رسالته بمستويين: الأول: يمحو كل شيء تقليدي، والثاني: تغييب ضمير الأنا، والأنت في النص.. فتظهر أحداث متعاقبة في أفق التاريخ تُظهر (تموز) مواجهاً أرض الجدب والخراب، و(العنقاء) مجابهة عفن التاريخ. ويسعى الشاعرإلى الخلاص الذي يتدرج من (تموز) الحياة إلى أرض الخصب وإنسان الحيوية، ثم يلمّح الشاعر بالفعل إلى موضع التحدي والتفجر "عندما ماتت عروق الأرض، في عصر الجليد، ومات فينا كل عرق". إنه تلميح إلى فعل الإرادة، وهو بناء لغوي يعيد صياغة التاريخ بوعي يحمل قانون علته ومعلوله: فموت الإنسان معلول لموت الأرض العلة. والزمنية الحدسية هي

---

(1) أنظر: أمينة غصن: خليل حاوي والأرض، ص 79.

(2) المرجع السابق، ص 80.

زمنية معيشة انطلق بها خليل حاوي عبر ماض يقيني.. [1]. وإذا ما أوغل الإنسان في زمن الضياع واللا انتماء فإن الشاعر يظهره عارياً مسلوب الإرادة، ويدخل الشاعر ذاك الإنسان إلى زمن الأرض، ويصنع له جدلية بين الوصل والتاريخ.. وإذ ذاك كان حتماً موت الإنسان من موت الأرض، وكانت المعاهدة مع (تموز)، وقبل الإنسان التكليف؛ وإذ رفض خليل حاوي الوقوف عند الخيبة وتجاوز حال اليأس واستوجب استدعاء إله الخصب "ليفض التربة العاقر.." فإنه يرى برؤيا الخلاص وقد تحول (تموز) إلى الفعل وبدا عناق بين (تموز) والأرض والإنسان في مجابهة ضد الجليد[2]..

-2-

وممن درس الغرض الفني لاستخدام الشاعر للأسطورة العربي حسن درويش، وقد دمج بين الأسطورة والرمز في دراسته، مفترضاً نجاح الشاعر العربي الحديث إذا نجح في استخراج رموز إنسانية زمنية تخدم أسطورته، وقد لا تكون هذه الرموز خادمة لفكرته، لكنها، كما يقول العربي، تخدم غرضه الفني[3].

ويدرس العربي حسن درويش استخدام السياب لإشارة (تموز) الأسطورة، ويربطها بالبعث الذي آمن به الشاعر، والتي تخدم الغرض الذي من أجله سيكون البعث وهو الثورة التي لا مناص منها[4]. ولا يظن الباحث أن الغرض الفني ينفصل عن الفكرة المخدومة إلاّ إذا عمد المبدع إلى الفصل بين حدود ما يتعامل معه من زمان ومكان بلا قرائن تعي حدود الفصل والمفاعلة، وإذا بقي الباحث مع (تموز) والثورة، فإن حدود المفاعلة بين (تموز) كثقافة إنسانية و(الثورة) كثقافة معرفية لا تعني فصل الشاعر بين فكرة الثورة وفكرة تموز، فكلاهما توظيف لما خزّنته ذاكرة الشاعر من ميراث شامل يفتح العطاء الإنساني بفكرة تكبر

(1) أنظر: أمينة غصن: خليل حاوي والأرض، ص 81.

(2) المرجع السابق، الصفحة نفسها.

(3) انظر: العربي حسن درويش: النقد الأدبي بين القدامى والمحدثين (مقاييسه واتجاهاته وقضاياه)، مكتبة النهضة المصرية، القاهرة، 1988م، ص 324-326.

(4) انظر: العربي حسن درويش: النقد الأدبي بين القدامى والمحدثين (مقاييسه واتجاهاته وقضاياه) ، ص 330-333.

عن مجرد لصق الثورة بتموز فنياً من منطلق معرفتنا بأنه- أي: تموز- ثار وبدّل وخصب ما جدب. إن النقد، كما يعتقد الباحث، تنبه إلى ما يحيط بالأسطورة من حكايات وأحداث ونصوص وفكر.. ودمج كل هذا في بنية النص التي أصبحت معتمدة في تركيبها على إحاطة المبدع بكل ما يمكن أن يسهم في بناء عالمه الشعري. وينظر الباحث إلى الأسطورة بافتراض أنها تسهم في بناء عالم الشاعر الشعري، ولا تخذله، وفي هذه النظرة استغلال لثقافة بين يدي الناقد عن النص، وعن الشاعر، واستغلال أيضاً، وهذا ما نحتاجه، لربط مفردات النص نحو الدلالات والإيحاءات والبعد المعرفي الأشمل الذي ينشئ القصيدة العربية الحديثة.

ويعد العربي حسن درويش استخدام صلاح عبد الصبور لشخصيات ألف ليلة وليلة واحداً من الشغل الشعري بالفكر، فصلاح أسقط همومه وشواغله الفكرية على الشخصيات التي بثّها تلك الهموم والشواغل. كما كشف الشاعر بذاك عن نماذج سيئة في المجتمع من خلال حديث شخوصه. وكان المدخل الفني للشاعر هدفاً ربط خلاله بين الماضي والحاضر، ونقل للقارئ صورة للإنسان بماضيه الذي مضى، وهو يصيح ملهوفاً لعودته؛ لأنه الأمل بتغيّر الظروف التي يحياها في الحاضر[1].

ويقارن العربي بين الإصلاح في صورته عند صلاح عبد الصبور، والإصلاح في صورته عند بدر شاكر السياب، مفترضاً أن ظاهرة استخدام الأسطورة جاءت حاجة تلبي تغيير الواقع الحاضر بالعودة إلى الماضي الذي غيّر به (تموز)، وغيّر به (الملك الصالح) و(الملك الغازي)[2] ولا يقيم العربي وجه شبه بين صورة (تموز) السيابية وصورة (الملك الصالح) الصلاحية، لكنه يرى أن كليهما يصل بمفهوم الرمز والأسطورة إلى أن الإنسان الذي عاش على الأرض ما زال بعاداته كما كان في الماضي على الرغم من تغيّر الظروف الفكرية والاجتماعية والسياسية، وأنه لن يصلح الحاضر إلاّ بما صلح به الماضي[3].

---

(1) أنظر: العربي حسن درويش: النقد الأدبي بين القدامى والمحدثين، ص 328.

(2) الملك الصالح والملك الغازي شخوص استخدمها صلاح عبد الصبور.

(3) انظر: العربي حسن درويش: النقد الأدبي بين القدامى والمحدثين، ص 328-330.

-3-

ونقف مع محمد لطفي اليوسفي في دراسته النقدية الجادة - كما يراها الباحث - للأسطورة وقد رآها من خلال ثلاثة نماذج لنصوص الشعر العربي التي تستخدمها، وهي: نموذج لنصوص تستدعي الأسطورة ولا تفي بحاجة الشعر فيها، ونموذج لنصوص تبني قاعها الأسطوري في العمق، ونموذج لنصوص تخلق أسطورتها وتفي بحاجة الشعر فيها. ومن هنا سينطلق الباحث في تتبع اليوسفي ونقده الأسطوري[1].

ووفاء الأسطورة للشعر الذي يحتاجها، كما يرى اليوسفي، يأتي من استدعاء الشعر للأسطورة دون تهيؤ الأديم الذي ستنغرس عليه. إن الشعر يلجأ إلى الأسطورة الوفية لتفتح له مجرى نحو حركة استمرارية النص الشعري الذي يرسم صورته ويستحضر أسطورته كما يجب[2]. ويدرس اليوسفي طريقة استحضار السياب لأسطورته في قصيدة "المومس العمياء"[3]، يقول السياب[4]:

الليـل يطبـق مـرة أخـرى، فتشـربه المدينـة

والعـــــابرون، إلى القـــــرارة..

مثـــــل أغنيـــــة حزينـــــة.

يقول اليوسفي: إن السياب يريد خلق الكوني الذي على أديمه ينغرس الذاتي؛ فالكوني رعب الوجود بأسره الذي حل بعد أن حلت مأساة "المومس العمياء" عليه، ويستخدم السياب وسائل متعددة ينجح النص خلالها في شحذ كلمة "الليل" بدلالة جديدة تساوي الهوى، ثم يلتجئ إلى الأسطورة، فيقول[5]:

---

(1) انظر: محمد لطفي اليوسفي: كتاب المتاهات والتلاشي في النقد والشعر، دار سراس، تونس، 1992م، ص 134، وما بعدها.

(2) المرجع السابق، ص 136-137.

(3) بدر شاكر السياب: الديوان، مج (1)، ص 509.

(4) المرجع السابق، الصفحة نفسها.

(5) المرجع السابق، الصفحة نفسها.

وتفتحت كأزاهر الدفلى، مصابيح الطريق،

كعيون ميدوزا، تحجر كل قلب بالضغينة،

وكأنها نذر تبشر أهل بابل بالحريق...

فالسياب يستند إلى الأسطورة مع اعتماده على نوع من التشبيه: فالمصابيح تشبه عيون (ميدوزا) بـ (كاف التشبيه)، والمصابيح تشبه النذر الذي يبشر أهل بابل بالحريق بـ (كأن المشبهة)، وتبدو الأسطورة منتزعة انتزاعاً، فالمصابيح التي تذكر بالنور، هي الأنس الذي لا علاقة لها بعيون (ميدوزا) وهي تحوّل كل من تقع عينها عليه إلى حجر، وذاك هو الرعب الذي يأسر الوجود، وسيحل عليه؛ ومن هنا يتدخل الشاعر بالنص من خارجه، وتبعاً لذلك جاءت أسطورة بابل التي هي ذاتها (ميدوزا). ويرى اليوسفي أن ما صنعه السياب لم يف بحاجة الشعر بل خذله؛ لأن كلمة "الليل" نوع من التحوّل؛ ذلك أن النص يستل من مكوناته البانية ما يحقق به حدثه، فيستخدم الشاعر السؤال الدال على استغراب "من أي غاب جاء هذا الليل؟"[1]، ويستخدم كلمات دالة على الرعب "وجر الذئاب"[2]، ويستخدم صوراً موغلة في القتامة "ليل جاء من الكهوف"[3].. فإذا بالمدرك "الليل" تبتعد علاقاته المتعارفة في الواقع بعد أن خلعه الشاعر من فضائه ومحيطه وأدخله في علاقات الأسطورة الجديدة[4].

أما طريقة بناء القاع الأسطوري، فهو ما يشير إليه اليوسفي باسم تلاشي الشعر في الأسطورة، ويتبع الشاعر أثر الأسطورة ويعيد إنتاجها عندما يتحقق تلاشي الشعر في الأسطورة. وتلك الظاهرة لحظة من لحظات فشل الشعر في إدراك ما يبني قاعه الأسطوري، ويدرس اليوسفي لتبيان ذلك قصيدة السياب "رؤيا في عام 1956م"، وفيها كيفيات تتعالق في حركات عدها اليوسفي اثنتي عشرة حركة تظل تستعاد من الشعر إلى الأسطورة، ومن

---

(1) بدر شاكر السياب: الديوان، مج (1)، ص 509.

(2) المرجع السابق، ص 509، والسؤال (من أي وجر للذئاب؟).

(3) المرجع السابق، مج (1)، قصيدة المومس العمياء، ص 509، والسؤال (من أي الكهوف).

(4) انظر: محمد اليوسفي،: كتاب المتاهات والتلاشي، ص 138-140.

الأسطورة للشعر، وتلك الحركة هي اللحظة التي لا يمثل فيها الشاعر في حضرة الشعر، بل يمثل فيها الشعر في حضرة الشاعر، ويتكتم- هنا- الشعر على أسراره في ذات الشاعر، وقد يتكتم المعنى في ذات الشاعر وذات الشعر معاً؛ لاعتماده على الإخبار والمجاهرة والإعلان فقط[1]. يقول السياب[2]:

حطّت الرؤيا على عينيّ صقراً مـن لهيـب

إنهـــا تـــنقض، تجتــث الســـواد

إن النص يبدأ بالإخبار عما يحدث في لحظة المكاشفة، إبان لحظة المكاشفة ذاتها، والنص بذاك يخبر عن منابته فيما هو يتشكل، ويبلغ النص درجة من التكثيف معمقة، ويجمع دلالات تكوّن ذاتيته وترشح صوره، كما نرى في (صورة المباغتة) التي ترشح بها صورة الصقر على العينين، وكما نرى في صورة العنف التي ترشح به صورة الصقر الذي ينقض.. وتحوي صورة لحظة المكاشفة لحظة الرؤيا التي هي إطلالة على الوجع البشري الشامل، وهنا يقول الشاعر[3]:

ليـس تطفـي غلـة الرؤيا: صحارى مـن نحيـب

مـن جحـور تلفـظ الأشـلاء، هـل جـاء المعـاد؟

أهـو بعـث، أهـو مـوت، أهـي نـار أم رمـاد؟ ...

ويتابع اليوسفي نقده إذ تستعصي لحظة المكاشفة على الشاعر فإنها تستعصي على المسك باتساع الرؤيا وضيق العبارة بقوله: "ليس تطفي غلة الرؤيا".. ثم يأتي زمن المكاشفة فوق الزمن الميقاتي بتوظيف الشاعر للأضداد: البعث ضد الموت، والنار ضد الرماد.. ثم يلغي الشاعر المسافة بين كل ضدّين لتصبح الإطلالة على الشيء إطلالة على

---

(1) المرجع السابق، ص 140-141.

(2) بدر شاكر السياب: الديوان، مج (1)، ص 429.

(3) بدر شاكر السياب: الديوان، مج (1)، ص 429، و(تنفض) في الديوان (تلفظ). وانظر: اليوسفي: كتاب المتاهات والتلاشي، ص 145-147.

ضدّه، ويبلغ النص ذروته في التكثيف، وتصبح الكلمات ذوات عمق في الدلالة في تلك اللحظة الإطلالة[1].

إن الشاعر الآن بعدما عجز عن تقدّمه يلتجئ إلى الأسطورة، فيستدعيها شاهداً على نوع من التحوّل فيقول[2]:

أيهـــا الصـــقر الإلهـــي الغريـــب

أيهـا المنقض مـن أولمـب في صمت السمـاء

رافعـــاً روحـــي لأطبـــاق السمـــاء

رافعـــاً روحـــي- غنيميــدا جريحـاً

. . . .

أيهــــا الصـــقر الإلهـــي ترفـــق

إن روحـــــي تتمـــــزق. . .

وينقد اليوسفي قائلاً: وههنا تختفي عملية التشبيه، فلا تشبيه بين الرؤيا وهي تباغت الشاعر وبين ذاته التي (تختطفه) بالصقر وهو ذاته الذي يختطف (غنيميدا)[3]. إن التشبيه بالاختطاف تشبيه مضمر يجريه الشاعر دون أداة للتشبيه، وهذا ما يُعطل الشعري في النص؛ لأن النص يتوقف فجأة، فيبدو الشعري والأسطوري فيه كجسمين متجاورين، وتبدوالعلاقة بينهما علاقة تجاور لا غير، وهذه العلاقة لا تكفي لتقي النص من التفكك والتجزؤ. ويرى اليوسفي أن النص- كما قدمه السياب- يسلمنا الشعري فيه إلى الأسطوري الذي ينوب عنه؛ وهذا ما صنع علاقة بأن الشعري استدعى الأسطوري ليتابع عملية التكثيف الدلالي

(1) انظر: محمد لطفي اليوسفي: كتاب المتاهات والتلاشي في النقد والشعر، ص 148.

(2) بدر شاكر السياب: الديوان، مج (1)، ص 429-430.

(3) وهو الراعي معشوق (زيوس) كبير آلهة الأولمبي الإغريقي، الذي أرسل له صقراً اختطفه وطار به إليه. الديوان، ص 430.

التي بدأ بها. لكنه بالأسطورة لم يوف حاجة الشعري بل خذله، وألغى التكثيف الـدلالي وعطله، وتكاد الأسطورة، برأي اليوسفي، أن تعصف بالشعري وتبيده⁽¹⁾.

ولا يورد اليوسفي النموذج، الذي يحقق الشعري الحق، فقد أورد ثلاثة نماذج هـي النموذج الـذي يستدعي الشعري للأسطورة، والنموذج الذي يتلاشى فيه الشعري في الأسطورة، والنمـوذج الـذي تعطل فيـه الشعري من الأسطورة.

-4-

ونختم الحديث عن المدخل الفني للأسطورة بالوقوف عند محمد شاهين وقد اعتقد أن الشاعر محمود درويش استطاع الدخول للأسطورة من مدخلها الفني باستغلاله لغة الشعر⁽²⁾، ويرى شاهين أن درويشاً عـرف الدخول اللغوي للأسطوري، كما عرف حقيقة كونها حقيقة تغلفها حقيقة أخرى. وإن الشاعر يظهر الحقيقـة الأولى وعلى القارئ والناقد أن يظهرا الحقيقة الثانية. والأولى هي الحقيقة الظاهرة الخارجية. أما الثانية فهي الحقيقة الباطنة الداخلية⁽³⁾.

وبهذا التصوّر يلج شاهين إلى أسطورة درويش، ويرى أن الشاعر ولج إلى الأسطورة قابضاً عـلى أصـول المشابهة والمقاطبة، دون إلغاء إحداهما للأخرى، فيوظف الشاعر ما يريد في حالة تجاوب وتبادل وتنـاول دون إنقاص في الحركة والتفاعل بين الطرفين. ودرويش- كما يرى شاهين- يخلق في شعره استمرارية تبدأ من الماضي ولا تنتهي في الحاضر، بل تظل منسابة إلى ما لا نهاية. وأسطورة درويش، بـذلك، تحكمها ديمومـة يخلقهـا الشاعر بين طرفي المشابهة والمزاوجة، من وعيه بالأسطوري الذي يضمنه الشعري عنده⁽⁴⁾.

إن وعي درويش بالأسطوري هو إحساس تتجمع فيه المتناقضات، لتقترب مـن بعـض، بما فيهـا مـن مضامين أزمنة وأمكنة، وما إن تصل نقطة التجمع هذه إلى ذهن الشاعر حتى

---

(1) انظر: محمد لطفي اليوسفي: كتاب المتاهات والتلاشي، ص 144-145، وص 149-152.

(2) انظر: محمد شاهين: الأدب والأسطورة، المؤسسة العربية للدراسات والنشر، ط (1)، 1996م، ص85-87.

(3) المرجع السابق، ص 87.

(4) انظر: محمد شاهين: الأدب والأسطورة، ص 88-90.

تسير في دهليز الإبداع ولا تخرج منه إلاّ وقد اكتسبت الأسطورة فيه إيقاعاً جديداً، وقد تؤدي الأسطورة مهمة جديدة عندما يتم توظيفها باللغة الجديدة التي معها قد يخلق الشاعر أسطورته: فإنْ خرج (إبريل) وطرّزت البنت الثوب لأول زهرة لوز وكتبت أول حرف من اسمك على طرف السهم فوق اسمها[1] ، إن حصل هذا فإن درويشاً يعبّر عن شيخوخته التي تعجزه في رؤية تجعل منه القادر- وهو الشيخ المجرّب- أن يعبّر عن دمار وخراب أمته دون أن يجعل للرؤية نهاية، بل إنه ينقل للقارئ العلاقات بإيقاع يجعل منه قادراً على تحليل الصورة تحليلاً من معرفة الماضي والحاضر واستشراف المستقبل. ومَن هو الفرس الذي تبع قيصر؟ إنه فرس امرئ القيس، الذي راح يطلب مساعدة قيصر، ومَن هو الغازي الذي هيّأ له الفارس اجتياح وطنه؟ إنه صورة مشابهة لما قد يجري في كل زمان ومكان، وهو صورة تتنافر مع الفهم لمعنى أن يجهّز فارس فرساً لغريب كي يجتاح وطنه. وتلك الصور التي تتشابه أو تتنافر تكون في حالة التلاشي: تلاشي الأسطورة في الشعر. وبالتلاشي نفهم معنى أن الفرس يمكن أن يعهّرها أهلها بسبب سوء استعمالها، وبالتلاشي نفهم لغة البحث عن درويش بأنها تساوي بين بحث الشاعر- بالكتابة الشعرية- عما يهدد وطنه من نساء وقيصر، وبين بحث (جلجامش) عن سر الخلود!

ويلاحظ شاهين وجود ربط وثيق بين أسطورة البحث عن سر الخلود وبين البحث باللغة المفرغة من المغزى.. فما معنى أن تكتب ما لا مغزى له؟ إنه معنى أن تبحث عما لا نهاية له. وبذاك تتساوى صورة الشاعر الظاهرة بضرورة كتابته عما يهدده من نساء وقيصر، بصورة بحث جلجامش عن سر الخلود، ويصبح شيئاً ما هو المطلوب غير الكلام الخطابي والكتابة فقط، إنه الفعل، والفعل فقط[2].

ويحلل شاهين صورة (الفارس) وهو يائس وقد تبع فرسه الغريب ويشبهه بصورة طائر (الفينيق) وهو يخرج من ركام الموت. ثم تتحرك الصورة في القصيدة[3] إلى (سمك الفرات)

(1) مقاطع متناثرة من قصيدة درويش (فرس للغريب).

(2) انظر: محمد شاهين: الأدب والأسطورة، ص 87-92.

(3) قصيدة (فرس للغريب).

و(دجلة) و(حجر الشمس) في (نينوى) و(النيروز) و(حدائق بابل) و(ورود حدائق بابل)..وكل تلك رموز خلقت أسطورة الشاعر الخاصة في رؤيته للثبات الذي يمتد، برأي شاهين، عبر الزمن. ولما أراد الشاعر أن يربط بين أساطيره أظهر لنا أسطورته وترك للنقد أن يبحث عن الباطن فيها ويمكن أن يجد الناقد ربطاً بين ما ذكره خلال الأسطورة بأن (حجر الشمس) فيه سر هو ذاته سر جلجامش. بل ويتساوى سر جلجامش مع سر حجر الشمس في نينوى ونيروز وحدائق بابل: أي أن أسطورة البحث العبثي عن السر في دهاليز الظلام هي ذاتها أسطورة الثبات والخلود التي يمكن ملاحظتها[1].

ولعل شاهين في نقده للأسطورة يرى وجه صورتها الظاهر، ووجه صورتها الباطن. ويقول شاهين بأن الشاعر صنع لأسطورته وجهين، وربطهما بالعراق: وجهاً يرى العراق في ظلام ضائع، ووجهاً يرى العراق باقياً في وضح النهار. كما يريد الشاعر لصورته أن تنفي وجود مشكلة في الغريب، وتؤكد، بالتالي، أن المشكلة كامنة فينا فنحن- يعني أصحاب الوطن- من يعمل جسراً للغريب ونمتهن فرسنا، ولا نخلق من فراغ حاضرنا الماضي القوي، وليس بالضرورة أن يُخلق الحاضر من الماضي القوي، بل إن القوى تُخلق باللغة الحاضرة، وإن ما نريده نوجده مما حدث فعلاً وليس مما يحدث[2].

رابعاً: المدخل الاجتماعي/ الواقعي

يحاول أصحاب هذا المدخل الإفادة من لحظة التطابق بين الاجتماعي في الواقع والأسطوري، حين تكشف الأسطورة عن الواقع المعيش أو حين يُستعان بها لتكشف عن ذلك الواقع، أو حين يتحول الواقعي إلى أسطوري. وهذا ما سيحاول حديثنا هنا أن يكشف عنه.

(1) انظر: محمد شاهين: الأدب والأسطورة، ص 92-95.

(2) المرجع السابق، ص 95-102.

-1-

تعد خالدة سعيد من الناقدات اللواتي درسن الأسطورة وفق مدخلها الاجتماعي الواقعي الذي رأت فيه تحركاً للأسطوري من التاريخي إلى الواقعي الاجتماعي، عبر ما يطل به الشاعر على القارئ من بدائل في حياته الواقعية تطابق تلك العلاقات والبدائل التي قدمها المستوى الأسطوري[1].

وتعود خالدة سعيد مع عودة الشاعر إلى الأسطورة منذ بداياتها، وترى الشاعر العربي يصعد مع الأسطورة من (الأنا) ويتسع معها في الاندماج الكوني، فيندمج الأسطوري بالكوني عنده، وتقول: قد يرى الشاعر عمق دلالته بخلفية أسطورية كونية. وبالمقابل، سوف لن تبقى دلالته ضمن الإطار الكوني المحاط بالأسطوري، بل إن إطلالته على الواقع تجعل من رموزه تتطابق علاقاتها ذات الإطلالة الواقعية مع العلاقات التي أخذت مستوى كونياً أسطورياً، لتصل العلاقات الواقعية والعلاقات الأسطورية الكونية إلى العلاقات الأشمل وهي العلاقات الإنسانية الاجتماعية بعامة[2].

وتدرس خالدة سعيد، وفق تحرك الرموز الأسطورية التاريخية إلى الواقعي الاجتماعي، كما ترى، قصيدة "النهر والموت"[3] لبدر شاكر السياب، وترى في القصيدة مناخاً أسطورياً يتولد من طبيعة العلاقة بين الإنسان والنهر إذ يقول السياب[4]:

أودّ لـــو عـــدوت في الظـــلام
أشـدُّ قبضـتيَّ تحمـلان شـوق عـام
في كـل إصـبع، كـأني أحمـل النـذور
إليـك، مـن قمـح ومـن زهـور...

(1) انظر: خالدة سعيد: حركية الإبداع (دراسات في الأدب العربي الحديث)، دار العودة، بيروت، ط (1)، 1979م، ص 190-191.
(2) المرجع السابق، ص 135 وما بعدها، وص 165 وما بعدها.
(3) بدر شاكر السياب: الديوان، مج (1)، ص 453.
(4) المرجع السابق، ص 454.

فالأبيات تحمل معنى للانتظار السنوي، وتكرارا للأفعال في موعد معيّن، وهو ما يعطي الفعل في الصورة دلالة الطقسية، كما يضمنه التكرار تبادلاً بين الإنسان والآلهة، وقدرة على الإيحاء بمعنى الوعد والانتظار، وقد يكشف النهر عن وجه إله الخصب؛ بما يقدّم له من نذور. فالصورة دائرة أسطورية تجيء في إطار التمني أو الحلم الذي يُعبّر عنه فعل (أود لو..) وتقول بأنه يمكن القول: إن ذاك الفعل ينطلق من الحلم الأسطوري أو اللاشعوري الجمعي [1].

إن الشاعر بلا وعيه يشتاق للإنسان الفاعل؛ شوق العربي للافتنان بجعل الثائر ينتقل من الإله إلى الإنسان. وقد تبنّى السياب شخصية الثائر التي تلائم الصدع معارضاً بذلك تلمّس ما يبرّر المأساة فقط، دون مواجهتها، وذاك مسار جديد تنفد فيها من الوعي العربي بأهمية أن يلأم الصدع. والسياب لطالما اتسع بالاندماج بالكوني، صاعداً من (الأنا)- عنده- وقد خَلَت قصيدته "النهر والموت" من إشارات أسطورية صريحة، لكنها ولّدت مناخاً أسطورياً في علاقة جديدة بين الإنسان والنهر [2].

وترى الناقدة في رمز (بُوَيْب) [3] عمق الدلالة النضالية بخلفية أسطورية كونية يصنعها الشاعر، ويصبح (بويب) هو البديل الذي لن يبقى في الإطار الكوني الأسطوري، بل يطل عبر نافذة البدائل التي يقدّمها الشاعر على الحياة اليومية أو الواقعية؛ لتتطابق العلاقات بين هذه البدائل مع طبيعة العلاقة بين المستوى الكوني الأسطوري، والمستوى الإنساني الاجتماعي في القصيدة [4].

أما تطابق مستوى الأسطورة الكوني والإنساني مع الحركة الجمالية في القصيدة، فهو ما يصنع ما أسمته: الدائرة الأسطورية؛ لأن صور البرج والموتى وقرارة البحر والعروق

---

(1) انظر: خالدة سعيد: حركية الإبداع، ص 145-155.

(2) المرجع السابق، ص137 ، وص 157.

(3) بدر شاكر السياب: الديوان، مج (1)، تكرر اسم النهر في مقاطع القصيدة بدءاً من ص 453، وهو اسم نهر بلدته.

(4) انظر: خالدة سعيد: حركية الإبداع، ص: 163-167، وص 171-172.

والمطر والدماء والدموع وبويب..[1] قد تناظرت في تمثيل حركة القصيدة من الأسطوري التاريخي إلى الواقعي الاجتماعي. وهكذا تمثل قصيدة "النهر والموت" نموذجاً للقصيدة ذات الرؤيا؛ وهي ترتبط بالقضايا الاجتماعية وتكشف عن عالم جديد ببنية حركية نجدها في آلية الحركة الكونية التي هي الطريق للحركة الإنسانية الخارقة[2].

-2-

وممن درس الأسطورة وفق هذا المدخل يوسف حلاوي، وقد درس قصيدة "أنشودة المطر" لبدر شاكر السياب، حيث يرى أنها تشكل المحور الأساسي في شعره. مركزاً على التقابل الموجود في القصيدة بين بعدين هما: البعد الأسطوري الذي يتمثل في استهلال الشاعر لقصيدته بابتهال طقسي يتوجه به الشاعر إلى عشتار آلهة الخصب، ويمكن أن تكون عشتار هذه حبيبته هي ذاتها (أمه)، أو معشوقته[3]. والبعد الثاني هو البعد الاجتماعي الواقعي الذي يتمثل في الجوع الحاصل في العراق رغم وجود المطر والذي يعوّل من خلال بعده الرمزي على إحداث ثورة اجتماعية تقضي على القحط السياسي والاجتماعي والاقتصادي، وتحمل إلى المجتمع خصباً وخيراً وعدالة يعم العراق[4].

والمحوران: المحور الأسطوري، والمحور الواقعي، يتناظران حول كلمة واحدة هي "مطر" التي تجسّد الأسطوري والواقعي معاً في القصيدة. ويبدو تناظر محوري الأسطوري والواقعي من خلال تناظر مجموعة محاور هي: محور الانبعاث الأسطوري في قوله[5]:

عيناك حين تبسمان تورق الكروم

ويناظر هذا المحور الأسطوري محور الانبعاث الواقعي بقوله[6]:

---

(1) كلها من المقطع الأول في القصيدة ص 453.

(2) انظر: خالدة سعيد: حركية الإبداع، ص 188-192.

(3) انظر: يوسف حلاوي: الأسطورة في الشعر العربي المعاصر، دار الآداب، بيروت، ط (1)، 1994م، ص 47-50.

(4) المرجع السابق، الصفحات نفسها.

(5) بدر شاكر السياب: الديوان، مج (1)، ص 474.

(6) المرجع السابق، ص 477، والسطر الشعري الأول هو:
أكاد أسمع العراق يذخر الرعود

.. الع ــــــــ راق يـ ـــــ ذخر الرع ـــــــــ ود

ويخ ـــــ زن الــــ بروق في الســـ هول والجبـــــ ال ...

كما يتناظر في القصيدة محورا التحول الأسطوري والواقعي؛ فمحور التحول الأسطوري في قوله[1]:

تغرقـــــان في ضبـــــاب مـــــن أسىً شـــــفيف

ويناظره محـــور التحـــول الــــواقعي بقوله[2]:

فيسـ ــحب الليـ ــل عليهـ ــا مـ ــن دم دثـار

ويتناظر محور الأسى الذي تعانيه إلهة الخصب (عشتار) مع محور الجوع الذي يعانيه العراق "مـا مـرّ عام والعراق ليس فيه جوع"[3].

ويتناظر محور الحنين إلى آلهة الخصب التي تمثل الأم الكبرى مع محور الحنين إلى الأم الصغرى التي "تنام نومة اللحود"[4].

ويتناظر محور المطر الأسطوري مع قول الشاعر[5]:

وكـــل قطـــرة تـــراق مـــن دم العبيـــد

ويتناظر محور الغربة والوحدة والفراغ بقوله[6]:

أتعلمـــين أيّ حـــزنٍ يبعـــث المطـــر؟

مع محور الغربة والفراغ في الخليج بقول الشاعر[7]:

أص ـــــ يح بــ ـــــ الخليج ..

(1) بدر شاكر السياب: الديوان، مج (1)، ص 474، والسطر يبدأ بالواو.

(2) المرجع السابق، ص 477.

(3) بين القوسين سطر شعري من بدر شاكر السياب: أنشودة المطر ، ص 479.

(4) المرجع السابق، بين القوسين سطر شعري من أنشودة المطر هو:
في جانب التل تنام نومة اللحود ، ص476.

(5) المرجع السابق، السطر مكرر مرتين، ص: 479، وص 481.

(6) المرجع السابق، ص 476.

(7) المرجع السابق، ص 477، وص 480.

147

ويرى حلاوي أنّ الأسطورة توجد للشاعر أمّين: الأم التي ماتت، والأم الأسطورية (عشتار) آلهة الخصب. وإنّ بإبدال الاثنتين تكتسب كل منهما سمات الأخرى: فالأم الحقيقية الميتة تعود للحياة من جديد من خلال تلك الأم الأسطورية التي لا تموت، والتي تبقى في تحوّل مستمر بين الموت والحياة، فتعوّض الشاعر شيئاً من الحنان الذي افتقده بموت أمه، وسيكون ذلك عن طريق الخصب والعطاء اللذين ستفيض بهما الأم على الشاعر[1].

ويقف يوسف حلاوي على قصيدة "النهر والموت"، ويراها، هي الأخرى، تضم محورين هما الأسطوري والإنساني. ويرى أن "بويب" ضاعت أجراسه في قرارة البحر، و"النهر" هو إله الخصب؛ لأن الشاعر قضى ـ عامه بشوق إلى العيد لكي يقدّم للنهر النذور من قمح وزهور، وذاك التقديم من أجل استدرار الخصب، ولقد تحوّل النهر إلى غابة من الدموع.. وذاك هو المحور الأسطوري في القصيدة[2].

وكان المحور الإنساني في مناداة الشاعر "نهر بويب" بوعيه، وقد أدرك الحقيقة بعد أن عرك الحياة، واختبر الوجود بأنه لابد من ثأر يعيد للضحايا الأموات البسمة، وفي ذاك انتقل الشاعر من المرحلة الأسطورية حيث الخضوع للطبيعة، إلى مرحلة الوعي حيث الظلم الذي مصدره المجتمع. والحل الذي يراه الشاعر هو الثورة على الظلم[3].

ويعتمد يوسف حلاوي في تحليله لقصيدة "النهر والموت" على فكرة الربط بين البعد الأسطوري والبعد الواقعي في القصيدة، ثم يعتمد على إيجاد محور للتناظر بينهما، ثم إيجاد نظام البدائل من خلال تقديم الشاعر لهذه البدائل[4]. وهكذا بنى يوسف حلاوي قراءته على طريقة إيجاد بعدي القصيدة الأسطوري والواقعي فيها. كما أنه لم ينظر إلى المرجعية الخاصة لكل أسطورة مستفيداً منها في معرفة الدائرة الأسطورية التي تدور الأساطير حولها

---

(1) انظر: يوسف حلاوي: الأسطورة في الشعر العربي المعاصر، ص 58-62.
(2) المرجع السابق، ص 137. والأجراس عند السياب، ص 453، يقول:
أجراس برج ضاع في قرارة البحر.
(3) المرجع السابق، ص 138.
(4) المرجع السابق، ص 138- 140، وانظر، ص 249-252.

148

في القصيدة ككل، لكنه اعتمد وجود بعدين: الأول أسطوري، والثاني واقعي يشير إلى الواقع والمجتمع والحياة التي عاشها الشاعر.

وهكذا تكون دراسة يوسف حلاوي ذات تصورين: الأول تصور واقعي يصنعه الواقع والمحور الإنساني فيه، والثاني تصور أسطوري تصنعه الأسطورة. ويكون بين الأسطوري والإنساني تناظر يتوازى المحوران خلاله، ويتدامج التصوران بالسمات التي تنبعث منهما تاركة الأثر من الأسطورة إلى الواقع الذي يساويه الإنسان، ومن الواقع الإنساني إلى الأسطورة.

-3-

ويمكن أن تسلك في المدخل نفسه قراءة ماجد السامرائي النقدية لقصيدة عبد الوهاب البياتي "مترو باريس"، فهو يفترض وجود عالمين في القصيدة: عالم أسطوري، وعالم واقعي، ضمن بنية شعرية يلتحم فيها الواقعي بالأسطوري [1].

ويقسّم السامرائي القصيدة إلى وحدات تعتمد الأولى على الوصف، والثانية على مزج الواقع بالأسطورة، والثالثة على الواقع، والرابعة تعود للمزج بين الواقع والأسطورة. ويرى السامرائي أن هذا المزج يحوّل الأسطورة إلى واقع، وقد لا يعود هذا الرمز إلى فضائه الأسطوري وإنما يخلق فضاءً آخر، وتصبح دلالة الأسطورة دلالة على الواقع مع اكتساب بعد مضموني يوافق الشاعر فيه بين الأسطوري والواقعي [2].

ويغدو الواقع مرجعاً للأسطورة، التي منها يبني الشاعر رؤاه، في حركة تعمق الحياة وتكسبها دلالة أسطورية على واقعيتها. وتستجمع قصيدة البياتي لحظة التطابق بين الواقعي والأسطوري كتوحد الرؤيا في تبادلات رؤيوية، كما ينشئ ذلك التبادل مركباً متكاملاً فيه إسقاط دلالي يخلق التحوّل الذي سمّاه السامرائي لحظة البديل بين حركة الواقع وحركة

(1) انظر: ماجد السامرائي: تجليات الحداثة، الأهالي للطباعة والنشر والتوزيع، دمشق، ط (1)، 1995م، ص 73 وما بعدها.
(2) المرجع السابق، ص 75-77.

الرمز الأسطوري، وتبقى الأسطورة تكشف الواقع وتتصل بالجوهر، ولها قاعدة تبنيها على عضويتها مع الواقعي في توازٍ ينظم بينهما[1].

أما الفكر الأسطوري فلا يهمّه الحقيقة بالطريقة المباشرة، كما هو شأن الفكر الفلسفي والعلمي؛ لأن مهمة التعبير في الفكر الأسطوري هي الوصول بلغة المجاز والخيال والرمز إلى رؤيا أسطورية تشكل بنية القصيدة؛ فالمجاز يزاوج بين رؤيا الشاعر والرؤيا الأسطورية. والرمز يفجر طاقات القصيدة بما لها من غنىً دلالي.. ومن هنا يتم النظر في صورة القصيدة التي خلقها البياتي وحوّلها إلى أسطورة من خلال استغلاله كلمة (المترو) وصورته. وصوّر البياتي عالم النازلين إلى المترو وعالم الصاعدين إلى المترو بعالم نزول وصعود عشتار، كما يرى السامرائي ذلك بلا ضرورة من الشاعر إلى الإشارة إلى (عشتار). والنتيجة التي تقدّمها الصورة، هي حركة الوجود الدائري؛ ويكون الهبوط إلى عالم عشتار السفلي ليس هبوطاً إلى عالم الموت فقط، ولكنه هبوط إلى الأسفل العظيم الذي له سيد يملكه، وهذا يشبه صورة هبوط الناس إلى متروباريس[2].

إن البياتي هو من يقول أسطورته، ولا داعي لأن تقول الأسطورة ما يريد البياتي قوله، وإذا نظرنا إلى توظيف البياتي لحركة الزمن في القصيدة أو العلاقات فيها أو اتصال البياتي بالموقف الذي يحكيه، فإننا في مرقى إلى امتلاك البياتي لأسطورته في شكل إنساني اتخذ من واقعه وسيلة ليعمق رؤيته الأسطورية. وقد طوّر البياتي رؤيته الشعرية وبنى أسطورته وفق رؤيا عميقة ومتطورة أمام لحظة وعيه بحركة الوجود، وموقف ذاته المراقبة لرد حالته الواقعية إلى ما في مبناها المتخيل. ومن هنا يعود الشاعر إلى اللحظة الأسطورية التي تشكل بها الوجود الآخر في التاريخ الأسطوري للإنسان. وهكذا يبدع الشاعر أسطورته[3].

إن البياتي يؤسس استعاراته ورموزه على استلهام الأسطورة فيما تدل به على أبعاد الحقيقة؛ فالمعنى الكامن وراءها ينقله الشاعر من صور الوجود من خلال حركة هذا الوجود إلى معنى مرمز يمثل مقاربة العقل الباطن للتكوين الفني للقصيدة. وهي خبرة أسطورية

(1) انظر: ماجد السامرائي: تجليات الحداثة، ص 78.
(2) المرجع السابق، ص 79-80.
(3) المرجع السابق، ص 80-81.

عرفها الشاعر من أهمية نزول عشتار إلى العالم السفلي فساوى بها نزول الناس إلى متروباريس [1].

-4-

ونختم الحديث عن المدخل الاجتماعي الواقعي بالوقوف عند ما قدّمه عبد السلام المسّاوي عن البنيات الدالة في شعر أمل دنقل، ويرى المساوي أن الشاعر لجأ إلى استخدام الأسطوري والقصصي ـ عند العرب، وأنه أفرد قصائد كاملة تحتوي ذلك التراث العربي، وأنه مدّ ذلك التراث بالأبعاد المعاصرة الدالة على كل رمز اختاره [2].

ودرس المساوي البنيات الدالة في شعر أمل دنقل وفق استعمال كل بنية لدى الشاعر، ومن البنى التي درسها وفق استعمالها الأسطوري بنية أسطورة (زرقاء اليمامة) في قصيدة أمل دنقل "البكاء بين يدي زرقاء اليمامة"، ومن البنى المستخدمة عند دنقل (الزير سالم) وقد قرنها الشاعر بحرب البسوس في ديوان كامل أسماه "أقوال جديدة عن حرب البسوس".

ويلاحظ المساوي أن أمل دنقل لم ينجح في توظيف الأعلام والرموز الأجنبية، لكنه وظف رموزاً أسطورية مستخدمة مثل "أوديب"، و"سيزيف".. وقد أفاد دنقل من توظيفه للشخصيات التاريخية، وأضفى عليها الطابع الأسطوري، كما أضفى على بعض الشخصيات المعاصرة الطابع الأسطوري مثل شخصية "جمال عبد الناصر" وغيره [3].

ولا يحلل المساوي نصوص أمل دنقل تحليلاً متكاملاً يرينا الوحدة تتكامل فيما يوظفه فيها من بنى أسطورية وغيرها، لكنه يكتفي بتعداد البنى المستخدمة وتصنيفها، والبنى الأسطورية واحدة من تلك البنى. ويرى المساوي أن النفس الطويل لأمل دنقل جعله يوظف الشخصية التي يريد في قصائد كاملة تستغرق مادتها تلك الشخصية، لتغدو

---

(1) انظر: ماجد السامرائي: تجليات الحداثة، ص 82-84.
(2) انظر: عبد السلام المساوي: البنيات الدالة في شعر أمر دنقل، منشورات اتحاد الكتاب العربي، دمشق، 1994م، ص 151-152.
(3) المرجع السابق، ص 153-160.

الشخصية هي المعادل التصويري لبعد متكامل من أبعاد رؤية الشاعر الشعرية، وأن الشاعر الذي وظفها له منها عنوان ورسالة يريد منا فهمها[1].

ويرى المساوي أن كل شخصية وظفها أمل دنقل في قصيدة متكاملة تعد مرحلة كاملة من مراحل تطور دنقل الشعري. وأن الشاعر تتبع الشخصية المستخدمة تاريخياً وأسطورياً بخيوط تمتد من القديم إلى الحديث؛ أي أن الشاعر قد يعمد في قصائده إلى التنصيص بأسماء شخصيات في حيز من القصيدة أو في حيز من الديوان لينقل لنا امتداد الحاضر فيما حصل في الماضي كما في قصائده "حديث خاص مع أبي موسى الأشعري" و"من مذكرات المتنبي"[2].

وفي نقد المساوي لبنية أسطورة (زرقاء اليمامة) يرى أنها عينان على النكبة المعاصرة وأنها القادرة على التنبؤ واكتشاف الخطر قبل وقوعه والتنبيه إليه.. ومن هنا، أطلق الشاعر عليها لقب العرّافة المقدسة ناقلاً بالتوظيف الفني ما يتجاوز مجرد الاستلهام الجزئي الذي يُكتفى فيه بإيراد الاسم فقط إلى استيعاب كل التفاصيل المحيطة ببنية الأسطورة في أصلها التراثي[3].

ويتجاوز أمل دنقل في خطابه مجرد استلهام الاسم الأسطوري إلى السرد الأسطوري، كما يتجاوز بشكل يقلب المعادل الموضوعي لزرقاء اليمامة إلى معادل دلالي معاصر، وهو معادل دلالي معاصر، ويكمن في صيحات التحذير التي أطلقها المثقفون العرب من المبدعين في وجه المسؤولين عن أمن البلاد، ولم تلقَ تلك الصيحات إلاّ التجاهل واللامبالاة، فحلّت الهزيمة، وحل الدمار[4].

وهكذا، يرى المساوي أن شخصية (زرقاء اليمامة) تصبح شخصية أسطورية بما لبسته من ملامح خاصة مدّت خيوط حكايتها الأسطورية الأم إلى كل ما يحيط بها من شخصيات وأحداث وروايات؛ لننتهي إلى تركيبة الصورة ينسجم فيها كل ضد مع ضد، وننتهي إلى

---

(1) انظر: عبد السلام المساوي: البنيات الدالة في شعر أمل دنقل ، ص 160-162.
(2) المرجع السابق، ص: 162-168.
(3) المرجع السابق، ص 168-169.
(4) المرجع السابق، ص 170-171.

نتيجة تحكيها الأسطورة وتحملها طوال الأزمان بقيمة رمزية موحية تحتفظ ببنية ثابتة غنية. وتصبح زرقاء اليمامة هي المساوية رمزاً أسطورياً لمرحلة الهزيمة[1].

وبعد أن استعرضنا المداخل الأربعة، التي شكّلت النقد الأسطوري (لشعر الأسطورة الحر)، بقي القول بأن تلك النقود في المداخل على اختلاف وجهاتها تشكل معياراً نقدياً، يمكن الاعتماد عليه في محاكمة النص؛ وإن كانت في مجملها محاكمات خارجية للنص تنتقي الصور التي تحلل، ولا تأخذ بعين الاعتبار الكل المكتوب. ويرى الباحث أن تلك النقود التي احتاجت لذاك الإثبات قد اختارت نصوصاً سبقت إليها، أو أنها دارت في فلك نصوص هي مرآة لما يدور في فلكها، وفي كلا الحالين غابت القيمة فيها، وابتعدت عن المستوى الجمالي في النقد.

وقد يحتفظ النقد بجماله، كما يرى الباحث، عندما يصل الناقد إلى الأسطوري في الشعر دون أن يشير إليه مسبقاً، فتسبق أسطورة الشعر كلام الناقد عن لغة الشاعر وإبداعه. وقد قيل بأن المنهج الأسطوري منهج يسبق النص، وهذا كلام لا يثبت في كثير مما سبق تقديمه، ولعلنا نحتاج اليوم لتجاوز مرحلة السياب والبياتي وخليل حاوي وصلاح عبد الصبور، وسواهم ممن تكرر ذكرهم عند النقاد بشكل يدعو للتساؤل عن شعر المرحلة التي نعيش. بل الحاجة النقدية الآن تدعو النقاد إلى الاتجاه نحو ما يُكتب الآن من شعر، فلا بأس أن يعتد النقد بالسياب رائد الحركة الشعرية الحديثة، ولكن على النقد أن ينتقل إلى خطين: خط دراسة النصوص المتكاملة، وخط دراسة النصوص القريبة من واقعنا وحالنا.

قد لا يكون للنقد الأسطوري معنى، وهو يكرر النص المدروس، إلاّ إذا دُرس بشكل أصح، من الذي كان قد درسه، أو إذا درس من خلال دراسة كامل القصيدة التي يحتويها. ولعل فكرة الانتقائية فكرة نقدية درج عليها نقدنا العربي القديم في المختارات والشروحات، وعلى النقد أن يرقى للذي رقي إليه نقدنا العربي القديم في تشكيل النظرية النقدية، فيما تلا المرحلة الانتقائية، من خلال النصوص المتكاملة؛ فتعليم النقد بالكلام لا جدوى منه، بل جدواه بالتطبيق، ولا شيء سوى التطبيق.

---

(1) انظر: عبد السلام المساوي: البنيات الدالة في شعر أمل دنقل، ص 172.

الفصل الثالث

الأسطورة في التحليل النصي لنماذج من الشعر الحر

- النموذج الأول : تحليل قصيدة (عابرون في كلام عابر) لمحمـــود درويـش.

- النموذج الثاني : تحليل قصيدة (لا تصـــالـــح) لأمـــل دنقــــل.

- النموذج الثالث: تحليل قصيدة (القصيدة الإغريقيـة) لعبد الوهاب البيـاتي.

كيف نقرأ الأسطورة في الشعر؟، وكيف نقرأ الشعر المؤسطر ؟، وهل يكفي أن يشتمل الشعر على الأسطورة كي يحقق شعريته وإبداعيته؟، ثم كيف ينفتح الشعر على الأسطورة، من غير أن يكون الانفتاح حدث التجاء وهروب؟، وكيف تستحضر الأسطورة دون أن تكون حلية تزيينية وحسب؟، ثم هل ورود الأسطورة في الشعر يعني أنه أصبح معاصراً أو أنه امتلك الحداثة..؟

هذا الفصل محاولة للإجابة عن هذه الأسئلة بما يقدمه من تحليل نصي لحضور الأسطورة في الشعر العربي الحديث.

إن حضور الأسطورة في الشعر يجب أن يرتقي بالنص، لا أن يكون عالة عليه، أي ألا يحتمي الشعر بالأسطورة؛ فالشعر أولاً وأخيراً فعلٌ لغوي، واختيار من متعدّد النظام اللغوي، أو من إمكاناته المتعدّدة. وإذ ذاك -فقط- فإن على الشعر حين يتماهى مع الأسطورة، أو فإن على الأسطورة حين تحضر في الشعر أن تسهم في بناء شعريته وتعضّدها، دون أن تهددها، أو تعصف بها[1].

إننا نفرّق بين أن يستدعي الشعر الأسطورة، وهذا عمل شبه آلي يفقد الشعر بهجته، ويصير فعل الشعر هنا فعل استدعاء، وبين أن يبني الشعر قاعه الأسطوري؛ ليصير الشعر فعل إبداع. في الحالة الأولى يوظف الشعر الأساطير ويتكئ عليها وعلى منجزها الفني، فلا يخرج بشيء ذي بال، فتخذله وتخونه ولا تفي بحاجاته الشعرية، وفي الحالة الثانية تحضر الأسطورة إبداعاً أصيلاً مؤسساً، وفعل مواجهة (ليست لحظة هروب) تعلن عن نفسها في شكل محاورة كانت، في زمن ما، تتم بين الإنسان والكون[2].

إن النص الشعري حين يريد أن يواجه الحياة، أو جزءاً منها، يصير مشرعاً ومفتوحاً على كل ما يخدمه ويفتح مجراه، ويوسع من آماده، وعندئذ له الحق في أن يفتح على الأسطورة يحاورها، ويجادلها، يأخذ منها ويعطيها، يتقبلها وينفيها، يمتلئ بها، ثم يشرع في

(1) انظر: محمد لطفي اليوسفي:كتاب المتاهات والتلاشي في النقد والشعر، ص95.

(2) المرجع السابق، ص100-101.

مفارقتها، مؤسساً لشرعيته، ومؤسساً لشعريته وأصالته. ومن هنا نفهم معنى القول: إن منهج التفكير الأسطوري ظل يعلن في صورته الرمزية عن نفسه في كل تعبير إنساني (والشعر تعبير إنساني) لدى كل الشعوب المختلفة حاداً حيناً، وخافتاً حيناً، وكأن استجابة الإنسان وتفاعله مع هذه الأساطير ليس إلاّ تعبيراً عن استجابة الإنسان الأولى لعالمه[1].

الأسطورة بهذا المعنى الذي نبحث عنه هي فكر الإنسان، وتجربته الممتدة في مراحل تكوينه، ومن هنا عدّها النقد نسقاً لا زمانياً، بمعنى أنها جاهزة أبداً؛ فالأسطورة بنماذجها لا زمانية في الوجود الإنساني، وفيها رموز تقترح التكرار للشيء نفسه، كعمل مشابه.

ولعل الشعر أو الشاعر حين يعود إلى الأسطورة أو يتقاطع معها، إنما يعود إلى المنبع الإنساني الذي يساعد الإنسان المعاصر على اكتشاف ذاته وتعميق تجربته، ومنحها بعداً شموليا، وضرورة موضوعية تستطيع النهوض بعبء الهواجس والرؤى والأفكار والمعاصرة، بحيث لا تغدو عودة الشاعر إلى الأسطورة حلية جمالية تنضاف إلى العمل الشعري[2].

في هذا السياق الفني والجمالي الذي شرحته الآن، وفي هذا السياق الفكري والإنساني الذي بسطت القول فيه فيما مضى من مباحث، أحاول قراءة البعد الأسطوري في ثلاث قصائد حديثة لثلاثة من الشعراء المعاصرين وقد يكونون من المؤسسين في الوقت نفسه، وهم:محمود درويش في قصيدته (عابرون في كلام عابر)، وأمل دنقل في قصيدته (لا تصالح)، وعبد الوهاب البياتي في قصيدته (القصيدة الإغريقية).

(1) انظر:عز الدين إسماعيل:الشعر العربي المعاصر (قضاياه وظواهره الفنية والمعنوية) ، ص224-225.

(2) انظر:محسن إطيمش:دير الملاك (دراسة نقدية للظواهر الفنية في الشعر العراقي المعاصر) ، ص122.

تحليل قصيدة (عابرون في كلام عابر) *

لمحمود درويش

نشرت بتاريخ 1988/1/27م.

نص قصيدة: (عابرون.. في كلام عابر)

-1-

أيهــا المـــارون بـــين الكلـــمات العـــابرة
احملـــوا أســـماءكم وانصــــرفوا
واســـحبوا ســاعاتكم مـــن وقتنــا وانصــرفوا
واسرقـوا مـا شئتم مـن زرقـة البحـر ورمل الـذاكرة
وخـــذوا مـا شئتم مـن صـور، كي تعرفــوا
أنكـــم لـــن تعرفـــوا
كيـف يبنـي حجـر مـن أرضنـا سقف السمـاء...

-2-

أيهـا المـــارون بـــين الكلـمات العـــابرة
مـــنكم الســـيف-ومنــا دمنــا
مـــنكم الفـــولاذ والنـــار-ومنـا لحمنـا
مـــنكم دبابـــة أخـــرى-ومنــا حجـــر
مـــنكم قنبلـــة الغـــاز-ومنـا المطـــر
وعلينـــا مـا علـــيكم مـن سمـاء وهـواء
فخـــذوا حصـتكم مـن دمنـا.. وانصر-ـفوا

* انظر: محمود درويش: عابرون في كلام عابر(مقالات مختارة)، دار توبقال للنشر، الدار البيضاء، ط(1)، 1991م ص41-43.

وادخلوا حفل عشاء راقص.. وانصرفوا
وعلينا، نحن، أن نحرس ورد الشهداء..
وعلينا نحن أن نحيا كما نحن نشاءْ!

-3-

أيها المارون بين الكلمات العابرة
كالغبار المر، مروا أينما شئتم ولكن
لا تمروا بيننا كالحشرات الطائرة
فلنا في أرضنا ما نعملُ
ولنا قمح نربيه ونسقيه ندى أجسادنا...
ولنا ما ليس يرضيكم هنا:
حجر..أو حجلُ
فخذوا الماضي، إذا شئتم، إلى سوق التحف
وأعيدوا الهيكل العظمي للهدهد، إن شئتم،
على صحن خزف
فلنا ما ليس يرضيكم: لنا المستقبل
ولنا في أرضنا ما نعملُ

-4-

أيها المارون بين الكلمات العابرة
كدّسوا أوهامكم في حفرة مهجورة، وانصرفوا
وأعيدوا عقرب الوقت إلى شرعية العجل المقدّس
أو إلى توقيت موسيقى المسدس!
فلنا ما ليس يرضيكم هنا، فانصرفوا
ولنا ما ليس فيكم: وطن ينزف، شعب ينزفُ

وطـــــن يصـــــلح للنســـيان أو للــــــذاكرة..
أيهــــا المـــــارون بـــين الكلـــمات العــــابرة
آن أن تنصرفوا
وتقيمــــوا أيـــنما شـــئتم، ولكـــن لا تقيمـــوا بيننـــا
آن أن تنصرفوا
ولتموتـــوا أيـــنما شـــئتم، ولكـــن لا تموتـــوا بيننـــا
فلنـــــا في أرضـــــنا مـــــا نعمـــــلُ
ولنـــــا المـــــــاضي هنـــــــا
و لنـــــا صـــــوت الحيـــــاة الأولُ
ولنـــــا الحـــــاضر، والحـــــاضر، والمســـــتقبلُ
ولنـــــا الـــــدنيا هنـــــا..والآخـــــرة
فـــــاخرجوا مـــــن أرضـــــنا
مـــــن برنـــــا..مـــــن بحرنـــــا
مـــــن قمحنـــــا..مـــــن ملحنـــــا..مـــــن جرحنـــــا..
مـــــن كـــــل شيء، واخرجـــــوا
مـــــن ذكريـــــات الـــــذاكرة
أيهـــــا المـــــارون بـــين الكلـــمات العـــــابرة! ..

تحليل قصيدة: (عابرون .. في كلام عابر)

تنطلق الحوارية في نص محمود درويش "عابرون في كلام عابر" من خليط يصنع صورة كلية لنصّه، وتتجزّأ هذه الصورة في صور جزئية. ثم تتجمّع هذه الصور الجزئية لتشكل الصورة الكلية من جديد، دون شعورٍ بفصل الصورة الكلية عن صورها الجزئية المكوّنة لها. هذا الخليط المشار إليه هو الوهم الذي يعيشه اليهود الآن بماضٍ تأسس على وهم. وكله باطل ببطلان عكوف بني إسرائيل، في الماضي، على عجل مقدّس كآلهة لهم، إلى آخر ما يتبع انحرافهم عن الألوهية الواحدة من فساد في التصوّرات وفساد في الحياة. فبطلان ما كان من العجل المقدّس يقابله بطلان حاضر، وينتظره المصير نفسه من الدّمار في نهاية المطاف[1].

ولعل المرجعية التاريخية هي المرجعية التي بنى عليها محمود درويش قصيدته ونرى فيها كيف يتخذ بنو إسرائيل إلهاً غير الله -سبحانه- الذي فضّلهم، واختارهم ليورثهم الأرض المقدّسة -التي كانت إذ ذاك في أيدٍ مشركة-. ولم يطل عهد بني إسرائيل بعد أن كانوا يسامون الخسف في ظل الوثنية الجاهلية عند فرعون وملئه، ومنذ أن أنقذهم نبيهم وزعيمهم موسى -عليه السلام- باسم الله الواحد -رب العالمين - الذي أهلك عدوّهم، وشق لهم البحر... إنهم خارجون للتو من مصر ووثنيتها، ولكن هاهم أولاء ما إن يجاوزوا البحر حتى تقع أبصارهم على قوم وثنيين، عاكفين على أصنام لهم، مستغرقين في طقوسهم الوثنية؛ وإذا هم يطلبون إلى موسى -رسول رب العالمين- الذي أخرجهم من مصر باسم الإسلام -دين كل الأنبياء- والتوحيد-، أن يتخذ لهم وثناً يعبدونه من جديد!. وهذه هي الطبيعة مخلخلة العزيمة، ضعيفة الرّوح، ما تكاد تهتدي حتى تضل. والأهم أنه ما تكاد ترتفع حتى تنحط. ويظهر أن استعباد فرعون لبني إسرائيل كان إجراءً سياسياً خوفاً من تكاثرهم وغلبتهم. وشتّان ما بين فهم فرعون الواعي بأنّ موسى -عليه السلام- كصاحب

---

(1) انظر: سيد قطب: في ظلال القرآن، دار العلم للطباعة والنشر، جدة، ط(12)،1986م، مج(3)، ص1366-1376، ومج(4)، ص2340-2349.

عقيدة، جاء مخفياً وراء عقيدته هدفاً من الأهداف وهو الأرض[1]، وأن دعوته ستار للملك والحكم... ولقد طلب موسى إطلاق بني إسرائيل تمهيداً للاستيلاء على الحكم والأرض، فوعى موسى معنى العقيدة. ووعى فرعون ما يعيه موسى-فشتّان ما بين فهم فرعون الواعي وفهم بني إسرائيل الذين طلبوا إلهاً وثنياً يعبدونه!... هكذا قابل فرعون موسى بمثل ما يعتقد أنه طريقه إلى قلوب قومه: بالسحر. وظاهريّاً: السحر يقابله السحر، ولكن الذي لم يصل فهمه إلى فرعون أن للعقائد رصيداً من عون الله -جل وعلا- نحو الغلبة، لا بالظواهر فقط.

والعجل المقدّس، صورة مزرية لبني البشر في تاريخ أديان، كانت تمثله بنو إسرائيل: صورة فيها تهافت لعجل صنعه السامري/ وهو رجل منهم ، ابتلاهم الله - سبحانه - بما صنع كما أن في العجل عودة إلى الذهب معبود بني إسرائيل الأصيل الذي ألقوه على العجل، أو صنع السامري العجل منه. لكنه - في كل الأحوال - موجود ، يسرق عقولهم، كما سرقوه أول مرة من زينة المصريين، فأقنعهم السامري ،ليلقوه فهو حرام. وصاغ لهم عجلاً منه. ولمّا رأوا خواره بفعلة السامري/الذي قذف عليه من تراب الرسول فخار.. وأصبحت صورة حياة وطأة فرس الرسول للأرض بالإنبات تقابلها صورة حياة العجل بجعله جسداً له خوار.. تعمقاً في فتنتهم، ومناسبة لمحاباة الله - سبحانه - لهم بعد كل هذه المساعدات. لكنهم سرعان ما نسوا ربهم، وعكفوا على عجل الذهب في بلاهة فكر و بلادة روح : أن نسي موسى -عليه السلام - ربه، وضل عنه. ولمّا نبههم هارون - عليه السلام - بأن العجل فتنة ، و نصحهم بطاعته كما تواعدوا مع موسى - عليه السلام - وأنه عائد إليهم بعد ميعاده مع ربه على الجبل... التووا و تملصوا من نصحه، ومن عهدهم لنبيهم بطاعته، و قالوا بأنهم لن يبرحوا مكانهم عاكفين على العجل حتى يرجع إليهم موسى.[1] كل هذا مما أُثر عنهم ، يذكرنا به مقطع محمود درويش :

(1) الإشارة إلى قوله تعالى:"أجئتنا لتخرجنا من أرضنا بسحرك يا موسى"، طه/57.

(1) انظر: سيد قطب : في ظلال القرآن ، مج(3) ، ص1367-1378 ، و مج(4) ، ص2339-2350 .

كدّسوا أوهامكم في حفرة مهجورة ، و انصرفوا

و أعيدوا عقرب الوقت إلى شرعية العجل المقدس.

و قد بدأنا في تحليلنا من المقطع الأخير الذي يجسد قصة "العجل المقدس" ، لضرورة منهجية حملتها القصيدة لتتناسب مع الفكر الإنساني الذي تحكيه في كلامها العابر .

يتكون نص محمود درويش من ثلاثة وخمسين سطراً شعرياً، تقسمت على مقاطع أربعة المقطع الأول فيه أربع وأربعون مفردة، و الثاني فيه ثمان وستون مفردة، و الثالث فيه خمس و سبعون مفردة، و الرابع فيه مئة وأربع وأربعون مفردة : أي بازدياد ملحوظ لكل مقطع عن تاليه في عدد المفردات، مما يزيد عدد الجمل من العبارات، ويزيد عدد التراكيب من الجمل .

وقد تكرر عند درويش لازمة :

أيها المارّون بين الكلمات العابرة

وجاءت التكرارات كلها في مطلع كل مقطع من المقاطع الأربعة، ويمسك الشاعر بلحظة صورته الكلية في كل مقطع بشعرية ملحوظة: هي لحظة إمّا أن يقول الشاعر فيها ما يريد أن يقوله هو، كما في المقطعين الأولين، أو لحظة يقول الشاعر فيها ما تقوله الأسطورة؛ فتتشكل اللحظة المشتركة ممّا يقوله و ما تقوله الأسطورة ثم تتشكل للقصيدة رؤياها.

وربما يؤسس درويش أبعاداً لحقيقة يريد نقلها، وهنا يبني الشاعر رؤاه من واقع مرجعه الأسطوري، وتتحول الأسطورة إلى واقع، بعكس غير صحيح؛ إذ لا يمكن أن يتحول الواقع إلى أسطورة -كما قد يزعم -. ويبدو في حديث الأسطورة المختزل ذي العبور المتسارع في الوجود، كشف للواقع، وهذه دعوة النقد للاتصال بجوهر الأسطورة لا بشكلها.

ومن العنوان تظهر لنا فكرتان : فكرة تاريخية يعلمها الجميع من كلمة (عبر) ومنها استنبط درويش كلمتي (عابرون)، و (عابر) .

وفكرة حاضرة في أذهاننا من كلمة (كلم) ومنها استنبط كلمة (كلام) وقد ربط العبور بنقط تفتح الأفق رحباً نحو التأويل فقال :

عابـــــــــرون..

وقد ربط الكلام بحرف جر ثم بصفة تلتصق لصقاً يمنع التأويل. فالكلام عابر. وتفيد صيغة المجرورات هنا عكس المفردات، فنقول:

عـــابرون .. في كــلام عـــابر

وقد نقول: في كلام عابر عابرون. وتبقى النقاط هي الحـد الفاصـل الـذي معـه تختلـف تأويلاتنـا. فالجملة التركيبية الثانية هي الأصح من حيث تقديم شبه الجملة (الخبر) على مبتدئه. والمبتدأ غير مخصّص بوصفٍ أو إضافة. أمّا أنه نكرة فهو جمْع يقترب من المفرد في جميع حروفه:ع، ا، ب، ر؛ مـمّا يعطـي المعنـى لغة إيقاعية ذات تناغم متميز: فهم عابرون.. وسيبقون في كلام عـابر. و(عـابرون) جـواب لاستفهام مقـدر: من هم؟ وهو جواب العارف.

تشير كلمة (العبور) إلى قصة تاريخيـة نعرفهـا باسمهـا (العبـور) الـذي أعطى الحـق لبنـي إسرائيـل بتسميتهم:العبرانيين -فيما قيل- ثم أسسوا مملكتهم الخاصّة. كما توحي الكلمة بصراع الأنثروبولوجيا:التـي تقتحم ما عجز التاريخ عن اقتحامه، وتعيد بناء فترات تاريخية غابرة لا توجد عنها إلاّ شـواهد متفرّقـة[1]، في ضوء ما عرف من أن جنوب الجزيرة العربية كان مأهولاً قبل آلاف ثلاثة مضت -تقريبـاً-، وقـد بنـى العبريـون حضارتهم مذ كانوا قبيلة صغيرة إلى أن استقروا على مشارف الهلال الخصيب. وكان فيهم مـرض الشعـور بالنقص ومحاولة التغلب عليه بالسطو على موروثات الغير.

ومما قاله عنهم (فريزر) في كتابه الفولكلور في العهد القديم، إن لهم تصوّراً للرب والأنبياء على نحو لا يختلف كثيراً عن تصور الوثنيين في جنوب الجزيرة حيث تشيع الكهانة

---

[1] هذا الكلام و ما يليه من وصف ورد عند أحمد كمال زكي:الأساطير (دراسة حضارية مقارنة)، ص 29-41.

وتمارس طقوس السحر. ومرّ بنا رغبتهم في عبادة آلهة يعرفونها، بزعمهم، ومن ناحية أخرى فقد دعموا آراءهم بما سلبوه من البابليين والكنعانيين الذين أُثر عنهم إدمان الوصف للمظهر الشعائري للحياة -بحثاً عن أسطورةٍ مقدّسة-. ومع كلّ ما تقدّم فقد عاش عرب متحضرون ينتمون إلى إرم بن سام بن نوح. وكانوا يسكنون شمالي جزيرة العرب حتى جنوبي فلسطين، وقد سكن أولاد إرم من عاد وثمود وجُرهم الأول، وهو غير جرهم الآخر الذي جاء بعد لاوذ بجيلين، وانجب جُرهم القحطانية أو جُرهم الثانية وسكنوا في الجنوب. وإلى إرم نسبت شعوب العرب البائدة، ويقال إنهم هاجروا إلى وادي النهرين في تاريخ مجهول وأسسوا حضارة بابل. وكان قبل بابل العمالقة. وفيما عُرف، فقد استوطن بشر قبل السومريين أيضاً في هذه المنطقة-وادي النهرين-قبل آلاف أربعة تقريباً، وقد اجتاح عرب الشام منطقة سومر، وأخذوا عن ثقافتهم، واقتبسوا حروفهم الكتابية آخذين بأسباب الحضارة، وهؤلاء العرب هم:العموريون. وقد وقعت لهم هجرتان؛ وتأسست بالهجرة الثانية السلالة العمورية الأولى في بابل حيث يحكم حمورابي/الذي مات سنة 2081ق.م. بعد أن حكم أرض الجزيرة السفلى ثلاثاً وأربعين سنة. وبعد خمسة قرون من تأسيس السلالة العمورية تأسست حول نينوى إمبراطورية أشور، ولم يكن ثمة شيء -حتى هذا التاريخ- اسمه دولة إسرائيل. ولما آنس العبريون من أنفسهم قوة، بعد أن عبروا إلى وادي النهرين ثم تسللوا إلى الشام (1300-1200 ق.م) تقريباً، خافوا الدخول إلى الآراميين والكنعانيين، وظلّوا على عادة التمسّح بالقوي الذي يجاورونه: فهم أيام إبراهيم آراميون، وهم أيام (إشعيا) كنعانيون، وعندما انتصر المصريون بقيادة تحوتمس الثالث في معركة قادش سنة 1285 خلعوا جلودهم وتبجحوا بجلد إسرائيل وتاهوا مع سليمان بن داود (970-933 ق.م)..

لقد جاور اليهود إقليمنا العربي بحضارته فيما يتصل بقيمة الإنسان البدائي، وهو الأساس الطبيعي نحو فهم الحضارة الإنسانية في عمومها، فلا بدّ بالتبعية وبحكم الاتصال أن يكون للعرب دورهم البنائي. وتظهر أحقية العرب في بناء عالم الجزيرة القديم. ولقد كان ساميو اليمن والحبشة في الجنوب وساميو كنعان في الوسط وساميو سوريا وبابل وأشور في

الشمال وهم الآراميون من أولاد بيتٍ عربيّ واحد، وكان الإسرائيليون عالة على أولاد أولئك، حتى جاء داود وسليمان -وهما أعظم ملوك اليهود- وعقدوا تحالفاً مع حيرام أمير صور الفينيقية، وكانت هذه هي وصيدا مركزي إشعاع عربي على مدى العالم، وحرصاً في الوقت نفسه على المضي في تمثل ثقافة السكان الأصليين تحت التأثير الكنعاني المؤكد.

وبموت سليمان حوالي سنة 933 ق.م. انقسم الإسرائيليون إلى شماليين وجنوبيين، وقامت مملكة شمالية في عهد عمرى/الذي أسس ملك إسرائيل (887-877 ق.م.) في مدينة السامرة، لتكون عاصمة جديدة لملكه-كما تخبر ألواح أشور-، فقد قامت هذه المملكة بجمع التراث السامي واستغلاله في إذاعة حضارة متميزة، إلا أن هذه لم تستطع أن تبقى أمام سرجون الآشوري فقضى عليها. وبقيت المملكة الجنوبية إلى أن أنهاها بختنصر-البابلي سنة 586 ق.م. ووقع ما يعرف في التاريخ بالأسر العظيم[1].

وهل نستطيع أن نفصل بلغة الحضارات القديمة، ماذا لنا وماذا لكم، وماذا ليس لكم؟ ربما، إذا دخلنا إلى الفكرة الأولى ودليل نفسية الإنسان الحاضر رابطين بين حاضر نعيش، وماضٍ سحيق به تاريخ-عرفناه-ونوجد تاريخاً مستقبلاً يُعنى بالمراحل الثقافية الأولى والوسطى والخاتمة فكلها تنتمي لأصل واحد، ولا يضيرها منْ يمرّ خلالها بضعفه وهوانه. إنّ للعرب بماضيهم وحاضرهم أساساً ثقافياً باقياً بإقرار حكاياته، وبموجود موروثاته، وببقاء طقوسه. فإلى أين أنتم عابرون؟، يا منْ عبرتم في كلام عابر، وليس لهذا الكلام والفعل إلاّ الاسم الذي جاء

و السلام - ، وأصبحت الكلمة (العبور) منطلقاً للفعل (العابر) ومعبرة لهم بأنهم (العابرون) .ولو كانت كرامتهم باقية من كرامة نبيهم لبقي اسمهم:العبرانيون، لكنهم الآن:عابرون. وفقط.

(1) تمّت مطابقة التواريخ التي أوردها أحمد كمال زكي مع التواريخ الواردة في موسوعة:دار الفكر اللبناني؛ ميثولوجيا وأساطير الشعوب القديمة، لحسن نعمة، بيروت، 1994م، ص14-16.

وتلك هي الكلمة الخالقة مقارنة مع الكلمة الجافة التي لا تملك صفة الخلق . والكلام جمع الكلمة التي ربما يكون لها قيمة، وربما لا يكون لها. وربما يكون لها قيمة ضمنية. فما هي حالها في حديثها عن العبور؟ إنها "كلام عابر" لا قيمة له.

وإذا صنعنا مرآة تطابق بين الفكرة الأولية للعبور وبين ما همّ عليه الآن وجدنا عجباً كبيراً:فلا شبه ولاتشابه، بل انحراف يشابه انحرافهم في الماضي مع موسى -عليه السلام-، وتصبح الكلمة التي تمسكوا بها (عبر) بلا قيمة بعد أن فقدت تجلّيها الفعلي، وفقدت قدرتها على الإنتاج، وجفّت فكرة، وجفّت مضموناً، وجفّت إمكانية!

إن القصيدة تأخذ شكل بنية فكرية متسقة، تستمد وحداتها من رؤيا الشاعر، وتداخل بين رؤيا الشاعر ورؤيا الأسطورة كما نقلت بكل مقوماتها ذات الأبعاد التاريخية والإنسانية وهذا ما يعرف بتوظيف الأفكار.

واستمراراً لمنطق توظيف الأفكار توظيفاً شعرياً، وما يتلوها من تفسيرات، فقد جاءت أسطورة الهدهد حلقة لا تنفصل عن سائر حلقات القصيدة العامة، وهي تلعب دورها المعد مسبقاً في إطار الصورة العامة لبنية القصيدة الفكرية.

وقد بدا لنا أهمية اتّكاء الشاعر على العجل المقدس، ونتبين الآن شيئاً من الشاعر -ربما- يريد به الإمساك باللحظة الإنسانية في شعريته وهي عنصر التحول في رؤياه التي ركّزنا الحديث عنها.

إن التحول الذي يجريه الشاعر يربط بين مستويي البعدين:التاريخي من جهة، والإنساني من جهة أخرى؛ من خلال روابط جذرية بينهما. وإذا بحثنا عن تلك الروابط في أسطورة الهدهد نجدها في معرفتنا التاريخية لأفق الهدهد وأنه:طائر سليمان -عليه السلام- العارف بمنطق الطير، رسول ملكة سبأ بلقيس [1] ونجد الهدهد في بعده الإنساني العام بأنه ربما يكون طائر الحكمة وبيت الأسرار والدليل وهادي الطريق.. وقد استلهم الشاعر هذه

---

(1) انظر: سيد قطب: في ظلال القرآن، مج(5)، سورة النمل، ص2631.

الرؤى؛ ليضع علاقة بين الواقع المعروف من التاريخ ، ومتى تكون المواجهة يصنع الفكر:ذو الرؤيا الأسطورية والدينية والإنسانية، ونقرأ رفض الشاعر لمنطق الحقيقة التي يعيشها؛ لأنها تقذف به إلى غيبيات مثالية.. تعبّر عنها فكر أسطورية:

فخــذوا المـاضي، إذا شــئتم، إلى ســوق التحـف
وأعيـدوا الهيكـل العظمـي للهدهـد إن شــئتم
عـــــلى صــــحن خـــــزف.

انظـر لهـذا الاخـتراق: إنهـا ذاكـرة تكوينيـة تؤسـس أسطوريـاً للانفـلات عـن مـدار الواقع، استجابة لتطلعات أخرى وأحلام أخرى باختراق الواقع نحو معنى وجودي حلمي تخيلي. فما زالت أسطورة الهيكل -منذ نشأتها- صورة خيالية لوجود حلمي، لا أساس له في الواقع. ونكمل صورة شمولية المعنى الوجودي بقوله:

فلنــا مــا لــيس يرضــيكم، لنـا المســتقبل
ولنــا في أرضــنا مــا نعمــل

وهنا ينفرد الشاعر في حكمته عبر التجربة الوجدانية في الوجود، باستبصار معنى الوجود واللاوجود. وكيف استطاع استجلاء مرجعيته في أسطورة الهدهد رسـول سليمان الحكيم -عليه السلام- إلى بلقـيس.. ليمكن لك أن تفسّر علائق أخرى يمكن اكتشافها بدراسة الصورة الفنية المتولدة من البنى التي يقدمها الشاعر من خلال قصيدته على شكل صور نجملها في:

الصورة الأولى:

و نجد فيها مجموعة بنى ذات تكوين صوريّ، لا تتحـدّد بمعنى مباشر، بـل بانفتاحيات المعـاني عـلى دلالات إيحائية ذات تأويلات متوالدة. ويحمل الشاعر في صورته الكلية الأولى/المقطع الأول قـدراً كبيـراً مـن التفاؤل، تتوثق فيه هذه الصور الجزئية التي يمكن ملاحظتها وهي:

169

1- سيتوقف التاريخ الإنساني -كما نعرفه-، وسيحلّ محلّه مكان خال من التناقض. وهي صورة يوازيها توالد حلمي لشعرية:الحمل، والسحب، والسرقة، والأخذ، وأخيراً البناء. فهي أحداث/أفعال تتمحور حولها الصورة وفق إيقاع منظّم ومقياس محدد. أمّا الأحداث التي تناغم الصورة بلا انضباط لإيقاع منظم ومقياس محدد فهي التي تكررت بقوله:

وانصرفوا

وقوله:

كي تعرفوا، ولن تعرفوا

وهذه بنى مأخوذة بقوة مخيلة الشاعر، وهي تحمل المعنى المتعدد، وتعني ما تقوله. وما تشكله المخيلة تصور يتشكل من الفعل/الحدث وما يحيطه من ضمائم، ثم بما يشكله من تركيب في جمل صورية مرسومة.

قلنا عن توقف التاريخ الإنساني، ويكفي ما كان:

احملوا أسماءكم وانصرفوا
واسحبوا ساعاتكم من وقتنا وانصرفوا

ونقول الآن عن الصورة الجزئية الثانية وهي:

2- صورة الحساب داخل الزمان بيننا؛ فالعالم الدنيوي ليس محلاً للحساب، ويوجد مكان في السماء خال من التناقض سيكون فيه الحساب. وهو مكان خارج التاريخ الذي عرفوه فقد: (سرقوا من زرقة البحر، وسرقوا من رمل الذاكرة، وأخذوا ما شاءوا من صور). وتناسبت صور السرقة والأخذ مع صورة المحاسبة. ونلمح بنية لونية، ومزجا رسميا بين الضوء/ الصورة السطحية، والظل/ الصورة الباطنة. كما نلمح تتالي الإيقاع بمتتاليات:

واسحبوا، واسرقوا، وخذوا

ولماذا كل هذه الصور المتتالية بالعطف بالواو: إنها دلالة المشاركة والتعاقب، إنها لتوليد حاجة في نفسنا لصورة أقوى تجعلنا نبتهج للنتيجة، ونوسع مخيلتنا وذاتنا: كي نعرف، أنهم لن يعرفوا:

كيـف يبنـي حجـر مـن أرضـنا سـقف السـماء

وفي الصورة الثانية مزج بين صورتي السرقة والأخذ. ثم نلمح بنية لونية مشتركة بين زرقة البحر ورمل الذاكرة. وبين البحر والذاكرة أسرار مسروقة، وبين الزرقة والرمل لونان يتعايشان معاً، في رؤية مثالية غارقة في الحسابات، برؤية فوقية/ تسرق وتأخذ دون حساب. ولم كل هذا ؟:

كي تعرفـــــــــــــــــوا
أنكـــــــــم لــــــــن تعرفــــــوا
كيـف يبنـي حجـر مـن أرضـنا سـقف السـماء

وفي لغة الصورة، يبقى مخزون لا شعوري، وهو جزء مهم من المعنى لدى الشاعر، يترك للمتلقي البحث عنه، وكيف للشاعر أن يجلب السامع للمعنى الحقيقي من صورة التاريخ الإنساني، وصورة الحساب. إنها قدرة على المسّ: مسّ الواقع بالإيقاعات الصورية الممكن تحقيقها، فهذا حجر من أرضنا انتفض مع انتفاضة نفسنا وبنى سقف السماء: رافضاً حقائق تاريخية استنامت، ومنطق حقيقة يقذف إلى غيبيات مثالية لا أساس لها.

وهذه النتيجة تعيد القارئ إلى بدء الصورة الأولى/ المقطع الأول لتكتمل الدائرة، فالمعرفة بـ(كي تعرفوا) تعني لـ(تحملوا أسماءكم وتنصرفوا، وتسحبوا ساعاتكم، وتنصرفوا). ثم ليأتي وقت الحساب وتصبح العناصر المكونة للمقاومة عناصر خرافية نسبة للحقائق. وهو نظام قائم بين عناصر تحيط بالإنسان هي: الصور، وبين الإنسان ذاته: أي بين ما هو حدث البناء. فكل ما مرّ وحمل وسحب وسرق وأخذ، هو أفق مغلق، بينما يبقى أفق البناء مفتوحاً. فكيف إذا بنى حجر سقف السماء، فهل سيغلق؟!!

والآن إلى الصورة الثانية/ والمقطع الثاني:

171

وفيها يظهر الشاعر إنساناً معجزاً: كأن السماء -في لغة الأسطورة- تمده بصفات فوق إنسانية؛ فدمه في مقابل السيف، ولحمه في مقابل النار، وحجره في مقابل الدبابة، ومطره في مقابل القنبلة. وهذا إيمان بالمثل العليا من الشاعر، والشاعر بذاك لم يتجاوز حقائق الأشياء، لكنه لم يعد يتعامل مع الأشياء بماديتها المباشرة، وأصبح حسابه مغايراً لحساب غيره. وغيّب مدلولات الألفاظ الأرضية. وكانت نتيجة ما أراد هي: إمكانية التجاوز بالتمرد الإنساني على الواقع.

إن لغة المثل العليا هي ما يدفع الإنسان إلى الأمام، ولا يكتفي الشاعر بتخطي واقعه المادي، وتجاوز ذاته الفردية، بل يحكي لغة تحقق وجوداً أعلى وأفضل، وتتجاوز بوعي ما تعرضه من صور؛ ففي المقطع صورتان: الأولى لذاك الإنسان البطل صاحب المقاومة. والثانية لحركةٍ/ حدثٍ تصوّر حركة كلية في القصيدة = حركة الحياة. والحركة تتصور بالأخذ والدّخول وهي من طرفهم. ثم بالحراسة والحياة وهي من طرفنا، فمع أن السماء والهواء علينا وعليهم واحدة، لكننا-وقد أخذوا حصة من دمنا، ودخلوا حفل عشاء راقص باطمئنانهم- فعلينا أن نحرس ورد الشهداء، وأن نحيا كما نشاء وعليهم أن ينصرفوا.

وقد تكررت لازمة الانصراف. وجاءت خاتمة الصورة بنتيجة تشبه معرفتهم لبناء الأفق المفتوح بأننا:

نحيـــا كــمـا نشــاء.

ولرسم ما يقوله الشاعر في حركة صورة في النص فإنه يبدأ من حركة/ فعلية تصنع متتالية في النص، من خلال بؤرة تركز عدسة الصورة على أن يأخذوا.. وينصرفوا. وإذا بدأت الصورة بالحركة، فإنها تتبع بالزمن: زمن الفعل/ الحدث المستخدم، وأهميته في صنع زمنين رغم أنه (أمر) في زمنه، ويأمر بفعل مستقبل، لكنه يشير إلى تجربة ذاتية عاشها الشاعر، ويراها الجميع. وبعد الحركة والزمن تأتي صورة الوجود بوسطٍ:يمينه الاتصال ويساره الموقف؛ أما الاتصال بالوجود فهو عودة إلى مبنى الخيال، وردّ الحالة الواقعية التي نعيشها بالسيف والفولاذ والقنبلة إلى وجودٍ آخر في التاريخ الأسطوري لمن هذا حاله وهو

ما سيظهره حديث الشاعر في المقطعين الثالث والرابع. والموقف من الوجود يظهره تصوير الشاعر للوجود من خلال الذّات الحيّة في صورة الشهيد/ الحيّ ليحق لنا:

نحيـــا كـمــا نشـــاء.

وفي الصورة الثالثة: المقطع الثالث تبدو ثلاث صور جزئية، تقفز إلى ذهن الشاعر خلالها الصورة التشبيهية على غيرها من المعاني المصورة. وقد نبعت الصورتان التشبيهيتان من فكرة مجردة تتصور:

الأولى: تشبيه صورة الكلمات العابرة بما فيها من أساطير لا أساس لها من الصحة بالغبار. وليس الغبار وحده، بل الغبار المر، وهو رمز يؤسس بعداً لحقيقة الوجود الذي نعيش/بالمرارة.

والثانية: صورة المرور كالحشرات الطائرة، التي إذا بحثنا عن علاقةٍ بين حدّين مشبّهين فيها نجده في صغر حجم الحشرة، وقدرتها على الطيران، وما تخلّفه من ضرر خلفها.

لا يخفى أن لاختيار الشاعر لكلمة(المر) وكلمة(مرّوا) أثراً أسلوبياً في التناغم يحمل الاختيار عن وعي، من جهة، والتوزيع الصوتي المتناغم، من جهة أخرى. ويبقى الحضور في قوله:

أيهــــا المـــــارّون... لا تمـــــرّوا
ونـــرى الغيـــــــاب في أن:
لنــا في أرضـــنا مــا نعمــل
ولنـا قمـح نربيــه ونسقيه نـدى أجـسـادنا..
ولنـــا..
حجــــــــر.. أو حجـــــل

وذلك الحجر الذي بنى لنا سقف السماء بانتفاضته ما عاد يرضيكم. وهذه صورة ثانية جزئية في المقطع الثالث، وهي لازمة تتكرر بقوله:

173

لنـــــــا.. ولنـــــــا...

فإذا ما عدنا للأثر الأسلوبيّ مـن اسـتعمال الكلمـة وجـدنا الشـاعر باختيـاره الـواعي، وتوزيعـه الصـوتي لحروفه وحركاته، إنما يؤسس لوظيفة مرجعية كانت قد رمز لهـا سـابقاً بالحـدث/ الفعـل المركـزي للصـورة في المقطعين السابقين،وهو الآن يستخدم عنصر المفاجأة بالكلمة؛ تلك المفاجأة بعلاقة الكلمة(اسم- فعل- حرف) مع بعضها بعضاً، وعلاقتها، فيما بعد، بكلمات القصيدة كلها، خدمة للنص، مع وجود نظام البدائل. وإذا كان الشاعر قد نظم وقال:

علينـــا مـــا علـــيكم

فإنه لم يقل: لنا ما لكم؛ لأنه ليس لهم شيء يخاطب به (لكم) لكنه قال:

لنـــا مـــا لـــيس يرضـــيكم

....

لنـــا مـــا لـــيس فـــيكم ..

لنـــــــا.. ولنـــــــا..

ولم يطلب الشاعر منهم في هذا المقطع الانصراف، مع أنه طلب أن يأخذوا الماضي كلّه، بجملة معترضة- إذا شئتم- تفيد طاقة تعدّد الدلالات باتساع ما تقبلـه كلمـة(المـاضي)، وليأخـذوه إلى سـوق التحـف رمـز كـل متخيل أسطوري لا أساس له. وهنا حضور الشاعر بلغتـه ودلالاتـه. وهـو حضـور وجـود يعنـي لـه: الـوطن. ومتخيّل أسطوري يبنى على وطنه. وفي لغة الشاعر لحظة اتصال بالوجود بمبناه المتخيـل الأسـطوري وماضـيه الذي يعود للحظة الأسطورية. وهو اتصال بالوجود الذي نراه. كما أن في لغة الشاعر ردّاً للواقع وموقفـاً مـن الوجود بتشكيل وجودٍ آخر فيما أسطره تاريخ الإنسان، وهل للأسطورة أن تنشئ وطناً!!. ويأتي جواب الشاعر:

لنـــا في أرضـــنا مـــا نعمـــل

وعليكم يا من سرقتم وأخذتم أن تعيدوا الهيكل العظمي للهدهد؛ فما عاد له حكاية. وقد عرف الهدهد أنه هيكل عظمي لا قيمة له، وإن شئتم-بلا اعتراض- أعيدوا هذا الهيكل للهدهد على صحن خزف قديم يبقيه مع ما يبقيه إلى سوق التحف.

هذه هي البنية الأسطورية المستمدة من علاقة الواقع بالأسطورة، والتي تؤسس الفكر بما فيه من أسطورة تنقد رؤيا/ الواقع، وإنسانية تحرّك جوهر المعاني باتجاه الوجود، أو من خلاله. وكما قلنا الفكر هو الرؤيا. ويمكن القول إن الرمز الأسطوري بما يحمله من مجاز يولِّدُ غنى دلاليّاً يقول الشاعر من خلاله ما يقوله هو، لا ما تقوله الأسطورة، فتتشكل رؤياه.

وأخيراً فإنه ربما يريد أن يقول لنا الشاعر إن اليهود صوّروا لأنفسهم هيكلاً، ثم قالوا:أين في الدنيا الواقعة مثل هذا الهيكل الذي خلقناه بفكرنا؟ لكنهم لم يصنعوا في الحقيقة سوى أن ركبوا كائناً جديداً من أصلين حسيين:هما الهيكل والعظم، فقد رأوا هيكلاً، ووصفه الشاعر عظماً. لا بل إنك لتستطيع أن تشطح بخيالك إلى ما هو أبعد، وتصور لنفسك ماضياً في حدود خبراتك المباشرة وما تراه عينك وتشهده أفعالك ثم تؤلف ما تشاء، وتؤيد ما تختار. وهذه أفكار مزعومة عن اليهود؛ بالانتقال من لفظة إلى لفظة دون أن تنتهي بنا السلسلة إلى أصل حسّيّ بدأت عنده. ولا غرابة أن يجيء الفكر عندئذ غامضاً. وهذه هي الصورة الجزئية الثالثة في المقطع الثالث.

وسنبدأ حديث صورة المقطع الرابع، والصورة الرابعة بالقراءة الأفقية التي تكشف علاقة التجاور، وتضع امتداد خطوط أسطر القصيدة بتعالق عناصرها معاً. وقد قلنا في المقطع الأول عن ترابط الأحداث:

اسحبوا.. واسرقوا.. وخذوا..

وكيف استمرت صورة الأخذ في المقطع الثاني والثالث. ولكنها في المقطع الرابع ستبدأ بأخذ شكل التصوير التاريخي والاجتماعي إلى جانب التصوير الأسطوري. وقد

تحدثنا عن العجل المقدس، وعدنا إلى التاريخ، أما الواقع فهو اغتيالات تميت كل حقيقة في مفارقة اجتماعية تحيا معنا في:

توقيـــــت موســـيقى المســـدّس

وهذا قلناه بـ: أن لا حساب داخل الزمان، ورغم ما يتكدّس من أوهام في حفرة مهجورة، لا نظام فيها، وهي تغيّر بنيات حقيقية إلى كذب وأوهام عميقة. ويبقى الجواب:

انصرـــــــفوا

فلنـا مـا لـيس يرضـيكم هنـا، فانصرـفوا

ومن التصوير الاجتماعي:لنا وطن ينزف، وشعب ينزف. ولنا وطن يصلح للنسيان أو للـذاكرة. وهـذان ضدّان في صورة مقابلة بين ذاكرة نعرفها من معرفتنا لوطننا. ونسيان ندرك خلالـه ضرورة الـترابط بيننـا وبـين وطننا ببحث نظري دؤوب حول تاريخ مجتمعنا كي لا ننسى وما أكثر ما ننسى!!. وتتكرّر لغة الجواب:

آن أن تنصرـــــــــفوا

....

فلنـــــا/ المـــــاضي هنـــــا

ولنـــــا صـــــوت الحيـــــاة الأول

ولنـــا الحـــاضر، والحـــاضر، والمســـتقبل

إن الماضي ببعده الرمزي يذكّر بالأصول والفروع، فهل يمكن لعاقل يعرف ماضيه ويختزنـه أن يتجاهلـه، أو يقفز من فوقه، فيسلّم كلّ مفاتيح ماضيه لجلّاده؟ وها هو الشاعر يعلن انـتماءه-هـو وأصحابه- إلى ذلـك الماضي بكل ما فيه، ويعلن ارتباطه بالماضي:ذاك الارتباط الذي يعني ارتباطه بالذاكرة الإنسانية التـي يـراد لهـا أن تمحى من الذاكرة نهائياً![1]. أما الحاضر الذي"لنا" فهو حاضر ممتد مـن مـاض وسـيمتد إلى مسـتقبل؛ لأن حاضر

---

(1) انظر: بسام قطوس:استراتيجيات القراءة (التأصيل والإجراء النقـدي)، دار الكنـدي للنشرـ والتوزيـع، إربـد-الأردن،1998م، بتصرـف ص74-75.

الاحتلال، وبعد المسافة بين الشاعر ووطنه لا يلغي ماضيه، فيعود الشاعر لتكرار أغنية ارتباطه بالأرض والبحر..

فـــــاخرجوا مـــــن أرضـــــنا
مـــــن برّنـــــا.. مـــــن بحرنـــــا
مـــن قمحنـــا.. مـــن ملحنـــا.. مـــن جرحنـــا
مـــــن كـــــل شيء، واخرجـــــوا
مـــــن ذكريـــــات الـــــذاكرة
أيهـــا المـــارون بـــين الكلـــمات العـــابرة!..

وإصرار الشاعر على"لنا"، و"أرضنا"، و"بحرنا"، و"جرحنا"، إصرار له معنى أورده درويش بمستويات تعبيرية مختلفة؛ ليصل إلى نتيجة ترسم حدود وطنه[1].

وهكذا يلامس الشاعر حدود تيار فكر اجتماعي وسياسي يربط فيه بين ذاكرة عاشت، وذاكرة تبحث في معرفة فهم ما تعيش. وهناك أوهام خادعة تعترض سبيلها، كوهم هدهد يعيد الهيكل، وعجل يُعبد من دون الله -سبحانه- وسيبقى كل ما يقال كلمات عابرة، آن لها أن تنصرف، وينصرف معها أصحابها، لأنهم وحدهم:

المـــــارون بـــــين الكلـــــمات العـــــابرة

وبهذا الفعل وحده لا تعود الأسطورة موظفة لخدمة الشعر، ولا يصير الشعر ملتجئاً أو محتمياً بالأسطورة، وإنما يبني الشعر شعريته من خلال امتلاكه قاعه الأسطوري ليغدو الشعر والأسطورة وكأنهما خارجان من منبع واحد، ليصير الشعر ممتلئاً بصخب لحظته التاريخية دون أن يتلاشى في الأسطورة، بل بما يؤكد التعاضد بين الشعر والأسطورة على نحو عضوي[2].

---

(1) انظر: بسام تطوس استراتيجيات القراءة، ص 85.

(2) انظر: محمد اليوسفي: كتاب المتاهات و التلاشي في النقد و الشعر، ص 178-181.

تحليل قصيدة (لا تصالح)*

لأمل دنقل

* من ديوان أقوال جديدة عن حرب البسوس مؤرخة بتاريخ نوفمبر 1976م.

نص قصيدة: (لا تصالح)

-1-

لا تصـــــــــــــــــــــــالح!
.. ولـــــــو منحـــــوك الـــــــذهب
أتـــــرى حـــــين أفقـــــأ عينيـــــك،
ثـــــم أثبـــــت جـــــوهرتين مكـــــانهما..
هـــــــــل تـــــــــرى.. ؟
هـــــي أشـــــياء لا تشـــــترى...
ذكريـــــات الطفولـــــة بـــــين أخيـــــك وبينـــــك!
حســـــكما-فجـــــأة- بالرجولـــــة،
هـــذا الحيـــاء الـــذي يكبـــت الشـــوق.. حـــين تعانقـــه،
الصـــــمت-مبتســـــمين- لتأنيـــــب أمكـــــما..
وكـــــــــــــــــــأنكما
مـــــــا تـــــــزالان طفلـــــــين!
تلـــــك الطمأنينـــــة الأبديـــــة بيـــــنكما:
أن ســـــــيفان ســـــــيفك..
صـــــــوتان صـــــــوتك.
أنـــــــك إن مـــــــتّ:

* أمل دنقل: الأعمال الشعرية، مكتبة مدبولي، مصر، 1995م، ص 393-408.

للبيــــــــــــــــــت رب
وللطفـــــــــــــــــل أب.
هـل يصــير دمــي-بــين عينيــك- مــاءً؟
أتنسى ـــــــــــــــ ردائي الملطـــخ..
تلبس-فــوق دمــائي - ثيابــاً مطــرزة بالقصب؟
إنهـــــــــــــا الحـــــــــــــرب!
قـــــــد تثقـــــل القلـــــب..
لكـــــن خلفـــــك عـــار العـــرب
لا تصـــــــــــــــالح..
ولا تتـــــــوخ الهـــــــرب!

-2-

لا تصــالح علـى الـدم.. حتــى بـدم!
لا تصـــالح! ولـــو قيـــل رأس بـــرأس،
أكـــل الـــرؤوس ســـواء؟!
أقلـــب الغريـــب كقلـــب أخيـــك؟!
أعينـــاه عينـــا أخيـــك؟!
وهل تتســاوى يـد.. سـيفها كـان لـك
بيـــد ســيفها أثكلـــك؟
ســـــــــــــــيقولون:
جئنـــاك كي تحقـــن الـــدم..
جئنـــاك. كـــن-يـا أمـــير- الحكـــم.
ســـــــــــــــيقولون:
هـــا نحـــن أبنـــاء عـــم.

179

قـل لهــم:إنهــم لم يراعــوا العمومــة فــيمن هلــك.
واغـــرس الســـيف في جبهـــة الصـــحراء..
إلى أن يجيـــــــــب العـــــــــدم.
إننـــــــي كنـــــــت لـــــــك
فارســـــــــــــــــــــــــــــاً
وأخـــــــــــــــــــــــــــــاً
وأبـــــــــــــــــــــــــــــاً
وملـــــــــــــــــــــــــــك!

-3-

لا تصـــــــــــــــــــــالح..
ولـــــــو حرمتـــــــك الرقـــــــاد
صرخـــــــــات النداــــــــــة.
وتـــــــــــــــــــــذكر..
(إذا لان قلبـــك للنســـوة اللابســـات الســـواد
ولأطفـــالهن الـــذين تخاصـــمهم الابتســـامة)
أن بنـــــت أخيـــــك "اليمامـــــة"
زهـــرة تتسربـــل -في ســـنوات الصـــبا-
بثيـــــــاب الحـــــــداد.
كنـــــــت، إن عـــــــدت:
تعـــدو عـــلى درج القصرـــ
تمســـك ســـاقي عنـــد نـــزولي..
فأرفعهـــا -وهـــي ضـــاحكة-
فـــوق ظهـــر الجـــواد.

هـــــاهي الآن.. صــــامتة.

حرمتهــــا يـــد الغــدر:

مـــن كلـــمات أبيهـــا،

ارتـــداء الثيـــاب الجديـــدة،

مـــن أن يكـــون لهـــا- ذات يـــوم- أخٌ!

مـــن أب يبتســـم في عرســـها..

وتعـــود إليـــه إذا الـــزوج أغضبها..

وإذا زارهـا.. يتسابق أحفـاده نحـو أحضانه،

لينـــالوا الهـــدايا..

ويلهـــوا بلحيتـــه (وهـــو مستســـلم)

ويشـــدوا العمامـــة.

لا تصـــالح!

فـــما ذنـــب تلـــك اليمامـــة

لـــترى العـــش محترقـــاً.. فجـــأة،

وهـــي تجلـــس فـــوق الرمـــاد؟!

-4-

لا تصـــالح ولـــو توجـــوك بتـــاج الإمـــارة.

كيـــف تخطـــو علـــى جثـــة ابـــن أبيـــك..؟

وكيـــف تصـــير المليـــك..

علـــى أوجـــه البهجـــة المســـتعارة؟

كيـــف تنظـــر في يـــد مـــن صافحوك..

فـــلا تبصـــر الـــدم..

181

في كـــــــــــــل كـــــــــــــف؟
إن ســــــهماً أتـــــاني مـــــن الخلـــــف..
ســــوف يجيئـــــك مـــــن ألـــــف خلـــــف.
فالـــــدم-الآن- صـــــار وســـــاماً وشـــــارة.
لا تصـــــــــــــــــــــــــــــالح،
ولـــــو توجـــــوك بتـــــاج الإمـــــارة
إن عرشـــــــــــــك:ســـــــــــــيفٌ
وســـــــــــــيفك:زيـــــــــــــفٌ
إذا لم تـــــزن-بذؤابتـــــه- لحظـــــات الشرـــــف
واســـــــــــــتطبت-الـــــــــــــترف.

-5-

لا تصـــــــــــــــــــــــــــــالح
ولـــــو قـــــال مـــــن مـــــال عنـــــد الصـــــدام
".. مـــــا بنـــــا طاقـــــة لامتشـــــاق الحســـــام.. "
عنـــــدما يمـــــلأ الحـــــق قلبـــــك:
تنـــــدلع النـــــار إن تتـــــنفس،
ولســـــان الخيانـــــة يخـــــرس.
لا تصـــــــــــــــــــــــــــــالح،
ولـــــو قيـــــل مـــــا قيـــــل مـــــن كلـــــمات الســـــلام.
كيـــــف تستنشـــــق الرئتـــــان النســـــيم المـــــدنس؟
كيـــــف تنظـــــر في عينـــــي امـــــرأة..
أنـــــت تعـــــرف أنـــــك لا تســـــتطيع حمايتهـــــا؟
كيـــــف تصـــــبح فارســـــها في الغـــــرام؟

كيـــف ترجـــو غـــداً.. لوليـدٍ ينـام
-كيـــف تحلـــم أو تتغنـــى بمســـتقبل لغـلام
وهـو يكـبر-بـين يـديك- بقلـب مـنكس؟
لا تصـــــــــــــالح
ولا تقتســـم مـــع مـــن قتلـوك الطعـام.
وارو قلبـــــك بالـــــــــدم..
وارو الـــــتراب المقـــــدس..
وارو أســـلافك الراقـــدين..
إلى أن تـــرد عليـــك العظـــام!

-6-

لا تصـــــــــــــالح
ولـــو ناشـــدتك القبيلـــة
باسم حـــزن"الجليلـــة"
أن تسـوق الـــــدهاء،
وتبـدي-لمـن قصـدوك- القبــول.
ســــيقولون:
هـــا أنـــت تطلـب ثـأراً يطـول.
فخـذ- الآن- مـــا تســـتطيع:
قلـــيلاً مـــن الحـــق..
في هـــذه السـنوات القليلـــة.
إنـــه لـــيس ثـأرك وحـدك،
لكنـــه ثـأر جيـل فجيـل.
وغـــداً..

183

سـوف يولـد مـن يلـبس الـدرع كاملـة،
يوقـد النـار شـاملة،
يطلـب الثـأر،
يسـتولد الحـق،
مـن أضـلع المسـتحيل.
لا تصـالح،
ولـو قيـل إن التصـالح حيلـة.
إنـه الثـأر.
تبهـت شـعلته في الضـلوع..
إذا مـا توالـت عليـه الفصـول..
ثـم تبقـى يـد العـار مرسـومةً(بأصـابعها الخمـس)
فـوق الجبـاه الذليلـة!.

-7-

لا تصـالح، ولـو حـذرتك النجـوم
ورمـى لـك كهانهـا بالنبـأ..
كنـت أغفـر لـو أنني مـت..
مـا بـين خـيط الصـواب وخـيط الخطـأ.
لم أكـن غازيـاً،
لم أكـن أتسـلّل قـرب مضـاربهم
أو أحـوم وراء التخـوم
لم أمـدّ يـداً لـثمار الكـرومْ
أرض بسـتانهم لم أطـأ
لم يصِـح قـاتلي بي:"انتبـه"!

كـــــــان يمشي ــــــــــ معـــــــي..
ثــــــــم صـــــــــــافحني..
ثــــــــم ســـــــار قلـــــــيلاً
ولكنـــــــه في الغصـــــــون اختبـــــــأ!
فجـــــــــــــــــــــــــــــــأةً :
ثقبتنـــــي قشـــــعريرة بـــــين أضـــــلعي..
واهتـــــز قلبـــــي-كفقاعـــــة وانفثـــــأ!
وتحاملـــتُ، حتـــى احتلمـــت عـــلى ســـاعديّ
فرأيـــتُ:ابـــن عمـــي الـــزنيم
واقفـــاً يتشـــفّى بوجـــهٍ لئـــيم
لم يكـــــــــــــــــــــــــــــن في
يـــــــــــدي حربـــــــــــةٌ،
أو ســـــــــلاحٌ قـــــــديم،
لم يكـــن غـــيرُ غيظـــي الـــذي يتشـــكّى الظّـــمأ.

-8-

لا تصــــــــــــــــــــــــــــــالح،
إلى أن يعـــودَ الوجـــودُ لدورتـــه الـــدائرة:
النجـــــــــــوم..لميقاتهـــــــــــا
والطيـــــــــــور..لأصـــــــــــواتها
والرمـــــــــــال..لـــــــــــذراتها
والقتيـــــل لطفلتـــــه النـــــاظرة.
كـــل شيء تحطّـــم في لحظـــةٍ عـــابرة:
الصبا-بهجة الأهل-صوت الحصان-التعرّف

بالضـــــــــــــيف-همهمـــــــــــــة
القلب حين يرى برعماً في الحديقة يذوي-الصلاة لكي ينزل
المطـــــــــــــــــــــــــــــــــــــرُ
الموسـميّ-مراوغـة القلـب حـين يـرى طـائر المـوت
وهـــو يرفـــرف فـــوق المبـــارزة الكـــاسرة.
كـــل شيء تحطّـــم في نـــزوةٍ فـــاجرة.
والــــذي اغتــــالني:لــــيس ربّــــاً..
ليقتلنــــــــــي بمشـــــــــيئته
لــيس أنبــل منــي..ليقتلنــي بســكينته،
لــيس أمهــر منــي..ليقتلنـي باســتدارته المــاكرة.
لا تصـــــــــــــــــــــالح،
فـــما الصـــلح إلاّ معاهـــدة بـــين نـــدّين..
(في شرف القلـــــــــــــــــب)
لا تُنـــــــــــــــــــــتقص.
والـــــذي اغتـــــالني محـــــضُ لـــــصْ
سَرَقَ الأرضَ مـــــن بـــــين عينــــيّ
والصـــمتُ يطلـــقُ ضـــحكته السّـــاخرةْ!.

-9-

لا تصـــــــــــــــــــــالح،
ولـــو وقفـــتْ ضِـــدَّ ســـيفك كـــلُّ الشـــيوخ،
والرجـــال التـــي ملأتهـــا الشرـــوخْ،
هـــؤلاء الـــذين يحبـــون طعـــم الثريـــدْ،
وامتطـــــــــــــاء العبيـــــــــــــدْ،

هــؤلاء الــذين تــدلّت عمائمهــم فــوق أعيــنهم،
وســيوفهم العربيــة قــد نســيت ســنواتِ الشــموخْ.
لا تصــــــــــــــالحْ،
فلــــــيس ســــــوى أن تريـــــــدْ.
أنـــت فـــارسُ هـــذا الزمـــانِ الوحيـــدْ
وســــــواكَ..المســــــوخ!

-10-

لا تصــــــــــــــالح
لا تصــــــــــــــالح!

تحليل قصيدة: (لا تصالح)

هذه قصيدة تتكوّن من مقاطع عشرة، المقطع الأول فيه ستة وعشرون سطراً، والمقطع الثاني فيه عشرون سطراً، والمقطع الثالث فيه تسعة وعشرون سطراً، والمقطع الرابع فيه سبعة عشر سطراً، والمقطع الخامس فيه واحد وعشرون سطراً، والمقطع السادس فيه خمسة وعشرون سطراً، والمقطع السابع فيه ثلاثة وعشرون سطراً، والمقطع الثامن فيه ثلاثة وعشرون سطراً أيضاً، والمقطع التاسع فيه أحد عشر سطراً، والمقطع العاشر فيه سطران فقط، ليصل مجموع أسطر مقاطع القصيدة إلى مئة وستة وتسعين سطراً.

وتتكرّر لازمة لا "تصالح"/العنوان عشرين مرّة داخل أسطر القصيدة، وتشكل مع جاراتها صوراً كليّة على المستوى البلاغي، وتشكل بتكرارها إعادة منتظمة لسلسلة منطوقة في عناصر نغمية، وهو ما يعرف بالمستوى الإيقاعي وتشكل نسيجاً تظهره العلاقات بين مختلف المستويات التركيبية منها، والصرفية والدلالية كذلك، إلى صعيد المستوى التركيبي في الإيقاع، ومن المستويات الثلاثة: البلاغية، والإيقاعية، والتركيبية تظهر الدلالة التي نبحث عنها وقد أوجدتها تحوّلات النص في مركز بنيته الدلالية ذات مستويات ذكرناها سابقاً، وكلّها توحّدها الصورة الفنية من خلال الاختيار الفني الذي يقوم به الشاعر.

وقد قدّم الشاعر شخوص حرب البسوس باستحضار جعل كلا منهم يدلي بشهادته التاريخية حول رؤيته الخاصة. ومن ثم يأتي دور الاتساع بالوظيفة المرجعية لكل دلالة مستخدمة، وبطاقة اللغة التي يفجرها الاختيار الواعي للاستعمال العادي والاستعمال الفني للتراكيب، ثم بين الاختيار والاتساع يأتي دور التوزيع الدلالي والصوتي والتركيبي لكل ما هو حاضر في ذهن الشاعر ولكل ما هو غائب عنه.

وتلك الثلاثة: الاختيار والتوزيع والاتساع مقاييس أسلوبية تبوّئ النص الشعري منزلته. وما الصورة الفنية إلا أثر أسلوبي يقوم على التشبيه، أو المجاز، أو التناقض، أو ما سوى ذلك من أدوات الصورة، وبواعثها. وهنا حضور الشاعر بلغته، ودلالته، فإذا ما أوجد الشاعر علاقة في واقعه فإنه يتصل بجوهر الأسطورة المروية لا بشكلها، فيُكسب النص أوجهاً متعددة تصنع تأويلاً بالاختزال في لحظة عبور متسارع في الوجود. ويبين الشاعر رؤاه بين وجود حاضر وأسطوري متخيّل لتكون درجة الاستجابة في النص مساوية لدرجة التعبير فيه [1].

(1) كليب الأسطورة:

ثلاث صور جزئية تبني لغة لصورة كلية مفادها أن كليباً ليس كغيره. أمّا إنه داخل الأسطورة فهذا صنيع شاعر، وصنيع روايات نُسجت حوله، حتى تحوّل -عند مَنْ يعرفه- نموذجاً/مثالاً للبطولة التي ترى في حقّها طاقة تحارب فيها رغم الضعف الذي قد ينتابها بين حينٍ وآخر.

لا تصـــــــــــــالح!
..ولــو منحــوك الــذهبْ

---

(1) عدنان بن ذريل: النقد والأسلوبية بين النظرية والتطبيق (دراسة)، منشورات اتحاد الكتاب العرب، سوريا، 1989م، ص73-98.

بنية اشتُهرت بين ما اشتهر عن كليب: المصالحة، وعُدّت بنية (لا تصالح) دلالة أكيدة على الرفض القاطع لمعنى أن تُصالح على حقٍّ هو لك[1]، ولو منحوك الذهب/أغلى الأثمان، بل أولو ثبتوا مكان عينيك جوهرتين/غاليتي الثمن، فهل ترى بهما كعينيك؟. ويأتي الجواب:

هي أشياء لا تُشترى...

وتتداخل الصورتان معاً، فكما العينان لا تشتريان فهناك:

ذكريـــــات الطفولـــــة بـــــين أخيـــــك وبينـــــك،
حسُّـــــــكما-فجـــــــأة-بالرجولـــــــةِ،
هـــذا الحيـــاء الـــذي يكبـــتُ الشـــوقَ..حـــين تعانقـــه،
الصـــــمت-مبتســـــمَيْنِ-لتأنيـــــب أمّكـــــما..
وكـــــــــــــــــأنكما
مـــــا تـــــزالان طفلـــــينِ!

إنها لغة مونتاج يصنع فيها الشاعر لقطات تشكل فيما بينها صورة حسّيّة يعلمها الجميع. ولو اشتُقت هذه الصورة من القصيدة وقُرئت وحدها لكفاها اكتمالاً أنها تشكّل فعلاً ما هو: الثمن الغالي. فكل تلك اللقطات لا تشترى بالثمن، لكننا ندرك أن ثمنها غالٍ لا يساويه ذهب ولا جواهر. وبين الجواهر والذهب اشتراك بالثمن؛ الذهب ثمن الصُّلح. والجوهرتان لترى ما يناسب عطاءهما؛ الذي أعطاك الجوهرتين يريدك أن ترى ما يراه، لكنك ستفقد رؤية كلّ تلك اللقطات التي صاغها الشاعر من بين لقطات الحياة كلها. فكانت الذكريات:

(1) بسام قطوس: استراتيجيات القراءة (التأصيل والإجراء النقدي)، ص179.

بالحِسّ، والحياء، والصمت: وكلها لحظات عامة يعرفها الجميع من خلال موقف الشاعر من الشخصية، فهو الآن يتحدث إليها بضمير المفرد المخاطب (ولو منحوك الذهب..) ثم يتحدث عنها بضمير المثنى (حسكما).

ثم يتابع النتيجة المرجوة من الصورة الثانية بعد أن يأتي بصفة حسّيّة أخرى للطمأنينة الأبدية بين أخيك يا كليب وبينك لأن:

..سـيفانِ سـيفَكَ..

صـوتانِ صـوتَكَ.

والنتيجة: أنك إن متَّ: يبقى من بعدك للبيت ربّ وللطفل أبْ.

وسرعان ما نعود إلى تراثنا العربي الزاخر، نعم: للبيت رب يحميه: قالها أبو طالب متحدّياً جيش أبرهة، ومكبراً ربّه على جيشٍ أتى يهدم البيت لا محالة. والشاعر هنا يُضمّن هذه المقولة لصورته راغباً في استدراج عاطفتنا نحو حدث يعلمه الجميع وثبته القرآن الكريم، فحمى الله-سبحانه-بيته. وإن أخاك يا كليب، إنْ متّ سيحمي بيتك ويكون أباً لأطفالك، كيف لا؟! وهو هو صاحب الذكريات، والطمأنينة. ثم تأتي الصورة الختامية في مقطع حديث الشاعر عن كليب على لسان كليب وقد خطّ على الصخرة بدمه كلّ هذا معلّلاً رفضه للصلح. وسيتابع حديثه قانعاً ومحاولاً إقناع من يسمعه رفض الصلح:

هـل يصير دمي-بين عينيك-ماء؟

من هو المتحدّث؟، إنه كليب. بضمير المتكلم والشاعر يتحدث الآن من خلال الشخصية:

أتنسى ردائي الملطّخ ..

تلبس-في دمائي- ثياباً مطّرزة بالقصب؟

إنها الحرب!

قد تثقل القلبَ..

لكـــــنّ خلفـــــك عـــــارَ العـــــرب.

....

هذه لغة حوار أظهر ما تكون من الصورتين السابقتين؛ لأنها تعلن بالحرب، وتوحي بإيقاظ الشعور وإبقائه حيّاً وهذا اتحاد بين الشاعر ورمزه الذي أراد من شخوصه، كما يعلن الشاعر مبكّراً موقفه من شخصيته بالحديث إليها أو عنها من خلالها؛ وهو بالحديث من خلال الشخصية/كليب، بضمير المتكلم، إنّما يبث أفكاره باتحادهما معاً. ومن خلال الحديث عن الشخصية بضمير الغائب، إنّما يجري حديثاً عاديّاً يقوم هو بمنتجته، ومن خلال الحديث إلى الشخصية بضمير المخاطب (أترى..)، إنّما يحاور الشخصية لنتيجة يعنيها. وهي طرق فنية غير مباشرة يتعامل فيها أمل دنقل مع التراث بين يديه، ويجعل شخصيته عنصراً في صوره الجزئية التي ستنقل بعداً لتجربة ما، وتصبح معادلاً تراثياً لبعد حضاريّ معاصر، يسقط عليها الشاعر/على ملامحها-أو بعضها-أبعاد تجربة معاصرة.

شخصية كليب بدخولها الأسطورة شكّلت محوراً للقصيدة (هو معادل موضوعي)، وسترافق الشاعر على امتداد مراحل قصيدته بشخوصها جميعاً، لتصنع علاقات متشابكة مع الشخصيات الأخرى، يضفي عليها الشاعر مع شخوصها ملامح معاصرة/ملامح فنية يمكن دراستها بالتتابع كما يلي:

(2) كليب القناع:

تستقل الآن شخصية كليب عن الشاعر، ويضع أمامه شخصية كليب في وضع قناعي ليرمز خلالها وقد اتّحدت معه من تراثه: تراث الدم..بدم، الأخوة، حقن الدم، الإمارة، أبناء العم، جبهة الصحراء..هذا هو التراث الذي استُدعي بعدما اهتم القارئ بكليب النموذج فجاء على لسانه منذ البداية:

لا تصـــــالح..لا تصـــــالح!

ولأن القناع فيه تعبير عن التضايق من التاريخ الحقيقي، فكأن كليباً يخشى- بأن أخاه سيقتنع يوماً بالصلح، فخلق له حوارية بعيداً عن التحدّث باستخدام موقف الشاعر من الشخصية: فهنا لا حديث من الشاعر على لسان شخصيته، لكنه حوار بصيغة القصص/في وضع قصصي/يمثّل على مسرح له حركاته:

وهـــل تتســـاوى يـــد..ســـيفها كـــان لـــك
بيـــــدٍ ســـــــيفها أثكلـــــــــك؟

هذه هي بنية الحركات..اليد، تارة لك، بحركة تشير إليك، وتارة تشير إلى خصمك تثكله. اليد هي اليد، لكن حركتها لا تتساوى. فكيف بصنيعها!. وكان المطلوب أن:

..اغـــرسْ الســـــيف في جبهـــــة الصّـــــحراءِ..
إلى أن يجيـــــــــــب العـــــــــــدم.

صورة وقد مات كليب/فعدم سيجيب لأنه كان الفارس، والأخ، والأب والملك. وهو الآن عدم. فلا تُصالح. ولو قيل رأس برأس فليست كل الرؤوس سواء. وهذا تشبيه ينفي الشبه بين قلب أخيك الذي طالبت بقلب غريبٍ مكانه، وإن عينيه ليستا كعيني ذاك الغريب، ولو كان مَنْ كان، لأن الغريب الذي يدّعي العمومة:

لم يراع العمومة فيمن هلك. فلا أحد يقف ضِده وقد مات كليب الفارس والملك. وهذا تصوير تراثي جزئي يؤسطر لذاك الفارس الملك الذي تجيب عنه الصحراء وتعرفه، وبمجرد موته تُستباح المحرّمات في عصره. وفي محورية شخصية كليب توظيف تراثي كلي يصنع من الشخصية بعداً آخر سنراه يمزج بين تراث ومعاصرة.

(3) اليمامة طرفاً تراثياً معاصراً:

وإن كانت اليمامة ابنة كليب قد حُرمت من والدها وهي الآن:

صامتة لكنها حرمت من أن يكون لها-ذات يوم-أخ، من أبيها الذي تعود إليه إذا أغضبها زوجها، ويتسابق أحفاده إليه و...

فـــــــما ذنـــــــــــــب الـــــــــــــيمام

لـــــــــــترى العـــــــــــش محترقــــــــــــاً...

إنّ صورة العِش تذكرنا بعش الفينيق الذي منه يُولد من جديد خاصة وأنها:

تجلـــــس فـــــوق الرّمـــــاد/لينبـــــت لهـــــا مـــــن جديـــــد أب!!

ولن يأتي أبوها. لا بل لن تروح إليه إذا أغضبها زوجها. ولن يلهو أحفاد أبيها معه، ولن يكون لليمامة أخ.. كل هذا كثفه الشاعر في صورة (العش): مملكة الأب التي احترقت. وكما بدأ بلا تصالح، فهو هنا يواصل كلماته لا تصالح لأن كل هذا صنعته يد الغدر. وفي اليد مجاز مرسل لصورة تُرسِل اليد الجزء الفاعل/وقد مرّ بنا حركتها نحو السيف إلى خصمها ونحو من تشكله. ويراد بالجزء الكل الفاعل من الجزء الغادر. ويد الغدر كناية عن ألم الذي حصل بصفة الحرمان من كل المشاهد التي كانت تحلم بها. وهل يتساوى الحلم مع الواقع؛ إذ نقل الشاعر مشاهد الحلم إلى رمز صوريّ طويل بدأ به حديثه عن اليمامة وهي طفلة (دلالة: بنت أخيك اليمامة)-في سنوات الصبا-تعدو.. وتمسك وهي ضاحكة ساقي أبيها عند نزوله من فوق الجواد. وبذا تكبر المفارقة من جانبين:

صورة يرسمها الشاعر يفارق فيها بين حال اليمامة-في سنوات الصبا-ضاحكة مع أبيها، وحالها الآن بثياب الحداد. وصورة مفارقة لصفات تراثية لليمامة ابنة أخ الأمير سالم/أخي كليب الذي يحاوره ويخبره بألاّ يُصالح،-بصورة صفات معاصرة لكل مَنْ سيُصالح وأنه تحرمه صرخات الندامة الرقاد. وقد يلين قلبه للنسوة ولأطفالهن..وهي صورة موجودة لمن يحتجّ بضرورة الصلح في كل مكان. لكن اليمامة تصبح طرفاً تراثياً معاصراً بالمفارقة ذات المعطيات التراثية. وهو تكنيك بلاغي يعني الصورة الأولى من كل شيء وقبل كل شيء، ثم تحوّل الصورة الأولى/اليمامة-في سنوات الصبا-إلى حدثٍ من

شخصية. وقبولها شخصية ذات حدث فاعل في النص؛ فهي تلتف حول محور كليب، وقد استخدمها الشاعر استخداماً طردياً: فلا صلح لأن اليمامة لن تقبل الصلح.

(4) كليب/خطاب تاريخي حوّل مَنْ حوله:

تمثّل الأسطورة بالنسبة لقصيدة الشاعر نموذجاً محورياً يتكئ فيه على سحر التحويل الذي حوّل الأمير سالم من ضعفٍ إلى قوة. وفي قوة مخيلة الشاعر ما يجعله يستحضر النموذج الأسطوري/كليبا بدلالته الإنسانية العميقة من حيث الامتداد، عبر أنساق الزمان الماضي والحاضر، وبالتالي المستقبل:

إنَّ سـهماً أتـاني مـن الخلـف...
سـوف يجيئـك مـن ألـف خلـف.
فالـــدم...
صـار وسـاماً وشـارة.

والغدر له وجه واحد مهما تعدّدت صوره وأشكاله، وإنَّ استحضار الشاعر قصة غدر كليب لها ما يبرّرها فكريًا ونفسيًا؛ إذ يتم الدفاع عن الحاضر باستحضار صور الماضي، مع استخدام الشاعر لصورة الفعال الماضية التي تربط الماضي بالحاضر، وتؤكد على التحذير من الصلح مستقبلاً.

والسهم هو ذاته السيف الذي استنطقته اليد الغادرة، وهاهو الآن أتاه من الخلف وسوف يجيء إلى أخيه من ألف خلف. وألف الكثيرة..العديدة..هي ألف النسيان فهي تقابل: ما أكثر ما ننسى..وكثرة نسياننا هي الألف التي ننسى فيها ما ننسى، ومن بين هذه الألف/واحدة تكفي ليجيء سهمه إليك كما أتاني. فلا تصالح.

فأسطورة قصة كليب تتناول مشكلة لا تتحوّل، وهي مصيرية شبه دائمة: إنها مشكلة الحرب، وترتبط معها مشاكل الطغيان والغدر والشجاعة و... وكلها تتناول بطريقة أو بأخرى علاقة الإنسان بقوى حوله إمّا أنه يحسّها كقوة الحرب والمجابهة، أو أنه لا يحسّها؛

لأنها قوى غيبية قد يراها-مَنْ يراها-غير منطقية، وقد يراها قاسية على كاهله، وقد يراها عادلة[1].. وهذا موجود في الأسطورة عامتها، وهو موجود في قصة أسطورة كليب التي يقدمها الشاعر بخطاب كليب و فيها ما يقنع الأخ بعدم الصلح، وليست وظيفة الخطاب الإقناع فقط، فدرجة الإقناع حصلت بإعلان الأمير سالم الحرب، ولكنه إنما يريد أن ينفي صفة إنسانية عامة وهي الصلح عمّن فقد حقّه لهذه الصفة. فلا صلح لمن لا يستحق الصلح، وليس الصلح للجميع لأنهم بدْءًا يريدون أن يصالحوك ويتوجوك بتاج الإمارة. وأنت بذا:

..تخطو على جثة ابنِ أبيك.

فيسأله كليب سؤالاً: كيف تخطو على جثة ابن أبيك..؟ منكراً عليه فعلته. وهي الصلح. فكانت المقابلة بين صورتين: الأولى تتويجه بتاج الإمارة ثمناً لقبوله الصلح. والثانية استحضرها كليب بأنه بفعلته يخطو على جثة ابن أبيه المغدور. و صنع الشاعر المقابلة بين الطرفين هما الصلح بالتتويج، وخطوه على الجثة. نعم فللتتويج خطوة على منصة. هذه المنصة مصنوعة من جثة كليب فيخطو المليك على أوجه البهجة المستعارة.

ويسائله عن مصافحته لمن توّجه بالتاج:
كيف تنظر في يد من صافحوك...
فلا تبصر الدم..
في كل كفْ؟

إنَّ البهجة مستعارة وليست حقيقية؛ لأن حقيقة الصلح تعني نسيان الماضي؛ أي نسيان الظلم والقتل، وبدء حياة جديدة، وهذا مستحيل الحدوث واقعاً.

(1) انظر: نور ثروب فراي: في النقد والأدب، ترجمة: عبد الحميد شيحة، مكتبة النهضة المصرية، القاهرة، ط1، 1986م، ص7-8. و انظر: Bruce W. Powe : Northrop Frye and the Theory of Myth Criticism, The Antigonis, NS, Canada (Antige), part 49, 1982, P. 124-128.

هكذا يضيف الشاعر لمثل قضية الحرب التي لا تتبدل رؤية جوهرية، تعتمد طاقات الفعل التثويري، وقد أعطى الأشياء التي لا تتبدل بعداً متنامياً وغير جامد؛ لأن التاريخ والأسطورة-كنسق ماضوي-يحكيان عن كليب كلاماً لا يحوي تاج إمارة وبهجة مستعارة. فجاء دور الشاعر الذي وظّف في شعره المعاصر فنًّا جديدًا، يستفيد من نقل الخلفية المعرفية لدى القارئ عن كليب، وإيحاءاتها إلى الواقع/فما حصل مع كليب من غدر يحصل في كلِّ زمان، لكنّ الشاعر يعمل على فرز بنية معرفية بأنساق معرفية. ودور الشاعر كفنان جلي الحقائق.. إنه يستفيد من شخصيات تدين من واقع الهزيمة والتراجع.. ليصوّر لغة حاضرة لواقع مأساوي تعيشه الأجيال المعاصرة التي قد تتخاذل في الدفاع عن أرضها وتغرق في المناسبات والأعياد والحفلات التي تشكل نسقاً معرفياً مفروضاً، وتقابلها بنية (لا تصالح) التي تبقى رغم كل الأنساق حولها لتنقش نفسها في الذاكرة وتُترجم على الواقع. ويختم خطاب كليب لأخيه الأمير سالم:

إن عرشـــــــــــــك: ســـــــــــيفٌ
وســــــــــــيفك: زيــــــــــــفٌ
وكيف يصير السيف، حامي العرش، زيفاً؛
واســـــــــــتطبت الـــــــــــترف.

ويعود الأمر للسيف، فهو الذي بذؤابته-وحدّه القاطع-توزن لحظات العِزّة والشرف. وإذا لم يكن ذاك فإن عرشك سيكون زيفًا؛ لأن لا سيف يدافع عنه.

(5) متابعة الخطاب لتحويل مَنْ حوله:

مازال الشاعر يتابع على لسان شخصيته التي يتحدث من خلالها، وقد يلتفت إلى شخوص حوله،-مازال يتابع خطابه الذي سيُحوِّل به ضعف أخيه إلى طاقة يقتنع معها-رغم أيّ شيء-بأنه يجب أن لا يصالح.

والشاعر الآن داخل مرحلة التنويع: ينوّع بخلق شخصيات كليب وأخيه والمرأة التي يحميها فارسها، والوليد، ومَنْ يضعون التاج، ومن يقتسمون الطعام، وينوّع بذكره أمكنة يعيش معها وأزمنة يعيش خلالها، وأشياء يُحاكيها رغبةً في خلقِ وحدة خاصّة مع رموزه لتصبح لغة مشكّلة.. ومشتركة.. كلها تقول بلسان حال كليب: لا تصالح:

ولـو قـال مَـنْ مـال عنـد الصّدامْ

"..مـا بنـا طاقـةٌ لا متشـاقِ الحُسَـامْ.."

وهذا نصّ مقتبس اقتباسًا تراثيًا، قد ينجح الشاعر فيه أن يُولّد دلالة معاصرة. ولكن الشاعر لماذا يأتي بالنص؟. إنَّ أمامه هدفين:

هدف يقتبس فيه ما يريد تضمينه. وهذا غير موجود هنا؛ لأنه لا يريد تلك الطاقة التي تختفي بالتعب. وهدف يقتبس فيه ما يُولّد دلالة معاصرة تتناقض مع الدلالة التراثية المرتبطة بالنص. وهذا ما يريده الشاعر؛ لأن كليبًا مات وبقي أخوه وقومه على حرب لم تنته ببساطة وعلى العكس، فقد رفضوا الصلح وكان مطلبهم أن يعود كليب حيًّا. ولم يجرِ على لسانهم هذا القول. ولكنّ بعضهم قال ما قال، ولا يمكن أن نتصوّر لغة مشتركة ورأيًا مشتركًا كاملاً بكلٍّ ما فيه، لكننا نعتقد فعلاً أن أحدهم قال: "ما بنا طاقة لا متشاق الحسام". وإن قالوا سابقًا فلم تجرِ منهم سوى مجرى القول لا الفعل، أمّا الآن فهي تجري مجرى الفعل قبل القول. وهذا استخدام عكسي يتناقض مع الرغبة والحِسّ والرؤية. إننا أمام دلالة تراثية ترتبط بالنص، الذي يريد تحويل طاقة الضعف إلى قوة. لكن القوّة عند كليب كافية لبعث القوة بمن خلفه، وقد حصل، والدلالة المعاصرة التي يراعيها الشاعر حينما يتعامل مع الفكر الأسطوري إنما يراعيها بما يتناسب وموقفه بالنسبة للزمان والمكان؛ ذلك أن خلود الأساطير وقدرتها على أن تشكّل موقفًا رؤيويًا جماليًا هي في قدرتها على تغييب الزمان والمكان وإلغائهما، بحيث يبدو زمان الأسطورة هو كل الأزمنة، ومكانها هو كل الأمكنة، إنه زمان يصعب تحديده، متنامٍ وشمولي، ومكان أهم سماته أنه لا يتحدّد بمواصفات المكان، فهو خارج عن سمات المكان وملامحه، إنه مكانٌ يجمع فضاءات كل الأمكنة التاريخية، يمتد

ويتسع بدوره ليشمل أزمنة لا محددة من الماضي والحاضر والمستقبل والمتخيّل والمرئي واللامرئي[1]. انظره يقول:

كيـــف تستنشـــق الرئتـــان النســـيمَ المُـــدَنَّس؟
كيـــــف تنظـــــرُ في عينـــــيْ امـــــرأةٍ..
....
كيـــــف ترجـــــو غـــــدًا..لوليـــــدٍ ينـــــام.

هذا بعد إنساني دال.. فيه دلالة على النتاج الجماعي للأسطورة. فوراء كل أسطورة رؤية شعب كامل، حاول أن يدرك، ويفسّر، ويمسك بالحقيقة. ولا يتحقق فعل الأسطورة في التاريخ الإنساني إلاّ متى أفلتت من شرط الزمن. وهذا ما حققته الأساطير وما تصبو إليه القصيدة الجديدة[2].

وانفلتت الدلالة الإنسانية في قصة كليب على بنية الزمان، والمكان، لتصبح حضورًا دائمًا لكل مَنْ يستنشق النسيم، ولكل مَنْ يحمي عيني امرأته ويصبح فارسها في الغرام، ولكل مَنْ يحلم بمستقبل لغلامه يكبر-بين يديه-وتأتي المفارقة بأنّ:

الرئتين تستنشقان نسيمًا مدنَّسًا، والمرأة التي أنت فارسها لا تستطيع حمايتها، وغلامك سيكبر-بين يديك-بقلب مُنكَّس. وكل هذا بفعل الصلح الذي وافقت فيه على ضياع حقك في زمان هو لك ومكان هو لك، فحري بمن هجر زمانه ومكانه وطرد من (الجغرافيا والتاريخ) أن يظلّ واحدًا[3]. لا أحد معه. ويبقى الحق بدعوة الشاعر بأنه:

---

(1) انظر: محمد عبد الرحمن يونس: الغاية من استخدام الأسطورة في الخطاب الشعري المعاصر، المعرفة، وزارة الثقافة، سوريا، ع414، آذار، 1998م، ص115. و انظر: -Kurt Mueller-Vollmer: The Hermeneutics Reader, Basil Blackwell, Great Britain by T. j. Press ltd, Padstow, First published, 1986, P. 2,15,17-18.

(2) انظر: محمد لطفي اليوسفي: في بنية الشعر العربي المعاصر، دار سراس للنشر، تونس، ط1، 1985م، ص144-145.

(3) انظر: بسام قطوس: الزمان والمكان في ديوان محمود درويش "أحد عشر كوكبًا" دراسة نقدية، مجلة أبحاث اليرموك، إربد-الأردن، مج(14)، ع(1)، 1996م، ص61.

عندما يملأ الحقُّ قلبَكَ:
تندلع النارُ إن تتنفَّسْ
ولسانُ الخيانة يخرسْ

فلا تصالح ولا تقتسم مع منْ قتلوكَ الطعام-وهي معادلة عادلة-، وارو قلبك بالدم..-الدم الذي صنعوه لك-وارو التراب المقدّس..-مكانك الذي تحميه بحماك-، وارو أسلافك الراقدين..-بروي الإنعاش الذي يطيب لهم-، إلى أن تردّ عليك العظام!-وهي لغة الاستحالة التي استجلبها الشاعر من قصة كليب التي جاء فيها طلبهم ردّ كليب حيًّا ثمنًا للصُلح. والشاعر يطلب ممّن تشعر نفسه رغبةً في الاستهانة بحقه، وطلبه الصلح أن يطلب ردّ العظام إلى الحياة. وهو تعبير من الشاعر عن تضايقه من التاريخ الحاضر الحقيقي بأنْ لا صلح ماضيًا فكيف يكون الصلح حاضرًا وما بين الماضي والحاضر خلاف. فتجاوز الشاعر إلى حاضره متتبعًا أثر ماضيه باحثًا وناقدًا يعي فرديًّا ما يقول، وينقل لنا وعيًا جماعيًا لجأ شاعرنا إلى الأسطورة ليُوجد حلاً لمشكلة إنسانية موجودة.

(6) الجليلة: علمًا تراثيًا/موظفًا إشاريًا:

أصبح لزامًا أن تأخذ القصيدة المظهر الإنساني القادر على مساعدتنا لاكتشاف ذواتنا، وذوات الآخرين: إنَّ الجليلة جوهر حيّ وإنساني، له قيمة دلالية، وتساعدنا هذه القيمة على تكوين الحِسّ الاجتماعي والتاريخي، ثم تدفعنا لاتخاذ موقف تجاه مشكلة اجتماعية نعايشها في عالم نعيشه.

استجلب الشاعر جليلة بعدًا فنّيًا بعد سيطرة أنا/كليب على مجمل محاور القصيدة وهو الحاكي المعلن إعلانه/لا تصالح. فيلزم أن تكتمل دوائر استدعاء الشخصيات: بمصارعة النزعات وإلغاء الأنا. فليس طلب رفض المصالحة لمجرد أنا الرّفض، ولكنها قد تتحوّل إلى رغبة في اللاوعي، تترقب في الحلم (باختفاء سلطان الوعي)، فإذا ما انطلقت الرغبة من عقالها تقول صراحة: لا تصالح. ويُسلكها الشاعر سبيل الرمز. كما تتحوّل الجليلة إلى رمز

ينبه الأنا/الراغبة في الصلح إلى رغبة سلطان الوعي في الحلم بأن: لا تصالح. واللّـذة النقديـة تكمـن في عـدم تنبه الأنا/كليب عند انطلاق رغبته من عقالها إلى نتيجة الحدث الأكبر في الاستجابة، وأنها قـد تظهـر صريحـة، فتسلك هذه الرغبة سبيل الرّمز نحو طرف آخر تعيش معـه لتتلـذذ في اكتشـاف أهميـة مـا اتخـذ مـن قـرار. وهذه لحظة فكرية وإنسانية عامة يعيش فيها الإنسان بين الحلم والواقـع فيُصـوِّر لنفسـه خيـالاً غـير واقعـه، ويعدّه واقعًا، وتلك لغة الشرط في قوله:

ولـــــــــو ناشــــــــدتك القبيلـــــــــة
باســـــــــم حـــــــــزن الجليلـــــــــة
هنـــا يخـــف ســـلطان الـــوعي في لحظـــة الـــوعي وأنـــت../
تســـــــــوقَ الـــــــــدّهاءَ
وتبـــــدي-لمـــــن قصـــــدوكَ القبـــــولْ

ولأن الشاعر يريـد نقـل التجربـة/الأسـطورية في قصـة كليـب مـن مسـتواها الشخصي- عنـد كليـب إلى مستواها الإنساني الجوهري-وقد كانت شخصية كليب هي محور القصيدة-فإنه أخذ قيمةً في حياتنا المعـاصرة تُغلّب المادة على الروح،

فخـــذ الآن مـــا تســـتطيعُ:
قلـــيلاً مـــن الحـــقِّ
في هـــذه الســـنوات القليلـــة.

وهل التكوين التاريخي للإنسان العربي على مرّ العصور يشهد على المستوى الفكـري بالاسـتلاب؟ وهـل سُلب الإنسان العربي حقّه في أفق مشرق؟، ثم هل فُجِع العربي برموز ثورية سلبته أمانيـه خادعـة؟، ولِمَ تقـدِّم الرموز التي يراها حوله ممّن يقولون-وما أكثر ما يقولون-إلاّ مزيدًا من الاستلاب، وأصـاب العـرب مـا أصـابهم من الخيبة والإحباط، وأمام

ذلك لجأ الشاعر إلى الحلم والتخيُّل، وإعادة تشكيل العالم، تشكيلاً رمزيًّا، نهل فيه من التاريخ والأسطورة وما بهما من رموز إنسانية تحتفظ بنقائها الإنساني طيلة العصور بعدها.

ثم إن الأسطورة فيها مكمن لتشكيل الصورة الفنية، وتجتمع اللذة الفنية باستنطاق الصورة بعد تتبعها فالثأر:

..ثـــأر جيـــلٍ فجيـــل.

....

وســيُولد مــن يلــبسُ الــدرعَ كاملــةً،

وهذا الذي سيُولد يتركز عليه الحدث الأهم في الصورة من خلال: الإيقاد والطلب والاستيلاد.. ولمّا كـان المصدر-رغم استمراريته-غير مناسب لمركزية الصورة استخدم الشاعر الفعل المضارع موجِّهًا الحـدث إلى النـار والثأر والحق.. وكلها يجمعها انطلاقها من حدث رئيس يرجع إلى محور كليـب؛ لأن النـار سبق وأن انـدلعت (عندما ملأ الحق قلبه)، وثأره بالغدر حق، إلى جانب حقه في أرضه وعيشه وزمانه ومكانه الذي استُلب، حتى أن فكرة تجسيد قصة كليب بقوله:

إنــه لــيسَ ثــأرَكَ وَحْــدَكَ

كأنه يقول: ولا حتى ثأري وحدي، ولا ثأر أحد، إنَّه ثأر جيل فجيل-وقالها حقًّا-لينقل لنا بكلمـة الجيـل مجموعة رؤى رمزية ذات عمق دلالي تبتعد بجذورها إلى عمق التاريخ، لكنها بالأسطورة تـدل عـلى بنيـة مـن الخيال مع شمولات إدراكية بعالم استعارة شاملة يتوحد كل شيء بكل شيء آخر[1]. إنها بنية مضمونية مكثفة الدلالة؛ فهذا الذي سوف يُولد: يلبس الدرع كاملة، ويوقد النار شاملة، ويطلب الثأر، ويستولد الحـق. وبكـل هذه الأحداث الواقعية يختم الشاعر صورته بمشهد:

(1) انظر: نور ثروب فراي: نظرية الأساطير في النقد الأدبي، ترجمة: حنا عبود، دار المعارف، حمص، ط1، 1987م، ص26-29. و انظر: - Perry Meisel: The Myth of The Modern, (A Study in British Literature and criticism after 1850),Yale University Press, New Haven and London, 1987, P. 3,5,71-73.

مــــن أضـــلع المســــتحيل

ليُوحّد كل ما تقدّم من حوادث في المشهد الصوري إلى استعارة شاملة تضع الكـل داخـل حـدود جسـدٍ واحد تمثله الصورة الكاملة؛ لأنك تنظر إلى عبارة: (وغداً..)

وهي تُغيّر نظام الواقع الذي يفرض الصلح إلى تشكيل بديل جديد، وطاقـة تخيّـل إبداعيـة ذات رؤيـة عميقة. فلا تصالح:

ولـــو قيـــل إن التصـــالح حيلـــة.

وتعود الدورة للعار الذي يكون خلفك/عار العرب. وتبقى يد العار مرسومة تنظر، في مقابلها، يد الغدر إلى فعلها وتبقى الجباه ذليلة.

(7) تناص تاريخ الحياة العربية المعاصرة والإنسانية بعامة مع تاريخ قصة كليب:

ورد في قصة كليب أن (الجوزاء والجدي والشعريان وسهيل) الكواكب المعروفة عند العـرب كانـت قـد حذّرت من الحرب ضد مَنْ قتل كليب. وقد عُرف عن العرب عبادتهم للنجوم، وتكرر ذكر أسماء تلك النجـوم عندهم[1]، وقد عرف العرب النجوم بمفهوم أكمل نحو العبادة والإيمان بالطالع، كما عرفوها بـالحِسّ الشـعري الدقيق: وأنها تدفع لمواصلة العمل أو تردّ عنه. وعُرفـت ضرورتهـا بالاهتـداء بمواقعهـا في متاهـات الصـحراء. وهكذا أسقط العرب على عالمهم الأرضي ومشاغل حياتهم ما انتظم لهم في عالمهم العلوي، عـلى نحـوٍ يعكـس علاقاتهم الاجتماعية، كما تصوِّر علاقاتهم مع الكواكب وجهًا من وجوه حياتهم استنبطه أمل دنقـل مـن واقـع ما عُرف عنهم في خاطرة جسّمت عالمًا حسيًا من النجوم وصوّرت موضع اتفاق يعرفه الجميع في تناص إنسـاني عام لمن يغفر موته. وكيف يغفر مَنْ غُدِر!.

(1) انظر: محمود سليم الحوت: في طريق الميثولوجيا عند العرب، دار النهار للنشر، بيروت، 1983م، ص100-105.

التناص - من حيث عمد الشاعر إلى بناء نص من خلال توظيفه لنصوص أخرى، والجمع بينها لإنتاج نص جديد - موجود بين تحذير النجوم ورمي الكهان بنبأ التحذير، وبين مغفرة خطأ الموت من الميت. ثم وقوف ابن عمّ الميت يتشفى، والميت المغدور يغتاظ ويتشكّى الظمأ. إنه تناص من قبيل ما نعرف اليوم من سيطرة القوي على الضعيف، تارة، ومن قوة الغدر على محور الحقيقة. لقد كذب فعل حرب قوم كليب تحذير النجوم. وبالتناص يمكن القول بتكذيب ظاهر البنية الفكرية بضرورة الصلح؛ فلا صلح يغفر مشي-القتيل مع القاتل ومصافحته له ثم غدره له. هذا التناص هو بعد الصلح مع تحذير النجوم فقد كذبت، ولا تصالح فلا غفران لمن غدر ساعة ما يُطمأن له، كما تضبط الأسطورة القائلة بالنجوم تحليلاً نقديًا للخيال.. انظره في الصورة التي تحكي عن ماضي كليب وصاحبه الذي غدر به. وإن الاهتمام بالنجوم عند العرب القدامى يقابله اهتمام حديث بعلم الفلك الحديث. وقد نلحظ تأثير الكواكب على حياة الإنسان وشخصيته. وهذا تناص آخر بين نظرة العربي-قديمًا-للكواكب والنظرة الحديثة التي تتطلب إعادة النظر في قراراتنا الحديثة لنُحاكم الأمور كما حاكَمَها كليب فقد غدر به صاحبه ولم يصح به: "انتبه"!، ويتابع كليب في التناص الخيالي الذي يفرض على العربي الآن أن ينظر في أموره من حوله مرّة أخرى. و قد لجأ الشاعر إلى نصوص تراثية ذات أبعاد أسطورية، فكانت تقنية التناص وسيلة من وسائل تجلي العنصر- الأسطوري في الأثر الأدبي الشعري.

هذا خطاب آخر من كليب لكل مَنْ يرى الصلح هدفًا، وهو خطاب إدانة لكل حالات الهزيمة التي تزيح العرب عن تاريخهم: تاريخ كليب تاريخ عزّة، يريدنا الشاعر أن نراه مستنهضين حالة الانكسار التي تعبر حريتنا الآن باستشراف مستقبل نبنيه من ذاكرة عربية فيها أمثال كليب. ويبقى منظر الفجأة: منظر الثقب والاهتزاز والتحامل والتشفي. كلها تدعو للانتقام ورفع هذا العار الذي لا يُرفع بالصلح. فلا تصالح.

(8)كليب/من الأسطورة الأولى:

قالوا: الحل أن تحيي لنا كليبًا. ولم يكن كليب بالرجل العادي بين الملوك. قالوا: كان يحمي مواقع السحاب، وإذا جلس لا يمرّ أحد بين يديه، ولا يُغير أحد إلاّ بإذنه. وفي المثل: أعز من كليب وائل، وهو في حمى كليب....[1].

كل هذا تحطّم في لحظة موت غادرة، عبرت على حياة مَنْ هم في حمى كليب، فلا تصالح، وهي دائرة أخرى من دوائر إقناع مَنْ حول الأمير سالم والأمير نفسه بعدم الصلح. وما عودة الوجود لدائرته؟. إنها عودة:

النجـــــوم .. لميقاتهـــــا
والطيـــــور .. لأصـــــواتها
والرمـــــال .. لـــــذراتها
والقتيـــل لطفلتـــه النـــاظرة.

لغة حزينة بكل بنية تشكل دائرة من دوائر حياتها، بين مَنْ يدري ومَنْ لا يدري بأنه كان للنجوم مواقيت فقدتها بموت كليب، وكان للطيور أصواتها التي بُحَّت بموت كليب، وكان للرمال ذراتها التي تكوِّنها وقد تناثرت بموت كليب. وكان لطفلة كليب نظر تنظر به إلى والدها وقد مات فلا مَنْ تنظر إليه، فمات كليب، ومات نظر طفلته، وعودته بعودة نظر طفلته. وتلك صور رمزية جزئية تشكل صورة كلية تعني الوجود ودورته الدائرة ويمكن تحليلها بما يلي:

ينتمي كل شيء لكل شيء في خيط معلوم أو مجهول، ولا بُدَّ أن تستدير دائرة المعلومات لتشكل وحدة وجود واحد معلوم بكل تفصيلاته. وبين ما تعلمه أنت من خيوط، خيوط أخرى لا تعلمها، وهي أكثر مما تعلم؛ لأنك إن علمتها كلها فستقعد ترتقب

(1) انظر: خير الدين الزركلي: الأعلام (قاموس تراجم لأشهر الرجال و النساء من العرب و المستعربين و المستشرقين) دار العلم للملايين، بيروت،1989م، ج5، ص232.

ما يجري دون الجري أو فعل أمر ما. فما النجوم والطيور والرمال والقتيل إلاّ دوائر في دائرة وجود كليب، وقد تخطّى الأمر مفهوم ما تعرف وما لا تعرف إلى تحويل كلّ ما حولك إلى رموز تصنع فيك ولا تراها. إنها لحظة إنسانية عامة تحيط بالجميع دهشة أنك مع كل شيء يحيطك دائرة وجود لا تختلف حياتك بها عن حياة أيّ شيء يحيطك؛ فوجودك من وجودهم ووجودهم من وجودك. وفي نهاية قصة كليب:

كـــل شيء تحطـــم في لحظـــة عـــابرة.

وكلّ شيء: هو كل ما يعيش مع كليب في دائرته، كل ما يُعرف بكليب، لكنه بالصورة يبدو تشكيله أجمل هكذا:

الصـــــــــــــــــبا
بهجـــــــــة الأهـــــــــل
صـــــــــوت الحصـــــــــان
التعـــــــــرف بالضـــــــــيف
همهمـــة القلـــب حـــين يـــرى بـــرعمًا في الحديقـــة يـــذوي
الصـــلاة لـــكي ينـــزل المطـــر الموســـميّ
مراوغـــة القلـــب حـــين يـــرى طـــائر المـــوت
وهـــو يرفـــرف فـــوق المبـــارزة الكـــاسرة

كلها لحظات إنسانية يعرفها الجميع، كلها تحطمت في لحظة عابرة، وفي نزوة عابرة. ولا بُدَّ من أن يدفع ثمن هذه النزوة فاعلها لأنه:

لـــيس ربًّـــا .. ليقتلنـــي بمشـــيئته
لـــيس أنبـــل منـــي .. ليقتلنـــي بســـكينته
لـــيس أمهـــر منـــي .. ليقتلنـــي باســـتدارته المـــاكرة

وهي صور للاغتيال. هو اغتال مَنْ أمَّن له. ولغة الرب والنبل والمهارة تتدرج في الفهم العقائدي فالاجتماعي فالفكري. فلا تصالح:

فــما الصــــلح إلاّ معاهـــدة بــين نـــدّين..
(في شرف القلـــــــــــــــــب)
لا تُنـــــــــــــــــتقص.

إنّ الندية بالاغتيـال وقـد سـبقها فهـم العقيـدة والمجتمـع والفكـر، فـالرب الـذي لـه أن يشـاء فيقتـل وبالمجتمع النبيل صاحب معرفة القتل بالسكين، والمهارة الفاعلة بالاستدارة الماكرة. وكل هذا مجهول عنه لأنه اغتال صاحبه. وما هو معلوم عنه أنه باغتياله:

سَرَقَ الأرض مـــــن بــــين عينـــــيّ
والصـــمت يُطلـــق ضـــحكته السَّـــاخرة!

وفي استعارته السرقة للأرض، وهـي صـورة اسـتعارة مكنيـة، جعـل الأرض كالإنسـان تسرـق لكنـه صرّح بالاستعارة، بصورة استعارة تصريحية، فليست الأرض سارقة، لكنه هـو الـذي سرق الأرض، فتتحـوّل الاسـتعارة من تصنيفها إلى فكرة التشخيص برمز الأرض لكل ما لكليب بمجاز ذكر الأرض وأراد ما بها مـن حيـاة لا تعـدو جزءًا يسيرًا من الأرض، وقد سُرقت. وفعل السرقة لا يقوم عليها فـالأرض لا تُسرـق. كـما الصـمت لا يضـحك. وهما مقابلة لمن سرق ولمن ضحك، وتحوّل وتحرك للمادة والمعنى. فتحِلّ المادة محل المعنى ويصبح المسموع ملموسًا مع أنه لم يتحوّل من دائرة الحواس فالصمت الذي نحسه (نلمسه) بأسماعنا تحـوّل إلى ملمـوس آخـر بأبصارنا واعتقادنا بعدما سمعنا ضحكته؛ لأن البصر يتحرّك إلى مكان الصوت قبل السمع أن يدرك مـا يسـمع. وندرك بالعقل أن الصمت لا يضحك والأرض التي سُرِقت هي الأرض الباقيـة وأنـه بعـدم المصالحة يعـود كـل شيء إلى ما كان. وأنه بالمصالحة نفقد الحق بالمطالبة بأن يعود كل شيء إلى ما كان.

(9)نظم اجتماعية في رمز كليب/الأسطوري والتاريخي:

إن إنجاز الشاعر، على مستوى الرؤية، وعلى مستوى تطويع التراث، وإحياء ما فيه من قيم، إنجاز يعطي الثقافة غزارة يتحدّث الشاعر خلالها عن تقاليد إنسانية، تارة، وتقاليد عربية ذات نظم اجتماعية، تارة أخرى:

.. والرجـــال التـــي ملأتهـــا الشرـــوخ،
هـــؤلاء الـــذين يحبـــون طعـــم الثريـــد
وامتطـــــــــاء العبيـــــــــد،
هـــؤلاء الـــذين تـــدلت عمائمهـــم فـــوق أعيـــنهم،
وســيوفهم العربيـــة قـــد نســيت ســنوات الشـــموخ.

إنَّ الشاعر يبني، عن وعي، دراسته لمن يطلب الصلح من الأمير سالم، مع استدعاء قيم حضارية معروفة على مرّ التاريخ: رجال.. وعبيد.. وعمائم.. وسيوف.. وسنوات شموخ.

وقد مرّت صورة السيف في يد الغادر وصورة السيف في يدك المدافعة عن العزّ والشموخ. وقد أكثر الشاعر من إحالاته التاريخية التي ترتبط بالأزمان وتوحي بالأساس الثقافي الذي يريد خلاله إحياء قيمة حضارية معروفة على مدى التاريخ بأن العربي لا يصالح على ذلة. وأنه بغير ذلك عليك أن تتذكر:

أنـــت فـــارس هـــذا الزمـــان الوحيـــد
وســـــــواك .. المســـــــوخ!

(10) الأسطورة كليب:

يختم الشاعر صوره بالإيمان بضرورة عدم تجاوز حقائق الأشياء، فلا صلح وفق ما تقدّم. ومن خلال العرض لخطاب كليب والشاعر يحكي بلسانه فلقد تمّ استقصاء رمزية الشخوص في القصة. واستدعاء ما احتاجه الشاعر منها، لتدخل الأسطورة داخل البطل

كليب، بعد أن دخل كليب داخل أسطورة الدفاع عن حماه. وعلى أساس أن الأسطورة تكون في موضوع معيّن، فقد تحوّل كليب إلى موضوع، واصطبغ بصورة أسطورية، عبّرت هذه الصورة عن نفسها تعبيرًا مباشرًا، تارة عن المفاهيم والأفكار، وتارة عن مجموع ما تشكله من مجموع دائرة الوجود الدّائرة. ويبقى الحل الذي لا حل بعده، وهو عدم الصلح. وآية ذلك أن التصالح -هنا- معناه قتل الخير وإبقاء جذوة الشر مشتعلة، رغم بعض المكاسب الآنية التي تظهر في قوله: "ولو توجوك بتاج الإمارة"؛ لأن فلسفة المصالحة تقوم على اغتيال الماضي: أي على الظلم، في حين عدم المصالحة تؤكد مسيرة العدل[1].

(1) انظر: بسام قطوس، استراتيجيات القراءة (التأصيل والإجراء النقدي)، بتصرف ص178-179.

تحليل قصيدة (القصيدة الإغريقية)*

لعبد الوهاب البياتي

من ديوان قمر شيراز ج2، ص382

* مؤرخة بتاريخ 1974/10/3م.

نص قصيدة: (القصيدة الإغريقية)

-1-

قالت: ما أقسى حين يغيب النجم، عذاب العاشق أو حين يموت البحر. انتظريني -قال المجنون-وظلي ميتة بين الموتى واقتربي من ضوء الشمعة، إن الله يرانا ويرى وجهي الخائف مقتربًا من وجهك محمومًا تحت نقاب الدمع. اقتربي، فدموعك في شفتي ملح البحر وطعم رغيف الخبز. انتظريني، قال المجنون.

-2-

كانت أغصان السرو وأشجار الدفلى تُخفي عني مُدنًا ونجومًا، تسبح في عطر بنفسج ليلٍ يصعد من أغوار القلب الإنسانيِّ، وكانت امرأة عارية فوق حصان تضحك في العاصفة. انتظريني! لكن البحر الميت غطاها بالأعشاب وبالزبد المتطاير في الريح. اقتربي، ناداها، لكن صهيل حصان البحر الأسطوري تمزّق فوق صخور الشاطئ، وانطلقت بضفائرها الذهبية، تعدو عارية، آلهة الشعر المجنون إلى "دلفي" تبكي أقدار الشعراء.

-3-

كانت في الفجر تمشط شَعَر الأمواج
وتداعب أوتار القيثار

* عبد الوهاب البياتي: الأعمال الشعرية، المؤسسة العربية للدراسات و النشر، بيروت، 1995م، ج(2)، ص 375-378.

-4-

كانت بضفائرها الذهبية ترقص عارية تحت الأمطار

-5-

دهمتني، وأنا في منتصف الدرب إلى "دلفي"
صاعقة خضراء.

-6-

كنا أربعة: أنا والموسيقيُّ الأعمى ودليلي
ومغني آلهة "الأولمب" الحكماء.

-7-

حملتني في البحر "الإيجيّ" إلى "دلفي" أشرعة الفجر البيضاء

-8-

وضعوني في باب المعبد أخرس مشلولاً
وضعوا فوق جبيني زهرة عباد الشمس
وغطوني برداء.

-9-

قالوا: انطق باسم الحبِّ
وباسم الله
وتكلّم واقرأ هذا اللوح المحفوظ وراء المحرابْ.

-10-

شقَّ ملاكٌ صدري
أخرجَ من قلبي حبةَ مسكٍ سوداءْ.

-11-

قال: اقرأ، فقرأتُ وصايا آلهة الشعر المكتوب على الألواح

صـــعدت كلـــماتي مـــن بـــئر شـــقاء العشّـــاق الشـــهداءْ.

-12-

كانت تستلقي بضفائرها الذهبية عارية فوق رمال الشاطئ تبكي عند مغيب النجم حصان البحر الأسطوري وترسم في الأفق دوائرَ حمراءَ وتهمس للريح: اشتعلي يا نار الحبِّ، وكوني شارة هذا الليل الأبديِّ القادم من أطلال المدن الإغريقية، كوني مغزل نار قميص الفجر الشاحب، كوني مفتاح الباب المغلق واشتعلي حُبًّا يا قطرات المطر المتساقط في كل الغاباتْ.

كانـــت ترســـم فـــوق الرمـــل عيونًـــا وشـــفاهْ
ويـــدًا تســـتجدي قطـــرات المطـــر الخضـــراءْ

قالت: فلنرحل. قال المجنون: انتظري، ظلّي ميتة بين الموتى، واقتربي من ضوء الشمعة، إن اللـه يرانا ويرى وجهي الخائف مقتربًا من وجهك محمومًا تحت نقاب الدمع. انتظري، قال المجنون.

-13-

منحتنـــي آلهـــة الشـــعر الصـــافي
وأنـــا في درب العـــودة مـــن "دلفـــي"
البركـــــــــــــــاتْ
وســـــــلاحَ الكلـــــــماتْ.

تحليل قصيدة: (القصيدة الإغريقية).

هذه قصيدة مجاهرة وإعلان: يعلن البياتي فيها عن منحه البركات وسلاح الكلمات من آلهة الشعر. ويمكن تحليل القصيدة بوصفها نسيجًا كليًا متناميًا باستمرار ظهور علاقة الشاعر بما استجلب من إشارات، ورموز، وطقوس، وأساطير؛ لأن المتمعن/الناقد في

النسيج الكلي يمكن أن يلامس مكوّنات النسيج في القصيدة، والطاقة الدلالية، والصوتية، والصورية في بِنَى القصيدة. وممّا يلفت الانتباه في هذه القصيدة أمران:

الأول: اتّكاء القصيدة على "دلفي" الأسطورة الإغريقية.

والثاني: تلك الحالة الشعرية/الإيقاعية في المقاطع ذات العبارات المترابطة والجمل المتوالية، والتي تصنع تركيبًا طويلاً لا يقف عند علامة ترقيم، ولا يسكن عند وقف؛ لكنه سلسلة من الكلمات تربطها لغة صوتية وصورة واحدة: كان مثالها الذي نأخذ المقطع الثاني عشر، فما إن تقرأ كلمة (كانت) حتى تُنهي كلمة (الغابات).

ونبدأ مع "دلفي"[1] وهو أهم معبد في العالم اليوناني، وقد اعتبره الإغريق مركز الأرض، صار مكانًا مقدسًا لأبولو، وفيه يقع الوحي الدلفي. والذي يأتيه للاستشارة هم الإغريق/أهله والأجانب سواءً بسواء؛ فيسمعون (أبولو) وهو يدلي بنبوءاته بلسان كاهنته (بيثيا)؛ التي تنطق وهي في حالة غيبوبة بكلمات قد لا تحمل أي معنى على الإطلاق بالنسبة لمن استشار وسأل، ويتسلم السائل، بعد ذلك، ردًّا من أحد الكهنة مكتوبًا يمثل الترجمة الحرفية لما قالته.

وإلى "دلفي" نُقِلَ (أيون): ابن (أبولو). وصار (أيون) جد الأيونيين. وإليهم تُنسب فترة ظهور العلم الأيوني: فترة تفسّر الأمور تفسيرًا نظريًا بعيدًا عن سلطان الأساطير الدينية، وقد تأسست مدرسة (أيونيا). وتلا العلم الأيوني فترة البحث في حقول الفلسفة ذات التحوّلات التي توجد خطًّا فلسفيًا تحوّليًا عند الشعراء-لكنه خط عقلاني-جاء لفهم العقلانية الدينية للإغريق، نحو فهم تطور ما وصلت إليه عقولهم، وتكون الأسطورة-من هنا-صيغة أسطورية تُعبِّر عن مفاهيم وأفكار تعبيرًا رمزيًا، وتشكّل في مجموعها شيئًا واحدًا ينسب إلى موضوع معيّن، بعدما بدأت الأسطورة-قبل العلم الأيوني وفترة البحث في حقول البحث الفلسفي-كملاحظات سريعة للخرافة.. وهكذا يمكن معرفة ما يلي:

(1) جميع ما يرد عنه من روايات من ماكس شابيرو وروذا هندريكس: معجم الأساطير، ترجمة: حنا عبود، دار الكندي، ط1، 1989م، ص46،69،85،132،190،191.

لقد انبثقت دراسة التفكير الجمالي من دراسة فلسفة الفن.. وإن تاريخ الأفكار يُكتب حسب وجهة نظر صاحب الكتابة، ومن نقطة الملاحظات السريعة عن عصر- الخرافة تبدأ الأسطورة في تاريخ الفلسفة. والأسطورة علم جدّ في التاريخ الإنساني مع ظهور الفلاسفة الطبيعيين-أرسطو وغيره من فلاسفة عصره-الذين عرّفوا بالميثولوجيا الإغريقية. ثم جاءت فترة البحث الفلسفي-قبل فترة ظهور العلم الأيوني-، وجاء البحث في فهم العقلاني الديني عند الإغريق الأوائل نحو فهم تطور العقل اليوناني: فالتحوّلات الفلسفية أوجدت خطًّا تحوّليًا عند الشعراء-ولكنه عقلاني-عند الشعراء الإغريق القدماء قبل "طاليس"، واستمرّ الفلاسفة الطبيعيون بقول آرائهم يبنونها على أساس عقليّ لا تقليدي. وهكذا نشأت الأسطورة في موضوع معيّن: كأسطورة الخلق مثلاً، وكوّنت الصيغة الأسطورية تعبيرًا رمزيًا مباشرًا عن المفاهيم والأفكار التي تشكّل في مجموعها دائرة تتصل معًا.

وهكذا تبدأ القصيدة بصورة مركزية تأخذ حوارًا مركزيًا-بين مجنون وحبيبته- يمكن التأويل خلاله. وتأتي لغة الشاعر مستخدمة الحديث بضمائر الارتداد للماضي، والحديث بالضمير الذي يقص حكاية ماضية، على شكل لوحات، تربطها لغة الضمائر المؤنثة، تارةً، وتربطها عودتها المركزية الكلية، تارة أخرى، مع أن لغة الارتداد بالصورة المرتجعة واضحة في لغة تيار الوعي عند غياب قول المجنون. ومع حضور المجنون تصبح اللغة التصويرية ثنائية بين مجنون عاشق وحبيبة هي آلهة الشعر المجنون وقد قالت:

مـــــا أقسى عـــــذاب العاشـــــق

في زمـن يغيـب فيـه الـنجم/الهـادي، أو زمـنٍ/حـين يمـوت البحـر.

وهذان زمنان يرتبطان بزوال القدرة على فعل أمرٍ، وقد فُقِدَ المُسَبِّب للفعل، وقد رُبِط البحر عند الشاعر (بإيجي): الجزيرة التي يحبها (ديو نيسيوس) ويفضلها: ابن (زيوس) من (سيملي). وقد أدخل الحضارة، ونقل (سيملي) إلى الأولمب مع الآلهة [1]. وفي بحر إيجة

---

(1) انظر: ماكس شابيرو وروداً هندريكس: معجم الأساطير، ص87،175.

عاش (نيريوس): رب البحر[1]، ووالد (نيريوس) هو (بونتوس)، وهو رب بحر قديم[2].. وهكذا مات البحر مع كل مَنْ مات حتى قال المجنون العاشق:

وظـــلّي ميتـــة بـــين المـــوتى
واقـــتربي مـــن ضـــوء الشـــمعة
إن اللـــــــه يرانـــــــا
ويـرى وجهـي الخـائف مقتربًـا مـن وجهـك
محمومًـــا تحـــت نقـــاب الـــدمع.

وصوّر الشاعر حبيبته الميتة/الحية: ميتة بين الموتى حوله، كما يرى هو ذاك، وحية كما يريدها أن تفعل ويناديها: اقتربي. انتظريني. وفي لحظة إنسانية عامة يعود الأمل بحياتها وهي تقترب من ضوء الشمعة ليراها. لكن اللـه يرانا. ويرى اللـه وجهي الخائف يقترب من وجهك محمومًا. والدمع نقاب من كثرته على وجهك. فلماذا يرانا اللـه في حاجة لبعضنا، ونحن. من نحن: مع كل ما يحيط بنا نبقى: مجنونًا عاشقًا وحبيبته المفقودة/الميتة؛ إذ لا أمل بنجاته معها. والتي اقتربت من ضوء الشمعة-بعد مغيب النجم-الهادي.. كناية عن الشاعر المفقود. والمجنون صورة طرفٍ أخرى لصورة الشاعر المفقود. لكنه مجنون معها، مع آلهة الشعر، يريدها محمومًا، وهو نجم/كحصان البحر الأسطوري؛ لأن الشاعر يركّب صوره بين أنثى وغيرها. فالأنثى هي التي قالت. وهي المخاطبة بانتظريني. ثم باقتربي. وهي التي كانت...يقول الشاعر:

قـال المجنـون: انتظرينـي.

فهو يحتاجها. بل، واقتربي، فلا فائدة منك بعيدة؛ فدموعك في شفتيْ المجنون الملح، والخبز. لقد أكلا معًا خبزًا وملحًا، في صورة كناية عن العِشرة القديمة. غاب النجم، ومات

(1) انظر: ماكس شابيرو ورودا هندريكس: معجم الأساطير، ص177-178.
(2) المرجع السابق، ص207.

البحر. والشعر إذا مات لابُدَّ له من موقظ. ومن هنا يستذكر الشاعر ما كان ويطلب من عشيقته أن تنتظر:

كانت أغصان السرو وأشجار الدفلى تُخفي عني مُدنًا ونجومًا، تسبح في عطر بنفسج ليلٍ يصعد من أغوار القلب الإنساني..

هذه مدن الشاعر ونجومه ذات مدلولات أصداء تُعزّز غربة ما يحسّها الشاعر تجاه مَنْ تتضاءل أمامه كل الأشياء إذا ما رأى كمال غيرها، وهي أدنى منه، وتأتي للشاعر دلالات الليل إشارة للغربة.. وتصعد من عمق قلبه الإنساني. وتسبح المدن والنجوم في الذي استعاره الشاعر من البحر، كما تسبح في:

عطـــر بنفســـج ليـــلٍ..

دلالة علاقة تقيم نفسها في المعجم الشعري لتثير صورة السباحة في العطر بدل الماء، لكنه عطر بنفسج لليل.. هكذا يمكن أن تتناسب هذه التركيبة الصُوَرية مع غور القلب الإنساني. وللقارئ أن يُكيِّف بأسلوبه ما يراه من خلال الصورة؛ فهو الآن سينقلنا إلى البحر الذي مات. وهو بذلك تحوّل إلى أرض قفر بلا ماء، وبحسٍّ متزامن فَقَدَ الشاعر في عيشه ما فقد البحر من ماء، وقد ركّز عدسة صورته عندما ذكر المطر الذي يحتمل في داخله تعريفًا بالاستجداء الذي لا طائل منه:

كانــت ترســم فــوق الرمــل عيونًــا وشــفاهْ
ويــدًا تســتجدي قطــرات المطــر الخضــراءْ.

بنية لغوية تقدم صورة حزينة، وصورة الرسم والاستجداء تلتقي مع الحاجة والحنين وأنت تعرف أنْ لا فائدة، فلا ماء، لا مطر، ..وتوحي الحاجة بقولها:

فلنرحـــــــــــــــــــــــــــــــــــل
ويجيــب المجنــون: انتظــري ظــلي ميتــة....

لكن الحُلُم يقابله الإحباط كثنائية يعقد الشاعر فيها فكرته الدلالية ذات المبنى المصنوع تقابليًّا بين جملتين: جملة كانت....: كانت أغصان تخفي مدنًا ونجومًا.. وهي لحظة الإحباط

التي يقابلها لحظة حلم وتفاؤل في وجود امرأة عارية فوق حصان، وتضحك وسط العاصفة. وتبدو الجملتان المتجاورتان مليئتين بالرغبة الميتة عندما قال:

لكــن البحــر الميــت..

وقد غطّى هذا البحر الميت تلك الرغبة فأماتها معه. رغم تشبث الشاعر باللحظة التي تبعث على التفاؤل فقال:

انتظرينــــــــــــــي!

لكن الأعشاب والزبد المتطاير في الريح غطى المرأة. فناداها-وقد تغطت-اقتربي. تلك هي الشهوة الضجرة نحو ما يستدعي التساؤل عن احتمالات ميلاد بعث جديد. وتجدد. وانبعاث. وتعود عارية في مشهد آخر: تعدو

ثم يكشف الشاعر عنها فإذا هي: آلهة الشعر المجنون. وتعدو إلى:

دلفي/ تبكي أقدار الشعراء.

فثمة صورة مدمجة بينه وبينها. وحصان بحر أسطوريّ تمزّق كانت تركبه المرأة العارية. وبكت المرأة غيابه:

وتهمس للريح، سبب الدّمار:اشتعلي يا نار الحب، وكوني شارة هذا الليل الأبدي القادم من أطلال المدن الإغريقية.

الشارة التي تنير الظلمة السابحة، والأطلال مظلمة، لكن المستقبل-باشتعال نار الحب-سيُضيء كل ظلام.

وظهرت لغة الخجل في صوته:"إن اللـه يرانا.." لتعزيز ما يمكن أنه يريده من غياب الحب والإيمان وانطفاء الأمل في انبعاث ما مات. وهناك ما يتعارض مع تضاده ليُنَوّع في صورة التقابل ويُعزّز الافتراق:

كانــت في الفجــر تمشــط شَــعْر الأمــواج
وتــــداعب أوتـــــار القيثــــــار

وهي رغبة تتجاوز الواقع الميت، إلى فجر متفائل ومدن قد تخرج للوجود. فلا فائدة من الموت. وفي تكرار (كانت) وحدة اسمية وفعلية تتكرر بالترداد لما تبغي القصيدة مواجهته. فتأتي بداية الأغنية من مداعبة أوتار القيثار. إنها أغنية، وصوت جديد، ودلالة، تعزّز إمكانية الخلاص من الموت. وليس الموت موت الجسد لكنه موت الرّغبة وموت الروح. وقد تصوّرت الرغبة بالعري، وتصوّرت الروح بالجفاف: ثم الفجر نادى الشاعر حبيبته له:

كوني مغزل نار قميص الفجر الشاحب

وهذه سلسلة لفظية تشكل ما شكّلته عبارة (عطر بنفسج ليل يصعد) بالدلالات المجاورة. فلا كلمة مفصولة وحدها دلاليًا، بل دلالات يكوّنها أسلوب الإضافة باستغلال ظاهرة جواز الإضافة للمضاف إليه. وارتباطهما معًا بالإضافة يعني ارتباطهما بالمعنى مع طرف أضيفا له أصلاً. وهي حركة غنائية تستدعي القراءة السريعة كأغنية في أسطوانة يمكن أن ترقص المرأة على أنغامها:

كانت بضفائرها الذهبية ترقص عارية تحت الأمطار

ها، قد جاء الخصب بعد الجفاف. وهي ترقص فرحة بالخير. عارية/تستعيد شخصها فتتعرف إلى مرموزها اليومي، وقد تغطت قبلاً بالأعشاب والزبد. وباتت حركتها مظهر سلوك إنساني عام يكوّن عصرًا آخر. ثم يأتي دوران اليأس إلى الشاعر:

دهمتني ... صاعقة خضراء

وكان في منتصف طريقه إلى "دلفي" كي يستلهم منه وحي الشعر. مع أن آلهة الشعر المجنون عارية أمامه: كأنه لا يستفيد منها، فذهب يبحث عن "دلفي". والصاعقة-بالتدبيج-خضراء تُلمح إلى فعلٍ فوقِيّ، وتحيل إلى التناقض بالتدخل في مسيرة الشاعر التي سيتبعها أمر ما. والخضراء بعث وإخصاب يتناسب مع ماء المطر المنتظر.

يُظهر الشاعر الآن حضوره الخاص بعدما استوت للقارئ تقابلاته بين: الحلم والإحباط، وبين الجفاف والخصب، وبين العري والعشب المغطّى. وهو هنا ليس البطل

الأسطوري المخلِّص، لكنه نسق بديل عن دور الغياب/الهادي؛ فلما غاب النجم/الهادي صار له دور يقوم مقامه. وكان لابُدَّ له من الاستمرار بالأساس العقلي للتعبير عن فكرته ذات الجنون مع المجنون، والمغامرة مع المرأة العارية وكأنه بهاتين الصورتين يؤسس لإيحاء الرّغبة.. فلا صمت ولا جور ولا خداع ولا ظلم و... ولكن تأسيس جديد لشعرٍ جديد يحكي ما نحكيه، ويعبّر عمّا نريده، بعيدًا عن ماضي الشعراء الأول. وقد صوّر الشاعر صورة متشابكة بين (الموروث الأسطوري والمأزق الحضاري) لكنه ما فصل بينهما بإذابة ما قال وصوّر في مركزية الحديث عن قصة المجنون العاشق والحبيبة الآلهة.

والشاعر الآن يُولّد المعاني بقوله:

كنـــا أربعـــة: أنـــا والموســـيقيّ الأعمـــى ودلـــيلي
ومغنـــي آلهـــة "الأولمـــب" الحكـــماء.
ويضـــمن قصـــيدته بقولـــه:
قـــالوا: انطـــق باســـم الحـــب
وباســـم اللـــه
وتكلـــم واقـــرأ...
ويلمـــح بالتنـــاص:
قـــال اقـــرأ: فقـــرأت وصـــايا آلهـــة الشـــعر المكتـــوب عـــلى الألـــواح.

وهذه هي الأنساق الجديدة في حقله الدلالي. إنه غريب. إنه يحسّ بالضياع. إن وعيًا بالمحنة يشعر به الشاعر ويجعله مؤمنًا باستحالة استرداد الهوية التي فقدها [1].

وبهذا الوعي يتباعد صوت الشاعر عن الحاضر، ويستحضره تجسيدًا، لا تجريدًا في البنية اللسانية من خلال التشخيص/في إسباغ المواصفة الإنسية على ما غير ذلك:

(1) انظر: إحسان عباس: اتجاهات الشعر العربي المعاصر، ص55-57. و انظر: Josef Bleicher: The Hermeneutic Imagination, Routledge & Kegan Paul, London, Boston, Melbourne and Henley, First published, 1982, P. 57.

حملتنـــي ... أشرعـــة الفجـــر البيضـــاء

لكن البياتي يستجمع المواصفات جميعًا لاستدعاء الحضور الإنسي في القصيدة من خلال القراءة الأفقية، تارة، كما قرأنا ومن خلال القراءة العمودية تارة أخرى هكذا:

وضـــــــــــــعوني..

وغطـــــــــــــوني..

ثـــــم: صـــــعدت كلـــــماتي..

هكذا كان دور المخلّصين المغامرين بأنفسهم من أجل أقوامهم، وقد استعان الشاعر بالمعبد الدلفي، مُمتطيًا البحر الإيجي؛ فهو الغريب وقد يكون المطارد حتى دهمته العاصفة. وتبقى الرموز الأسطورية دليلاً يخرج من دلالات الشاعر نسقًا جديدًا، وبالتلميح إلى الأربعة: الشاعر، والموسيقيّ الأعمى، ودليله، والمغني.. إشارات إلى: أعباء الإنسان المعاصر بكلّ صوره التي تضيع جهوده وتنهار أمام عينيه،حتى ولو اجتمع الأربعة الكبار فحُكم الآلهة سينفذ وكان الموسيقي أعمى لأن المرأة عارية ويجب ألا يراها أحد. أو أعمته الآلهة، وبقي مغني آلهة الأولمب عظمة لكبرى المعابد [1]. ولجأ البياتي إلى انتزاع التلميح من نسقه فأوّل نفسه مشلولاً؛ لأن هذا حكم الآلهة أن تمنحه سلاح الكلمات:

منحتنـــي آلهـــة الشـــعر الصـــافي

وأنـــا في درب العـــودة مـــن "دلفـــي"

البركـــــــــــــات

وســـــــلاح الكلـــــماتْ.

وبقوله آلهة الشعر الصافي ينتزع التلميح فيُشير إلى الشعر الذي تسكنه القضية. وبانت قضية الشاعر باغترابه وبحثه عن هويته الضائعة ورغبته في المطر:

كـــوني مفتـــاح البـــاب المغلـــق

(1) انظر: ماكس شابيرو وروداهندريكس: معجم الأساطير، ص188-189.

واشـــتعلي حُبًّـا يـــا قطـــرات المطـــر
المتســـــاقط في كـــــل الغابـــــــات

يبـدو في هـذه المقـاطع حضـور الأنـا للشـاعر/حُبًـا. وفيـه تكثيـف نحـو الأمـل القـادم بالتجديـد والتغيير/بقطرات المطر. ومثلها يفعل. إنها أسطورة تحضر في المحنـة الشخصـية للشـاعر وتحتـوي مـا تؤكّـد استعاريًّا قصة المجنون العاشق وهي الفاعلة.

ويخدم قوله: "منحتني" اكتناز دلالة ميثولوجيا الحياة العامة التـي تتـآزر لإعـادة بنـاء صـورة صـاحب الصوت/الشاعر. ويعنى البياتي بصوته، وبكل ما يفضي باتجاهه. إنه يرى فيما حوله امتدادًا لمشاعره، ولو قرأ الآخر/هي؛ فإنه-ربما-يستطلع قراءة وجهه في تبادل الأدوار بانزياحات استعارية ولغوية تتـوالى بطاقـة فكريـة تفجّر المفردة عبر ظروف تفجير اللغة وإخراجها مـن المطابقـة إلى الإيحـاء وتتحقـق بـذاك البنيـة المكسرـة [1] فنقرأ:

شــــقّ مـــــلاكٌ صــــدري

أخـرج مـن قلبـي حبـة مسـكٍ سـوداء

إنّ المتأمل إلى فعل الشق يجده جاء لغير ما نعرف من إخراج ضغينة سـوداء؛ فقـد أخـرج الملاك حبـة مسك. وهذا من تأملات البياتي في حرية الأخـذ والإضـافة.. ومـن ثـم تصـفية أنسـاق وحضـور أخـرى بديلـة متداخلة من خلال حجم العلاقات المستجدة بين الوحدات اللغوية والاقترانات التي ربما تتجدد. فهناك:

الـــــــــــــدموع .. والملـــــــــــــــح

العطـــــــــــــــر .. والمـــــــــــــــاء

الـــــــــــــنجم .. والحلـــــــــــــــم

(1) انظر: جان كوهن: بنية اللغة الشعرية، ترجمة: محمد الـولي ومحمـد العمـري، الـدار البيضـاء، دار توبقال،الـدار البيضـاء، 1986م، ص172-174.

المـــــــــــــوت .. والإحبــــــــــــاط

الفجـــــــــــــر .. والأمـــــــــــــل

المطـــــــــــــر .. والمســــــــــــتقبل

الصــــاعقة الخضــراء .. وقطــرات المطــر الخضــراء

زهـــــرة عبـــــاد الشـــــمس .. والنـــــار

وزهرة عباد الشمس: لغة نسق صوفية. فيها الحب المنتشي. والنار في قوله :

اشـــــتعلي يـــــا نـــــار الحـــــب

كوني مغزل نار قميص الفجر الشاحب-

هي أساس الحب في أسطورة هرقل وهدية زوجه لـه قميصًا مـبللاً بـدماء (نيسـوس)؛ القمـيص الـذي يحفظ حبّه، ويبقيه لزوجه، لكنه عندما ارتداه كأنه اللهب، من (ابتداع العذاب إذًا) فالحب يحتضـن العـذاب في داخله، وهكذا تبدو نار الحب، وبمغزل النار واشتعال نار الحب مجازات نحو ثنائيـات الألم والحـب، والنـار والنشوة، وزهرة عباد الشمس ولهب النار. وهي أضداد لمسمى لا زماني في لحظة صوفية يتجاوز الشاعر فيهـا الواقع المليء بالبؤس حيث بدا تلاقيه مع واقعه مستحيلاً. فلجأ إلى النشـوة التـي تعطيـه المـذاق الأولي قبـل دخول نشوته الصوفية الكبرى ومنحه البركات وسلاح الكلمات.

إنّ القصيدة تتحرك صوتيًا في متوازيات تركيبيـة تتـوالى فيهـا الأفعـال إمعانًـا في الاسـتدعاء. وفيهـا مـن التشخيص والتصـوير مـا يجعلهـا ذات أثـر طقسيـ للشـاعر فيـه تمهيـد لتعريـة الأسـطورة؛ أي: اسـتعادتها إلى الأرض/الحياة. ثم ملامسة الأسطورة للواقع باستعارات ومجازات صورية تممت الدلالات الجديدة لــ "دلفـي" و"إيجة" و"أولمب".

وفي البنية الحوارية، يبين الشاعر صورتين هما:

1- صوت الشاعر/المشلول، وصوت الملاك.

2- صوت المجنون العاشق، وصوتها هي.

و هو حوار بين عالمين: المحسوس مع المجرد/الدنيوي، و الروحي/الزمني مع الأبدي/... وتأتي الإجابة على أسئلة فيها اشتباه بالأمور، وإذا توالدت الرموز الأسطورية كـ "القيثار" فإنه قد تفقد هذه الرموز بعدًا من أبعادها الأسطورية وتعود إلى ما له علاقة بالحياة. وكل ما في القصيدة من مدلولات يمكن ردّه، ربما، إلى الشاعر في تضحيته نحو البديل القادم.

خــاتمــة

إنَّ الحاجة إلى استعمال الأساطير قد نبعت بتأثير النزعة الجديدة للشعر العربي، ويأتي الشاعر إلى الأسطورة ملتصقًا بالسحر، أو بعادات الإنسان البدائي، أو بطقوس دينية بدائية، أو بغير ذلك ممّا تخلّف من الإنسانية بكل صورها ومعانيها.

ولقد اتجه الكتاب إلى تلك المواد التي تصنع الأسطورة، وعدّها البحث بداية للتجربة الأسطورية والمعرفة بها، فنسّقها محاولاً أن يعرِّف القارئ بعلاقة السحر والدين والبدائية والأدب بالأسطورة فكان الفصل الأول الذي عرَّف بمعرفة الإنسان لتلك المضامين وكيفية تطورها واستغلالها فكرًا إنسانيًا عامًا.

ثم جاءت المادة النقدية التي تسبق المادة الشعرية، وكلا المادتين ستخدمان القصة الأسطورية؛ فإن البحث يتعرّض للنقد العربي الحديث بكثرة دراساته الأسطورية مهتمًا بالنقد التطبيقي التحليلي؛ رغبة في تأسيس ما يفيد النقد العربي في سلسلة التحليل الأسطوري للشعر العربي القديم والحديث. فنّسق البحث تجربة النقد في سياق يُبين شُغل النقد بتفسير الأسطورة، فآثر البحث ترتيب النقاد دارسي الأسطورة في الشعر القديم ضمن اهتمامات بعضهم للانطلاق من التصوير الذي يشرح الصورة الأسطورية في مختلف بواعثها وأنماطها، واهتمامات بعضهم الآخر لربط الصورة بالدين في شرح صورة الشاعر العربي القديم.

أمّا شُغل النقد بتفسير الأسطورة في الشعر العربي الحديث، فقد رتبه الكتاب في مداخل درست الأسطورة من انطلاقها من المدخل الرمزي للأسطورة، فالمدخل الفكري، فالمدخل الفني فالمدخل الاجتماعي الواقعي. وبذا نرى الشعر الحديث يستمد من الأسطورة مخزونها الذي يُعبّر عن نموذج أعلى نعرفه من المادة التي تشكل الأسطورة معه مستوى إنسانيًا، قد يستثمره الشاعر على منحى المستوى الذاتي الخاص، وقد يعبر عن المستوى العام أيضًا.

وختم الباحث كتابه بتطلّع إلى أهمية التحليل لمضمون الأسطورة في الشعر العربي الحر. فكيف استُعمِلت؟ وكيف صُوِّرت؟ وما أساس استعمالها؟ وهل نجح الشاعر في استخداماته لها؟ كل هذه الأسئلة وسواها أجاب الكتاب عنها بأن الأسطورة جاءت كتطلّع إلى هدم البنية التقليدية، وقد صوّر الشاعر أسطورته بتفسيره للظاهرة التي من أجلها يُعانِق الأسطورة بحاجته للتأويل. ومن هنا كان أساس استعمالها عودةً من أزمة المجتمع نحو الخروج إلى أسلوب كتابة جديدة لا يباشر الشاعر فيه مخيلة القارئ العربي، بل يفاجئه.

وقد مزج الشاعر العربي قصيدته بالأسطورة، وقد غَمُضَت القصيدة ببعدها المعرفي عن قارئها. ولمَّا انعدمت حدود المكان والزمان صار على الناقد أن ينظر في لغته العربية وما تحمله من أسرار بيانية وبديعية ليستغلّ معرفته بها، ويبين طريقة نفاذ الأسطورة للصورة الفنية في الشعر، ولا يرى الباحث اكتمال تحليل أسطورة الشاعر العربي الحديث بمعرفة الناقد لمرجعية الأسطورة وحسب، فهذه المعرفة هي البداية التي يتكئ عليها الناقد، ولا تقل معرفته بها أهمية معرفته لطريقة تشكل الصورة ومن ثم وصوله إلى خط تفسير الرؤيا وشمولية المعرفة للثقافة الإنسانية العامة.

ويُسجل الباحث ذاك العجز الذي يصيب القارئ العربي في محاولة هضمه لتراكيب الشعر الحر، خاصّة إذا تراكمت فيه تراكمات ثقافية، كما يُسجل رقيّ نماذج شعرية-ومنها ما انتقاه الباحث هنا-على نماذج أخرى تستخدم الأسطورة كصدى لصوت الأسطورة في الشعر الغربي.

وأخيرًا، فعلى النقد أن يرقى لصياغة طريقة جديدة لتحليل الشعر العربي الحر؛ لتلبية الحاجة الجديدة نحو فهم النص الجديد، وليكون النقد إبداعًا يخرج من ذات المبدع الذي أبدع أسطورته الجديدة.

ثبت المصادر و المراجع

أ- العربية والمترجمة.

ب- الأجنبية.

ج- الدوريات العربية و الأجنبية.

د- الرسائل الجامعية.

المصادر والمراجع العربية والمترجمة

- القرآن الكريم.
- الأحمد، أحمد سليمان: هذا الشعر الحديث، دمشق، 1974م.
- أحمد، محمد فتوح: الرمز والرمزية في الشعر العربي المعاصر، دار المعارف، مصر، ط(2)، 1978م.
- إبراهيم، ريكان: نقد الشعر من المنظور النفسي، دار الشؤون الثقافية العامة، بغداد، ط(1)، 1989م.
- أدونيس: الأعمال الشعرية الكاملة، دار العودة، بيروت، ط (5)، 1988م.
- إسماعيل، عز الدين: الشعر العربي المعاصر (قضاياه وظواهره الفنية والموضوعية)، دار الثقافة، القاهرة، 1966م.
- إسماعيل، فاروق مصطفى: الوثنية (مفاهيم وممارسات)، دار المعرفة الجامعية، 1985م.
- إطيمش، محسن: دير الملاك (دراسة نقدية للظواهر الفنية في الشعر العراقي المعاصر)، دار الرشيد للنشر، العراق، 1982م.
- إلياد، مرسيا: المقدس و الدنيوي (رمزية الطقس و الأسطورة)، ترجمة: نهاد خياطة، العربي للطباعة و النشر، دمشق، ط (1)، 1987م.
- برتشارد،إ.إ. إيفنز: الإناسة المجتمعية وديانة البدائيين في نظريات الإنسانيين، ترجمة: حسن القبيسي، الحداثة، بيروت، 1986م.
- البطل، علي عبد المعطي:...
- الرمز الأسطوري في شعر بدر شاكر السياب، شركة الربيعان للنشر والتوزيع، الكويت، ط (1)، 1982م.
- الصورة في الشعر العربي حتى آخر القرن الثاني الهجري (دراسة في أصولها وتطورها)، دار الأندلس، بيروت، ط(3)، 1983م

- البياتي، عبد الوهاب: الأعمال الشعرية، المؤسسة العربية للدراسات و النشر، بيروت،1995م.
- جبرا، جبرا إبراهيم: الأسطورة والرمز (ترجمة)، دار الحرية للطباعة، بغداد، 1973م.
- حاتم، عماد: أساطير اليونان،الدار العربية للكتاب، طرابلس،1988م.
- حلاوي، يوسف: الأسطورة في الشعر العربي المعاصر، دار الآداب، بيروت،ط(1)، 1994م.
- الحلي، علي: المجموعة الشعرية الكاملة، دار الشؤون الثقافية العامة، بغداد، 1987م.
- حمادة، إبراهيم: مقالات في النقد الأدبي، دار المعارف ، القاهرة، 1989م.
- حمود، محمد العبد: الحداثة في الشعر العربي المعاصر (بيانها و مظاهرها)، الشركة العالمية للكتاب، دار الكتاب اللبناني، بيروت، ط(1)،1986م.
- الحوت، محمود سليم: في طريق الميثولوجيا عند العرب، دار النهار للنشر، بيروت، 1938م.
- الخال، يوسف: الأعمال الشعرية الكاملة، التعاونية اللبنانية للتأليف و النشر، بيروت، 1973م.
- خان، محمد عبد المعيد: الأساطير والخرافات عند العرب، الحداثة، بيروت، ط(2)، 1980م.
- خوري،إلياس: الذاكرة المفقودة، مؤسسة الأبحاث العربية، بيروت، ط(1)، 1982م.
- داود، أنس: الأسطورة في الشعر العربي الحديث، دار المعارف، القاهرة، ط (3)، 1992م.
- دراز، محمد الدين: (بحوث ممهدة لدراسة تاريخ الأديان)،دار القلم، الكويت،ط(2) 1970م.
- درويش، العربي حسن : النقد الأدبي بين القدامى والمحدثين (مقاييسه واتجاهاته وقضاياه)، مكتبة النهضة المصرية، القاهرة، 1988م.
- درويش،محمود:...

- ديوان محمود درويش، دار العودة، بيروت، ط(1)،1994م.
- عابرون في كلام عابر (مقالات مختارة)، دار توبقال للنشر، الدار البيضاء،1991م.
- دنقل، أمل: الأعمال الشعرية، مكتبة مدبولي، مصر، 1995م.
- ابن ذريل، عدنان: النقد والأسلوبية بين النظرية والتطبيق (دراسة)، منشورات اتحاد الكتاب العرب، سوريا، 1989م.
- الذنون، عبد الحكيم: كلكامش (الإنسان والخلود)، دار المنارة، بيروت، ط1، 1996م.
- راثفين، ك.ك.: الأسطورة، ترجمة: جعفر صادق الخليلي، منشورات عويدات، بيروت، ط(1)، 1981م.
- رايتر،وليم: الأسطورة والأدب، ترجمة: صبار السعدون، مراجعة: سلمان الواسطي، وزارة الثقافة والإعلام، دار الشؤون الثقافية العامة، بغداد، 1992م.
- الرباعي، عبد القادر...
- الصورة الفنية في النقد الشعري (دراسة في النظرية والتطبيق)، مكتبة الكتاني، إربد، الأردن، ط (2)، 1995م.
- الطير في الشعر الجاهلي، المؤسسة العربية للدراسات و النشر، بيروت، ط(1)، 1998م.
- الربيعو، تركي علي: الإسلام و ملحمة الخلق و الأسطورة، المركز القافي العربي، بيروت، ط(1)،1992م.
- رزوق، أسعد: الأسطورة في الشعر الحديث، منشورات مجلة الآفاق، بيروت، 1959م.
- رومية، وهب: شعرنا القديم والنقد الجديد، سلسلة عالم المعرفة، المجلس الوطني للثقافة والفنون والآداب، الكويت، الكتاب رقم (207)، 1996م.
- زكي، أحمد كمال:...
- الأساطير (دراسة حضارية مقارنة)، دار الأندلس، ط2، 1980م.
- دراسات في النقد الأدبي، دار الأندلس، ط (2)، 1980م.

- السامرائي، ماجد: تجليات الحداثة، الأهالي للطباعة والنشر والتوزيع، دمشق، ط (1)،1995م.
- سعيد، خالدة:حركية الإبداع(دراسات في الأدب العربي الحديث)،دارالعودة،بيروت،ط(1)، 1979م.
- السواح، فراس: دين الإنسان (بحث في ماهية الدين ومنشأ الدافع الديني)، منشورات دار علاء الـدين، دمشق، 1994م.
- السياب، بدر شاكر: أعماله الكاملة (ديوان الشاعر)، دار العودة، بيروت، 1989م.
- شابيرو، ماكس و هندريكس، رودا: معجم الأساطير، ترجمة: حنا عبود، دار الكندي، ط (1)، 1989م.
- شاهين، محمد: الأدب والأسطورة، المؤسسة العربية للدراسات والنشر، ط (1)، 1996م.
- شتروس،كلود ليفي: الأسطورة والمعنى، ترجمة: شاكر عبد الحميد، مطابع دار الشؤون الثقافيـة العامـة، بغداد، 1986م.
- الشرع،علي:...
- الأورفية والشعر العربي المعاصر، وزارة الثقافة، عمان، ط (1)، 1999م.
- بنية القصيدة القصيرة في شعر أدونيس، منشورات اتحاد الكتاب العرب، 1987م.
- الفكر البروميثي في الشعر العربي المعاصر، عمادة البحث العلمي والدراسات العليا، جامعة اليرمـوك، إربد، 1993م.
- لغة الشعر العربي المعاصر في النقد العربي الحديث، جامعة اليرموك، منشورات عـمادة البحـث العلمـي والدراسات العليا، إربد، 1991م.
- شعراوي، عبد المعطي: أساطير إغريقية (أساطير البشر)، ج1، الهيئة المصرية العامة للكتاب، 1982م.
- الشمعة، خلدون: المنهج والمصطلح "مداخل إلى أدب الحداثة"، اتحاد الكتاب العرب، دمشق، 1979م.

230

- الشورى، مصطفى: الشعر الجاهلي (تفسير أسطوري)، دار المعارف، القاهرة،ط(1)،1986م.
- عباس، إحسان:...
- اتجاهات الشعر العربي المعاصر، دار الشروق، عمان، ط(2)، 1992م.
- بدر شاكر السياب (دراسة في حياته وشعره)، دار الثقافة، بيروت، ط (5)، 1983م.
- عبد الحي، عمر : الفكر السياسي و أساطير الشرق الأدنى القديم في بلاد ما بين النهرين و مصر- القديمة، المؤسسة الجامعي للدراسات و النشر، بيروت، 1998م.
- عبد الرحمن، إبراهيم: الشعر الجاهلي (قضاياه الفنية والموضوعية)، دار النهضة العربية، بيروت، 1980م.
- عبدالرحمن، عبد الهادي: سحر الرمز (مختارات في الرمزية والأسطورة)، دار الحوار للنشر- والتوزيع، ط(1)، 1994م.
- عبد الرحمن،نصرت: الصورة الفنية في الشعر الجاهلي في ضوء النقد الحديث، مكتبة الأقصى- عمان، الأردن، ط (2)، 1982م.
- أبو عبيدة، محمد الأنصاري: كتاب أيام العرب: تحقيق ودراسة: عادل البياتي، بغداد، 1976م.
- عجينة، محمد: موسوعة أساطير العرب (عن الجاهلية ودلالاتها)، دار الفارابي، بيروت،ط(1)، 1994م.
- عفيفي، محمد الصادق: النقد التطبيقي والموازنات، الخانجي، مصر، 1978م.
- عوض، ريتا: بنية القصيدة الجاهلية (الصورة الشعرية لدى امرئ القيس)، دار الآداب، بيروت، ط (1)، 1992م.
- عيّاد، شكري محمد: البطل في الأدب والأساطير، المعرفة، القاهرة، ط(2)،1971م.
- الغانمي،سعيد: منطق الكشف الشعري، المؤسسة العربية للدراسات والنشر، بيروت، ط(1)، 1999م.
- الغزالي، السيد: الأدب المقارن منهجاً وتطبيقاً، دار الفكر العربي، القاهرة، 1985م.

- فراي، نور ثروب:...

- في النقد والأدب، (الأدب و الأسطورة) تقديم و ترجمة و تعليق: عبد الحميـد شـيحة، مكتبـة النهضـة المصرية، القاهرة، ط1، 1986م.

- نظرية الأساطير في النقد الأدبي، ترجمة: حنا عبود، دار المعارف، حمص، ط1، 1987م.

- فريحة، أنيس: ملاحم وأساطير، من الأدب السامي، دار النهار للنشر، ط(2)، 1980م.

- الفيومي، محمد إبراهيم: في الفكر الديني الجاهلي، دار المعارف، مصر، ط1، 1979م.

- القاضي، وداد: من الذي سرق النار (خطوات في النقد والأدب)، المؤسسة العربيـة للدراسـات والنشر، ط (1)، 1980م.

- قطب، سيد: في ظلال القرآن، دار العلم للطباعة والنشر، جدة، ط12،1986م.

- قطوس، بسام:...

- استراتيجيات القراءة (التأصيل والإجراء النقدي)، دار الكندي للنشر والتوزيع، إربد، 1998م.

- وحدة القصيدة في النقد العربي الحديث، دار الكندي للنشر و التوزيع،إربد، 1999م.

- قيسومة، منصور: مقاربات مفهومية، دار سحر للنشر والتوزيع، تونس، 1994م.

- الكعبي، حاتم: التغيـر الإجتماعـي و حركـات المـودة، الحداثـة للطباعة والنشرـ والتوزيـع، بـيروت، ط(1)،1982م.

- كودويل،كريستوفر: الوهم والواقع، دراسة في منابع الشعر، ترجمة: توفيـق الأسـدي، الفـارابي، بـيروت، ط(1)، 1982م.

- كوهن، جان: بنية اللغة الشعرية، ترجمة: محمد الولي، و محمـد العمـري، دار توبقـال، الـدار البيضـاء، 1986م.

- الماجدي، خزعل:...

- أديان ومعتقدات ما قبل التاريخ، دار الشروق، عمّان، 1997م.

- بخور الآلهة (دراسة في الطب والسحر والأسطورة والدين)، الأهلية للنشر والتوزيع، عمّان، ط1، 1998م.
- الدين السومري، دار الشروق، ط(1)، 1998م.
- متون سومر،(الكتاب الأول: التاريخ، الميثولوجيا، اللاهوت، الطقوس)، الأهلية للنشر والتوزيع، عمان، ط(1)، 1998م.
- ماضي،شكري عزيز: من إشكاليات النقد العربي الجديد..... (البنيوية، النقد الأسطوري، مورفولوجيا السرد، ما بعد البنيوية)، المؤسسة العربية للدراسات والنشر، بيروت، ط(1)، 1997م.
- مرزوق،حلمي علي: دراسات في الأدب والنقد، مؤسسة الثقافية الجامعية، مصر، د.ت.
- المساوي،عبد السلام: البنيات الدالة في شعر أمر دنقل، منشورات اتحاد الكتاب العربي، دمشق، 1994م.
- مندور، مصطفى: اللغة و الحضارة، مكتبة الشباب، القاهرة، 1990م.
- ابن منظور، محمد بن مكرم: لسان العرب، دار الفكر، بيروت، ط(3)، 1994م.
- ناصف، مصطفى:...
- دراسة الصورة الأدبية، دار الأندلس، بيروت، ط(2)، 1981م.
- صوت الشاعر القديم، الهيئة المصرية العامة للكتاب، 1992م.
- قراءة ثانية لشعرنا القديم، دار الأندلس، بيروت، 1978م.
- نعمة، حسن: موسوعة ميثولوجيا و أساطير الشعوب القديمة و معجم أهم المعبودات القديمة، دار الفكر اللبناني، بيروت، 1994م.
- النعيمي، أحمد: الأسطورة في الشعر العربي قبل الإسلام، سيناء للنشر، القاهرة، ط (1)، 1995م.
- النوري: قيس: الأساطير و علم الأجناس، جامعة بغداد، بغداد، 1981م.
- الهواري، حسن: الأديان القديمة، دار الطباعة المحمدية، القاهرة، ط(1)، 1988م.

233

- ويلك،رينيه، و وارين،أوستن: نظرية الأدب، ترجمة: محيي الـدين صبحي، مراجعـة: حسـام الخطيـب، المؤسسة العربية للدراسات والنشر، بيروت، 1987م.
- اليوسفي، محمد لطفي:...
- في بنية الشعر العربي المعاصر، دار سراس للنشر، تونس، ط1، 1985م.
- كتاب المتاهات والتلاشي في النقد والشعر، دارسراس للنشر، تونس، 1992م.

المصادر و المراجع الأجنبية

- Bleicher, Josef: The Hermeneutic Imagination, Routledge & Kegan Paul, London, Boston, Melbourne and Henley, First published, 1982.
- Meisel, Perry: The Myth of The Modern, (A Study in British Literature and criticism after 1850),Yale University Press, New Haven and London, 1987.
- Mueller-Vollmer, Kurt: The Hermeneutics Reader, Basil Blackwell, Great Britain by T. j. Press ltd, Padstow, First published, 1986.

الدوريات العربية و الأجنبية

- الجندي، سمية: الأسطورة في الفكر العربي المعاصر (المدخل إلى علم ميثولوجيا مستقل)، المعرفة، سوريا، ع (11) 1997م.
- الجندي،محمد: الأسطورة، المعرفة، سوريا، السنة (34)، ع(380)، 1995م.
- الحجاجي،أحمد شمس الـدين : الأسطورة والشعـر العربي..المكونـات الأولى، فصول، القـاهرة مج(4)، ع(2)، 1984م.

234

- زكي،أحمد كمال: التشكيل الخرافي في شعرنا القديم، مجلة كلية الآداب، جامعة الرياض، الرياض، م(2)، 1977م.

- سرحان، سمير: التفسير الأسطوري في النقد الأدبي، فصول، القاهرة، ع(3)، 1981م.

- سمارة، رانية : الأسطورة والأدب، المدى، ع (12)، 1996م.

- الشنطي، محمد صالح: خصوصية الرؤيا والتشكيل في شعر محمود درويش، فصول، القاهرة، مج (7)، ع (1)، 1987م.

- عبد الرحمن، إبراهيم: التفسير الأسطوري للشعر الجاهلي، فصول، مج (3)،ع (3)،1981م.

- غصن، أمينة: خليل حاوي والأرض، الفكر العربي المعاصر، مركز الإنماء القومي، بيروت،ع (26)، 1983م.

- قطوس، بسام: الزمان والمكان في ديوان محمود درويش "أحد عشر كوكبًا" دراسة نقدية، مجلة أبحاث اليرموك، إربد-الأردن، مج(14)، ع(1)، 1996م.

- يونس، محمد عبد الرحمن: الغاية من استخدام الأسطورة في الخطاب الشعري المعاصر، المعرفة، وزارة الثقافة، سوريا، ع414، آذار، 1998م.

- Powe, Bruce W.: Northrop Frye and the Theory of Myth Criticism, The Antigonis, NS, Canada (Antige), part 49, 1982.

- Tigue, John W.: Teaching Methology as a Subtext of the Humanities,The Journal of General Education, The Pennsylvania State University, Vol.41, 1992.

235

الرسائل الجامعية

- الخطيب، عماد علي: الصورة الفنية في المنهج الأسطوري لدراسة الشعر الجاهلي   (دراسة تحليلة نقدية)، رسالة ماجستير، جامعة اليرموك،إربد- الأردن، 1996م- الرسالة نشرت فيما بعد عن دار الكتاني، و المكتبة الأدبية، إربد – الأردن، 2002م- .
- رماني، إبراهيم: الغموض في الشعر العربي الحديث، رسالة ماجستير، جامعة الجزائر، الجزائر، 1987م.

المحتويات

T0137546

Printed in the United States
By Bookmasters